O líder perfeito

Kenneth Boa

O líder perfeito

os traços da liderança de Deus

Tradução
Marson Guedes

EDITORA VIDA
Rua Conde de Sarzedas, 246 – Liberdade
CEP 01512-070 – São Paulo, SP
Tel.: 0 xx 11 2618 7000
atendimento@editoravida.com.br
www.editoravida.com.br

©2006, de Kenneth Boa
Título original
The Perfect Leader
edição publicada por COOK COMMUNICATIONS MINISTRIES
(Colorado Springs, Colorado, EUA)

■

Todos os direitos desta tradução em língua portuguesa reservados por Editora Vida.

PROIBIDA A REPRODUÇÃO POR QUAISQUER MEIOS, SALVO EM BREVES CITAÇÕES, COM INDICAÇÃO DA FONTE.

■

Editor geral: Solange Mônaco
Editor responsável: Rosa Ferreira
Revisão de tradução: Judson Canto
Revisão de provas: Tatiane Souza
Diagramação: Set-up Time
Capa: Arte Peniel

Scripture quotations taken from *Bíblia Sagrada, Nova Versão Internacional, NVI* ®
Copyright © 1993, 2000 by International Bible Society ®.
Used by permission IBS-STL U.S.
All rights reserved worldwide.
Edição publicada por Editora Vida, salvo indicação em contrário.

1. edição: nov. 2007
1ª reimp.: nov. 2011
2ª reimp.: jun. 2017

Dados Internacionais de Catalogação na Publicação (CIP)
(Câmara Brasileira do Livro, SP, Brasil)

Boa, Kenneth
  O líder perfeito: praticando os traços da liderança de Deus / Kenneth Boa; tradução: Marson Guedes. — São Paulo: Editora Vida, 2007.

  Título original: *The Perfect Leader*.
  ISBN 978-85-7367-998-4

  1. Liderança — Aspectos religiosos — Cristianismo 2. Liderança — Ensino Bíblico I. Título.

07-7193   CDD 253

Índices para catálogo sistemático:

1. Liderança cristã : Teologia pastoral : Cristianismo 253

Dedicatória

A Steve e Elyse Harvey Lawson, amigos amados com quem eu e Karen convivemos por muitos anos.

Agradecimentos

Com gratidão a John e Jill Turner pelo trabalho importante que realizaram neste projeto. Também a Sid Buzzell e Bill Perkins por permitir nossa parceria na criação da Bíblia do Executivo.

Sumário

Introdução   9

Parte 1: Os atributos do líder perfeito
1. Integridade   13
2. Caráter   26
3. Valores   42
4. Propósito e paixão   55
5. Humildade   68
6. Compromisso   81

Parte 2: As habilidades encontradas no líder perfeito
7. Comunicação da visão   99
8. Inovações   116
9. Tomada de decisões   133
10. Solução de problemas   149
11. Formação de equipes   164

Parte 3: Os relacionamentos do líder perfeito
12. Comunicação   183

13.	Encorajamento	198
14.	Exortação	214
15.	Construindo relacionamentos	227
16.	Liderança de servo	241

Guia do leitor   260

Notas   276

Introdução

Os líderes, em geral, são pessoas que lêem. A maioria já leu bastante a respeito da liderança eficiente. Não faltam obras escritas por líderes bem-sucedidos. De fato, o mercado editorial está bem abastecido de livros, revistas e outros materiais produzidos por incontáveis especialistas que apresentam sua filosofia e princípios pessoais sobre como lidar com os desafios e as oportunidades que estão diante de qualquer um que ouse sair do meio da multidão e apropriar-se da capa da liderança.

Há diversos livros no mercado cristão que se apropriam de princípios aceitos no mercado secular para correlacioná-los às Escrituras. *O líder perfeito* começa com o próprio Deus no papel de modelo máximo de liderança. A premissa básica é que, por toda a Bíblia, Deus apresenta princípios de liderança que podem ser utilizados com proveito por todos os que ocupam essa posição — seja no trabalho, no ministério, na escola ou em casa.

Em resumo, este livro irá ajudá-lo a se afeiçoar à liderança eficiente e, por conseguinte, ao próprio Deus. Irá incentivá-lo a desenvolver um estilo de liderança fundamentado no caráter e na natureza de Deus, bem como nas verdades atemporais e eternas encontradas em sua Palavra, ao mesmo tempo em que seu amor e sua admiração por ele irão crescendo.

Cada capítulo cumpre quatro tarefas: 1) apresenta o princípio a ser discutido, colocando sob nova perspectiva um preceito já conhecido; 2) concentra-se num atributo específico de Deus como base para o princípio de liderança em estudo; 3) leva ao exame pessoal, à medida que você vai descobrindo seu posicionamento em relação a esse princípio; 4) proporciona uma visão aprofundada do funcionamento do princípio de liderança quando aplicado sob perspectiva bíblica. Cada capítulo beneficia-se da contribuição de diversos especialistas em liderança e, obviamente, daquilo que a Bíblia ensina.

O líder perfeito vale-se das categorias que Sid Buzzell, Bill Perkins e eu adotamos na *Bíblia do Executivo*. Estamos convencidos de que assim você aprenderá a ser um líder à imagem de Deus.

Parte 1

OS ATRIBUTOS DO LÍDER PERFEITO

1

Integridade

SOU QUEM SOU

Depois de conversar com milhares de pessoas ao redor do mundo e preparar mais de quatrocentos estudos, James Kouzes e Barry Posner identificaram as características mais desejadas em um líder. Em praticamente todas as avaliações, a honestidade, ou seja, a integridade, foi a qualidade apontada com mais freqüência.[1]

Faz sentido. Se as pessoas tiverem de seguir alguém — na batalha, nos negócios ou no ministério —, desejarão ter certeza de que podem confiar em seu líder, de que ele cumprirá suas promessas e se mostrará fiel aos compromissos até o fim.

Promessas e compromissos são significativos, embora pareçam haver-se tornado opcionais nestes dias de ética maquiavélica. A impressão que passamos é de estar mais preocupados com a conveniência e com o desempenho pessoal. Destacamos a importância do caráter, mas não abandonamos a idéia de que, quando as coisas ficam complicadas, regras podem ser mudadas e compromissos e alianças podem ser descartados ao nosso bel-prazer.

No entanto, a Bíblia deixa claro o valor das alianças. As Escrituras concentram-se no fato de que Deus é alguém que honra suas alianças e que por isso é confiável (1Crônicas 16.15; Salmos

105.8). Podemos confiar em Deus porque ele é merecedor de nossa confiança. É esta a questão: as coisas sempre se resumem no caráter, não meramente nas palavras. A integridade bíblica não exige apenas que se faça a coisa certa, mas que se tenha um coração reto, de modo que o interior da pessoa esteja em harmonia com o exterior. Deus é assim, e é assim que devemos ser.

Talvez uma boa palavra para descrever esse tipo de integridade seja "coerência". É preciso haver coerência entre o interno e o externo. Deus é inteiramente coerente. Suas ações e seu comportamento sempre estão de acordo com seu caráter e sua natureza. E a meta dele para seus filhos não é nada menos que isso. Cristo deseja que seus discípulos sejam pessoas disciplinadas. Nas palavras de John Ortberg, pessoa disciplinada é aquela que "consegue fazer a coisa certa na hora certa, do jeito certo e pelo motivo certo".[2] Exatamente como Deus.

O Deus que nunca muda

Existe alguém em quem possamos confiar? As pessoas com freqüência nos decepcionam porque quase sempre há discrepâncias entre o que elas afirmam acreditar e a maneira em que vivem. Deus, porém, nunca nos decepcionará, porque ele nunca muda. Suas promessas são tão benignas quanto seu caráter imutável: "Jesus Cristo é o mesmo, ontem, hoje e para sempre" (Hebreus 13.8).

Jesus não muda. O Deus vivo não muda. O amor, a verdade e a bondade divinos não são governados por circunstâncias nem por condições externas, por isso jamais oscilam. O caráter e as promessas de Deus, portanto, merecem toda a confiança e justificam o inteiro comprometimento. Ele cumpre o que promete, e a aliança de amor que firmou conosco é confiável em qualquer circunstância.

Consistência e confiabilidade são fundamentais. Que outra coisa poderá nos servir de apoio? Em que mais poderemos confiar? O que mais poderemos buscar com temerário despojamento? Muitos de nós já se feriram nos relacionamentos, por causa de pessoas que não mantiveram a palavra, afirmando ter dito algo quando não o fizeram, afirmando não ter dito algo quando o fizeram. Se não formos cautelosos, corremos o risco de nos tornar cínicos. Mas, quando atentamos para o caráter de Deus, percebemos que ele é o padrão imutável.

É impossível que Deus minta (Hebreus 6.18; Tito 1.2), por isso ele é a fonte última e confiável de esperança. Seu caráter imutável é o fundamento de todas as promessas que fez. Quando ele declara que fará alguma coisa, é como se já tivesse feito. Quando depositamos nossa esperança em suas promessas, essa esperança se torna uma âncora firme para a alma (Hebreus 6.19). Diferentemente de muitos executivos, o sim de Deus é sempre sim, e o não, sempre não (Tiago 5.12). Quando Deus diz sim, continua sendo sim; quando diz não, permanece sendo não. Essa confiabilidade tem implicações negativas e positivas. Em termos negativos, não há como convencer Deus a mudar de idéia com suborno ou chantagem emocional. Em termos positivos, quando Deus faz uma promessa, podemos estar certos de que ele cumprirá sua palavra.

A ferida aberta pelas promessas que nossos chefes não cumpriram — aumentos nunca autorizados, promoções jamais concedidas, benefícios não providenciados — permanece aberta. O autor de Provérbios faz um diagnóstico preciso desse mal-estar: "A esperança que se retarda deixa o coração doente" (Provérbios 13.12). Boa parte da angústia que sofremos está diretamente relacionada a pessoas não confiáveis.

Contudo, as ações de Deus fluem perfeitamente de seu caráter: "Aquele que é a Glória de Israel não mente nem se arrepende, pois não é homem para se arrepender" (1Samuel 15.29). Não existe possibilidade de manipular, subornar ou barganhar com Deus, porque ele jamais compromete sua integridade perfeita. O próprio Deus declara: "Eu, o SENHOR, não mudo" (Malaquias 3.6). O caráter perfeito e constante de Deus permite que confiemos em suas promessas e em seu *timing*.

Deus *é* integridade, ou seja, ele não apenas age com integridade: a integridade é seu caráter. E quanto a nós? A virtude bíblica da integridade indica a coerência entre o interior e o exterior, entre convicções e comportamento, entre palavras e estilo de vida, atitudes e ações, valores e práticas.

O PROCESSO DA INTEGRAÇÃO

É desnecessário afirmar que o hipócrita não tem qualificações para orientar outras pessoas no caminho para a obtenção de um caráter mais elevado. Ninguém respeitará uma pessoa que não siga as próprias regras, pois o que o líder faz exerce mais impacto sobre os liderados do que aquilo que ele diz. A pessoa pode esquecer 90% do que o líder diz, porém jamais esquecerá como ele vive. Essa é a razão de Paulo aconselhar a Timóteo:

> Seja diligente nessas coisas; dedique-se inteiramente a elas, para que todos vejam o seu progresso. Atente bem para a sua própria vida e para a doutrina, perseverando nesses deveres, pois, agindo assim, você salvará tanto a si mesmo quanto aos que o ouvem (1Timóteo 4.15,16).

Jamais alcançaremos a perfeição nesta vida, contudo devemos progredir sempre na direção do chamado superior de Deus, manifestado em Cristo Jesus (Filipenses 3.14). A perfeição não está ao nosso alcance neste lado da eternidade, mas deve haver algum progresso visível, que seja evidente para os que estão à nossa volta. Observe as duas coisas que Paulo aconselha Timóteo a dispensar constante atenção: a vida e a doutrina. Em outras palavras, Paulo está dizendo a Timóteo: "Preste bastante atenção em seu comportamento e em suas crenças. Assegure-se de que estão em harmonia. Examine-se constantemente para ver se suas ações estão de acordo com o que você prega".

Bill Hendricks, nos dias da bolha especulativa imobiliária nos Estados Unidos, na década de 1980, deparou com uma ilustração desse princípio. Ele conheceu um incorporador imobiliário que adotara em suas transações o que denominava "princípios bíblicos para os negócios". Mas, quando o mercado desaqueceu, ele desapareceu da cidade, deixando para os investidores a tarefa de juntar os cacos — e pagar as dívidas.

Outro amigo de Bill agiu de maneira inteiramente oposta. Ele também trabalhava no ramo imobiliário e de igual modo afirmava aplicar princípios bíblicos aos seus negócios. E, quando o mercado implodiu, o mesmo aconteceu com seu império. Mas, ao contrário do outro incorporador, esse homem, guiado pela consciência, elaborou um plano para restituir as perdas aos investidores.[3]

O dinheiro tende a revelar o que de fato existe em nós. Quando chega a hora de lidar com questões financeiras, descobrimos o material de que a pessoa é constituída. Qual dos dois homens você preferiria seguir? Qual deles demonstrou integridade? Davi escreveu a respeito do homem que "mantém a sua palavra, mesmo quando sai prejudicado" (Salmos 15.4). É o homem que "nunca será abalado!" (v. 5). Simplesmente não há substitutos para alguém cujo caráter seja consistentemente parecido com o de Cristo.

Isso não significa que estamos livres do pecado nesta vida. Na verdade, o Novo Testamento não convoca líderes sem falhas, e sim líderes que são *modelos de progresso na fé*. Então por quais motivos Jesus, no Sermão do Monte, chama seus discípulos a serem "perfeitos como perfeito é o Pai celestial de vocês" (Mateus 5.48)? Está claro que durante a existência física não podemos afirmar que estamos livres do pecado (v. 1João 1.8).

Na verdade, Jesus nos chama para um processo de aperfeiçoamento, e não para atingir a perfeição nesta vida. É a obra santificadora do Espírito Santo de Deus na vida do líder cristão que realiza o aperfeiçoamento. Todos nós continuaremos a tropeçar, de diversas maneiras, mas nosso desejo deve ser sempre cooperar com Deus, para que possamos testemunhar progresso na integração entre nossas convicções e o que fazemos na prática. E somente o processo de aperfeiçoamento de Deus — o líder verdadeiramente perfeito — operando em nós é que pode levar a algum progresso verdadeiro.

Intimidade e coisas pequenas

A melhor forma de descobrir se estamos progredindo é fazendo-nos a pergunta: "Como me comporto quando ninguém está olhando?". É fácil viver como pessoa íntegra quando os outros estão observando, mas será que temos na vida privada o mesmo nível de consistência que temos na vida pública? Boa parte de nossa vida se consome em algo que podemos chamar "manutenção de imagem". Gastamos imensa quantidade de energia tentando fazer com que as pessoas ao nosso redor pensem de nós aquilo que desejamos que pensem. Para John Ortberg, "a comunicação humana, em amplo sentido, é uma infindável tentativa de convencer os outros de que somos mais determinados, inteligentes, gentis ou bem-sucedidos do que eles poderiam pensar se não os educássemos muito bem".[4] É difícil esquivar-se das palavras de Jesus em Mateus 6.1: "Tenham o cuidado de não praticar suas 'obras de justiça' diante dos outros para serem vistos por eles. Se fizerem isso, vocês não terão nenhuma recompensa do Pai celestial".

É possível ter uma vida pública e outra privada. Isso não é integridade, é um convite para Deus nos disciplinar. É preciso haver coerência entre a vida pública e a privada, porque nosso Pai "vê o que é feito em segredo" (Mateus 6.4). Se as coisas funcionam assim, ser fiel em coisas pequenas, secretas, representa muita coisa. Pode ser que Deus esteja bem menos interessado com a *persona* pública que com o caráter privado. Ele pode estar mais interessado na maneira em que lidamos com nossas contas pessoais que com a habilidade que temos para administrar as finanças de uma grande empresa. É nos lugares pequenos e secretos da auto-avaliação que a graça de Deus nos transforma, moldando-nos à imagem de seu Filho (2Coríntios 3.18).

No final, tornamo-nos aquilo que nossos desejos fazem de nós, e essa pessoa que nos tornamos revela aquilo que realmente desejamos. Se desejamos que os outros nos elogiem, nós nos tornamos determinado tipo de pessoa. Mas, se desejamos que Deus nos elogie, precisamos fazer com que a integridade seja uma prioridade em nossa vida. À medida que percebermos a santidade ofuscante do Criador, entenderemos quão desvelados estamos diante dele. Mas, se nos mantivermos concentrados na graça de nosso Senhor Jesus Cristo, reconheceremos que, apesar de nos sentirmos despedaçados, essa não é a situação real, porque ele nos refez. Sua graça é suficiente, pois seu poder se aperfeiçoa na fraqueza (2Coríntios 12.9).

A "des-integração" de Isaías

Quando o profeta Isaías teve a visão do Deus glorioso e aterrador, Criador do Universo, sentiu-se esmagado pela santidade de Deus:

> No ano em que o rei Uzias morreu, eu vi o Senhor assentado num trono alto e exaltado, e a aba de sua veste enchia o templo. Acima dele estavam serafins; cada um deles tinha seis asas: com duas cobriam o rosto, com duas cobriam os pés e com duas voavam. E proclamavam uns aos outros:

"Santo, santo, santo
é o SENHOR dos Exércitos,
a terra inteira está cheia da sua glória".

Ao som das suas vozes os batentes das portas tremeram, e o templo ficou cheio de fumaça. Então gritei: Ai de mim! Estou perdido! Pois sou um homem de lábios impuros e vivo no meio de um povo de lábios impuros; os meus olhos viram o Rei, o SENHOR dos Exércitos! Logo um dos serafins voou até mim trazendo uma brasa viva, que havia tirado do altar com uma tenaz. Com ela tocou a minha boca e disse: "Veja, isto tocou os seus lábios; por isso, a sua culpa será removida, e o seu pecado será perdoado" (Isaías 6.1-7)

R. C. Sproul comenta o encontro de Isaías com a santidade de Deus:

> Estar perdido, despedaçado, significa ser rasgado pelas costuras, ser deslindado. Isaías estava expressando o que os psicólogos modernos descrevem como experiência de desagregação, desintegração pessoal. Desintegrar significa exatamente o que a palavra indica, "des-integrar". Integrar algo é juntar tudo em uma coisa só, em um todo unificado [...]. A palavra integridade [sugere] uma pessoa cuja vida é um todo coerente e saudável. Na gíria de nossos dias, dizemos: "Ele é uma peça única".[5]

Isaías exclamou: "Estou perdido! Fui rasgado ao meio!", que é exatamente o oposto da integridade. Ter integridade é estar agregado, estar inteiro, ter o todo unido em um único sentido, ser consistente. Isaías descobriu-se rasgado ao meio, e tal condição o fez perceber a própria deficiência. Ao deparar com a santidade aterrorizante de Deus, o profeta conscientizou-se da própria impureza.

Quando vivemos toda a vida diante da face de Deus (*corem deo*) e permanecemos em sua presença, percebemos que ser uma pessoa sem integridade não condiz com a dignidade e o destino aos quais fomos chamados. Na qualidade de cristãos, devemos seguir o conselho de Paulo: "Vivam de maneira digna da vocação que receberam" (Efésios 4.1), porque agora Cristo está em nós e quer viver em nós (Gálatas 2.20). Além de representá-lo na qualidade de membros da igreja (2Coríntios 5.20), somos, de uma forma misteriosa, seu corpo (Efésios 1.23; Colossenses 1.24).

Isso não será possível se ele não habitar em nós, mas é aí que reside a solução. De fato, essa é a índole da vida cristã. O cristianismo não é uma religião: é um relacionamento. Não é uma lista de regras e regulamentos: é a presença e o poder de uma pessoa que habita em nós, que prometeu jamais nos deixar e nunca nos abandonar (Hebreus 13.5).

Na condição de seres humanos decaídos, percebemos o grau de nossa desintegração quando ficamos face a face com a perfeita integração de Deus. E, à semelhança de Isaías, tal confronto obriga-nos a reconhecer que necessitamos de uma reconstrução pessoal profunda. Isaías percebeu a profundidade de seu pecado quando vislumbrou a perfeita santidade de Deus. Ele reconheceu as áreas em que falhara com relação aos seus compromissos de sacerdote e profeta. Mas seu compromisso e sua vida de profeta fiel demonstram que é possível construir uma vida de integridade com a ajuda de Deus.

A hipocrisia dos fariseus

Se não enfrentarmos corajosamente nossa inadequação, cairemos na armadilha dos fariseus: a hipocrisia, que é o oposto da integridade. Em Mateus 23, Jesus repetidamente acusa os fariseus e mestres da lei desse pecado. Ele usa seis vezes a provocante palavra "hipócrita" (v. 13,15,23,25,27,29). A palavra "hipócrita" originariamente designava o ator que usava uma máscara para assumir uma identidade falsa, enquanto representava para a audiência. Essa acusação era particularmente ofensiva para os fariseus, que odiavam qualquer forma de helenização (influência da cultura grega), o que incluía o teatro. Essencialmente, Jesus estava afirmando que eles eram aquilo mesmo que odiavam.

Qualquer um que tenha se apegado à falsa idéia de que Jesus era um homem tranqüilo e simpático terá dificuldade com a seguinte passagem:

> Ai de vocês, mestres da lei e fariseus, hipócritas, porque percorrem terra e mar para fazer um convertido e, quando conseguem, vocês o tornam duas vezes mais filho do inferno do que vocês [...]. Ai de vocês, mestres da lei e fariseus, hipócritas! Vocês são como sepulcros caiados: bonitos por fora, mas por dentro estão cheios de ossos e de todo tipo de imundície. Assim são vocês: por fora parecem justos ao povo, mas por dentro estão cheios de hipocrisia e maldade [...]. Serpentes! Raça de víboras! Como vocês escaparão da condenação ao inferno? (Mateus 23.15, 27,28,33).

Como diria Philip Yancey, Jesus não é "o Mr. Rogers de barba!".[a] A linguagem empregada por Jesus revela a profundidade de sua ira justa. Observe que cada versículo que contém a palavra "hipócrita" começa com a expressão "ai de vocês". A palavra "ai" (*ouai*, no grego) pode indicar tristeza, ira, advertência e menosprezo ou tudo ao mesmo tempo. Nessa passagem, Jesus aplica uma surra verbal aos fariseus por dizerem uma coisa e fazerem outra. Além dessa falta de integridade estar abaixo do padrão para os futuros

---

[a] Mr. Rogers era um senhor simpático que apresentava um programa infantil de televisão nos Estados Unidos. Ele sempre perguntava às crianças: "Você quer ser meu vizinho?" [N. do T.].

seguidores de Cristo, na qualidade de líderes religiosos eles eram culpados de representar mal a Deus Pai.

Já descobrimos que a integridade — o oposto extremo da hipocrisia — é a qualidade que as pessoas mais desejam num líder. Está claro que os fariseus e os mestres da lei dos dias de Jesus não atingiram esse padrão. Hoje, quando falamos de integridade, geralmente usamos outros termos, intimamente relacionados, como "ética" e "moralidade". Mas para compreender claramente o conceito de *integridade* é preciso ter uma clara idéia das três palavras. Cada uma tem significado próprio e, usadas adequadamente, iluminam um dos pontos essenciais da liderança freqüentemente mal compreendido.

Ética estabelece o padrão de certo e errado, de bem e mal. É o que os fariseus *diziam* acreditar que era o correto.

Moralidade é vivenciar o padrão de certo e errado, de bem e mal. É o que, na verdade, os fariseus *faziam*.

Ter integridade é ser saudável, completo, integrado. O grau de integração entre a ética e a moralidade de alguém reflete sua integridade. E o grau de desencontro entre a ética e a moralidade reflete a falta de integridade.

Vamos analisar isso de outra forma. Se um amigo nos disser que irá mentir, enganar e roubar, a ética dele é de baixo nível. Se ele conduz seus negócios dessa forma, a moralidade dele também é baixa. Ele não tem ética e é imoral, mas tem integridade — não importa quão distorcida ela seja — porque sua moralidade é coerente com sua ética. Se ele afirma que irá enganar e roubar, mas não engana nem rouba, sua prática é moral, mas ele não tem integridade, porque sua moralidade não combina com sua ética.

A Bíblia ensina a ética elevada e santa. Se afirmarmos que somos cristãos, que vivemos de acordo com os padrões bíblicos, estamos fazendo uma declaração ética. Estamos nos comprometendo com determinada moralidade. Então, para ser íntegros, precisamos viver de acordo com a ética bíblica. Jesus deixa absolutamente claro que a pior das escolhas é a hipocrisia. Isso é muito sério. Se nosso caminhar não combina com nosso falar, é hora de a pergunta inquiridora de Jesus nos fazer eco no coração: "Por que vocês me chamam 'Senhor, Senhor' e não fazem o que eu digo?" (Lucas 6.46). Se pudermos imaginar os olhos santos de Jesus Cristo, Senhor do Universo, enquanto ouvimos a pergunta, pelo menos um pouco de temor irá tomar conta de nós.

A INTEGRIDADE DE SAMUEL

À luz dessa definição, não devemos nos surpreender com o fato de Israel ter o profeta Samuel em alta estima. Samuel era um homem que transpirava integridade. A passagem que melhor ilustra seu caráter íntegro é 1Samuel 12.1-4:

> Samuel disse a todo o Israel: "Atendi tudo o que vocês me pediram e estabeleci um rei para vocês. Agora vocês têm um rei que os governará. Quanto a mim, estou velho e de cabelos brancos, e meus filhos estão aqui com vocês. Tenho vivido diante de vocês desde a minha juventude até agora. Aqui estou. Se tomei um boi ou um jumento de alguém, ou se explorei ou oprimi alguém, ou se das mãos de alguém aceitei suborno, fechando os olhos para a sua culpa, testemunhem contra mim na presença do SENHOR e do seu ungido. Se alguma dessas coisas pratiquei, eu farei restituição".
>
> E responderam: "Tu não nos exploraste nem nos oprimiste. Tu não tiraste coisa alguma das mãos de ninguém".

Nesse discurso de despedida, após ter liderado Israel durante décadas, Samuel promete devolver qualquer coisa que porventura tivesse tirado injustamente de alguém. Que promessa! Ainda mais impressionante foi a reação do povo. Nem uma única pessoa se levantou para acusar Samuel.

A honestidade e a integridade permeavam cada aspecto da vida de Samuel. Essas duas características orientavam sua maneira de considerar as posses, os negócios e o tratamento que dispensava aos mais fracos. Samuel sempre se achou no dever de dar satisfações ao povo que liderava. Ele se expôs inteiramente ao exame minucioso da parte de cada um com quem lidou ou negociou. Como conseqüência dessa prática, a liderança de Samuel tornou-se lendária à medida que a história foi contada e recontada ao longo dos séculos.

SUA ESCOLHA HOJE

Podemos ter ética elevada ou de baixo nível. Podemos ser morais ou imorais. A escolha é nossa. Mas, se quisermos ter integridade, precisamos escolher uma ética e viver de acordo com ela. Se quisermos ser líderes, no mínimo devemos isto aos nossos futuros liderados: que eles saibam em que estão se envolvendo quando nos escolhem como líderes.

2

Caráter

SABEDORIA PARA *DUMMIES*[a]

Ninguém gosta de ser chamado de *dummy*. No entanto, como se explica o sucesso avassalador da série de livros voltados para os *dummies*? Lançada em novembro de 1991 com a publicação de *DOS para Dummies*, a série vendeu mais de 100 milhões de exemplares, tratando de tudo: de exercícios e nutrição a administração financeira e planejamento de férias na Europa.

O conceito era simples e poderoso: transformar em diversão a ansiedade e a frustração que as pessoas sentem diante da tecnologia. Para isso, foram criados livros educativos e engraçados, cujo texto faz com que temas difíceis se tornem interessantes e compreensíveis. Intercale no texto umas pinceladas de personalidade e algumas caricaturas divertidas — e aí está... um livro para *dummies*!

O livro de Provérbios faz algo muito semelhante a isso (à exceção das caricaturas). O livro comunica a sabedoria atemporal de Deus de forma acessível, que pessoas comuns, sem formação

---

[a] *Dummy* tem diversos significados, normalmente depreciativos. A palavra é usada para designar os que não conseguem fazer nada direito, pessoas sem ação, palermas [N. do T.].

teológica, conseguem entender. Provérbios poderia ser intitulado "Sabedoria para *dummies*".

Os provérbios do Antigo Testamento foram escritos e compilados a fim de nos ajudar a fazer uma das escolhas fundamentais da vida — optar entre a sabedoria e a insensatez, entre andar com Deus e andar por caminho próprio. No livro de Provérbios, a sabedoria e a insensatez são representadas por pessoas andando nas ruas da cidade, chamando-nos, como feirantes que, aos gritos, desejando vender seus produtos, convidam-nos a provar um pedaço de sua mercadoria (Provérbios 1.10-33).

Salomão, que recebe o crédito de ter escrito o livro de Provérbios, sugere um excelente ponto de partida para quem deseja desenvolver as qualidades de caráter essenciais à boa liderança:

> Meu filho, se você aceitar
> as minhas palavras
> e guardar no coração
>   os meus mandamentos;
> se der ouvidos à sabedoria
>   e inclinar o coração para o discernimento;
> se clamar por entendimento
>   e por discernimento gritar bem alto;
> se procurar a sabedoria
>   como se procura a prata
> e buscá-la como quem busca
>   um tesouro escondido,
> então você entenderá
>   o que é temer o Senhor
> e achará o conhecimento de Deus.
> Pois o Senhor é quem dá sabedoria;
> de sua boca procedem
>   o conhecimento e o discernimento.
> Ele reserva a sensatez para o justo;

como um escudo
protege quem anda com integridade,
pois guarda a vereda do justo
e protege o caminho de seus fiéis.
Então você entenderá
o que é justo, direito e certo,
e aprenderá os caminhos do bem.
Pois a sabedoria entrará em seu coração,
e o conhecimento
será agradável à sua alma.
O bom senso o guardará,
e o discernimento o protegerá (Provérbios 2.1-11).

O líder cultiva o caráter ao adquirir sabedoria e discernimento. Tais riquezas, evidentemente, não são obtidas de graça. Elas exigem o trabalho árduo, dedicado e paciente necessário à escavação de ouro e prata. Os líderes precisam "garimpar" diligentemente a sabedoria que jaz enterrada na Palavra de Deus, como um tesouro coberto por várias camadas de terra e pedras. Isso significa utilizar as ferramentas certas, exercitar a paciência e a diligência durante o tempo que permanecemos imersos nesse livro que transforma vidas. Marjorie Thompson escreve:

> Seria ótimo se pudéssemos simplesmente "praticar a presença de Deus" em todos os aspectos da vida, sem despender energia em exercícios específicos. Mas a capacidade de lembrar e permanecer na presença de Deus surge somente por meio de treino constante.[1]

Da mesma forma em que é impossível pagar uma pessoa para desenvolver a musculatura em nosso lugar, também não é possível pagar alguém para desenvolver o vigor de nosso caráter. Se quisermos adquirir mais força, nós mesmos temos que levantar os pesos.

Será frustrada também a expectativa de adquirir um caráter robusto da noite para o dia. Isso requer esforço e tempo. Douglas J. Rumford diz:

> O caráter é semelhante ao exercício físico ou a qualquer outra forma de aprendizagem — não é possível "forçar a barra" na esperança de fazer em um dia ou em uma semana aquilo que só pode ser realizado em meses e anos de prática constante.[2]

É por isso que o autor de Provérbios utiliza palavras que chamam seus leitores à ação enérgica e apaixonada.

À medida que escavamos, precisamos pedir a Deus que nos dê discernimento. Em última análise, somente Deus pode nos abrir os olhos para enxergarmos a verdade espiritual e depois nos habilitar a aplicar essa verdade à nossa vida (Efésios 1.18). À medida que Deus preenche nossa mente com sabedoria, nosso caráter vai se desenvolvendo e, assim, adquirimos a capacidade de constantemente fazer escolhas certas — justas, honestas e morais. É o que Henry Blackaby e Claude King comentam no livro *Experiencing God*:

> Assim que passamos a crer em Deus, demonstramos fé por aquilo que fazemos. Requer-se algum tipo de ação [...]. Não é possível continuar a vida como antes nem permanecer no mesmo lugar e, ao mesmo tempo, andar com Deus. Afastar-se dos caminhos, pensamentos e propósitos próprios e aproximar-se da vontade de Deus sempre exigirá um ajuste radical. Pode ser que Deus requeira ajustes em nossas circunstâncias, relacionamentos, pensamentos, compromissos, ações e convicções. Quando os ajustes forem feitos, poderemos seguir a Deus em obediência. Tenhamos isto em mente: o Deus que nos chama também é Aquele que nos capacitará a cumprir sua vontade.[3]

À medida que procuramos adquirir a sabedoria de Deus, tornamo-nos capazes de ir além de simplesmente expressar a visão e os valores dos líderes. Possuiremos o tipo de caráter do qual as visões grandiosas fluem, que não oscila de acordo com a opinião pública ou com o medo, mas que busca a verdadeira grandiosidade e sabe quem é a verdadeira audiência. Nosso caráter terá uma santidade verdadeira e, assim, outras pessoas terão grande alegria em nos seguir.

DEUS: UM CARÁTER E TANTO!

Pense nas pessoas que você conhece e admira. Você conhece pais que demonstram possuir julgamento equilibrado pelo jeito de conduzir a própria vida e de educar os filhos? Conhece avós que sabem quando brincar e quando repreender, quando ser carinhosos e quando disciplinar? Já teve um professor que sabia a hora de aconselhar e a de simplesmente ouvir, a hora de instruir e a de deixar a instrução por conta dos fatos da vida? Agora tente atribuir valor a esses sábios discernimentos. Quanto eles valem?

Todos nós temos estima por aqueles que possuem a sabedoria proveniente do caráter. Se admiramos pessoas com qualidades elevadas, quanto mais não devemos valorizar a perfeição do Deus vivo, a origem de toda sabedoria, paciência e discernimento!

Quando Moisés pediu que Deus lhe revelasse sua glória, o Senhor respondeu: "Diante de você farei passar toda a minha bondade, e diante de você proclamarei o meu nome: o SENHOR" (Êxodo 33.19). Deus teve de proteger Moisés da plenitude de sua glória, colocando-o na fenda de uma rocha. Enquanto passava diante de Moisés, a impressionante apresentação de Deus proclamava a perfeição de seu próprio caráter:

SENHOR, SENHOR,
Deus compassivo e misericordioso,
paciente, cheio de amor e de fidelidade,
que mantém o seu amor a milhares
e perdoa a maldade,
a rebelião e o pecado.
Contudo, não deixa de punir o culpado;
castiga os filhos e os netos
pelo pecado de seus pais,
até a terceira e a quarta gerações (Êxodo 34.6,7).

Quando se revelou como o Deus compassivo e misericordioso, que demora para irar-se, que é cheio de amor e fidelidade, que mantém seu amor a milhares e perdoa a maldade, a rebelião e o pecado, ele deixou claro que seu caráter é o padrão absoluto pelo qual todas essas qualidades são definidas. Deus não presta contas a ninguém, não há nenhum padrão mais elevado ao qual deva conformar-se. Como afirmou Anselmo, o grande pensador do século XI: "Deus é o ser em relação ao qual nada maior pode ser concebido".

Inicialmente, Anselmo fez essa declaração para tentar provar a existência de Deus. Michael Witmer, porém, observa:

O legado verdadeiro do argumento de Anselmo não é a tentativa de provar a existência de Deus, mas, antes, como o argumento nos ensina a falar sobre Deus. Se Deus é "o ser em relação ao qual nada maior pode ser concebido", então sabemos que há determinadas coisas que precisamos afirmar a respeito dele. Para os iniciantes, devemos usar somente as melhores palavras que temos para descrevê-lo. Deus deve ser justo, poderoso, amoroso e bondoso — tudo aquilo que é melhor ser que não ser. Podemos discordar sobre quais itens devem constar da lista [...], mas todos nós concordamos em que essa lista inclui todas as propriedades geradoras de grandiosidade que podemos imaginar [...].

Deus é qualitativamente superior a qualquer coisa na criação. Não há nada que se compare ao ser que é o mais grandioso possível. Ele pertence a uma categoria própria — literalmente.[4]

O caráter de Deus — eterno e sem variação — é o padrão imutável que confere significado último ao amor, à bondade, à fidelidade e à paciência. E, no entanto, o apelo do evangelho é para que criaturas decaídas como nós venham a refletir o caráter de nosso Pai celestial na própria vida. Aquele que é essencialmente bondoso e cujo ser define a virtude promete dar condições àqueles que confiam suficientemente nele para viver de acordo com sua vontade.

O CARÁTER VEM DE DENTRO PARA FORA

As pessoas não ficam impressionadas por fachadas nem por manipulações, mas pela autenticidade e por aqueles que genuinamente estão preocupados com o próximo. O caráter não é questão de técnica externa, mas de realidade interior. Deus está interessado em saber como agimos quando ninguém está olhando. Douglas Rumford, discutindo a triste situação de um líder cristão que perdeu seu ministério por causa de pecados sexuais, explica que isso acontece quando permitimos que uma "fissura no caráter" se desenvolva. Ele escreve:

> A fissura no caráter é uma fraqueza que um dia se tornará aparente, quando as circunstâncias ou os estresses da vida atingirem o ponto de ruptura. Talvez sejamos capazes de contornar a situação por algum tempo, experimentando alguma segurança. Mas o talento nato, a personalidade e as circunstâncias de prosperidade não podem substituir o forjar da santidade interior, a resiliência e as convicções que compõem a integridade do caráter.[5]

Em 2Pedro 1.5-8, o apóstolo apresenta uma lista das qualidades relacionadas à vida e à santidade, que Deus deseja de cada um de seus filhos:

> Empenhem-se para acrescentar à sua fé a virtude; à virtude o conhecimento; ao conhecimento o domínio próprio; ao domínio próprio a perseverança; à perseverança a piedade; à piedade a fraternidade; e à fraternidade o amor. Porque, se essas qualidades existirem e estiverem crescendo em sua vida, elas impedirão que vocês, no pleno conhecimento de nosso Senhor Jesus Cristo, sejam inoperantes e improdutivos.

As qualidades de caráter listadas nesses versículos são admiráveis, porém nos impõem um peso esmagador. Podemos aspirar a tais características, mas será realmente possível alcançá-las? A resposta, tanto das Escrituras quanto da pura experiência humana, é um sonoro "Não!". Alcançar esse tipo de caráter apenas por esforço próprio não é difícil: é simplesmente impossível.

Se se tratasse simplesmente de uma questão de esforço humano, a tentativa seria fútil. Que fazer, então? Será que devemos dar de ombros e ignorar o texto, sob a alegação de que a passagem nos exige o impossível? Seria tolice. Devemos atentar para o contexto em que Pedro escreve essas palavras.

Os dois versículos imediatamente anteriores à passagem nos dão a chave de que precisamos: em Cristo, recebemos acesso ao poder de Deus e recebemos o privilégio incompreensível de participar "da natureza divina" (v. 4). Só existe uma pessoa capaz de viver uma vida como a de Cristo: o próprio Cristo. Sem ele, não conseguiremos viver a vida que fomos chamados a viver (João 15.5). Mas Cristo só poderá viver essa vida por meio de nós se estivermos unidos a ele. Como disse Martinho Lutero: "Não é a imitação que gera a filiação a Deus, mas é por estarmos afiliados a ele que se torna possível a imitação".[6] E não somente recebemos uma nova natureza em Cristo (Romanos 6.6-13), o Espírito Santo também habita em nós, e seu poder permite que manifestemos as qualidades do caráter de Cristo.

A verdadeira transformação espiritual e do caráter acontece de dentro para fora, não de fora para dentro. Fé, virtude, conhecimento, domínio próprio, perseverança, piedade, fraternidade e amor são atributos que surgem da vida de Cristo implantada dentro de nós.

O CARÁTER DE PEDRO: UM ESTUDO DE CASO

É fácil ler as palavras inspiradoras de Pedro e se perguntar: "Quem pensou nessas coisas? De onde vêm as pessoas com ideais e percepções como essas?". Bem, o homem que escreveu essas palavras inspiradoras e que nos exorta a lutar pela obtenção de tamanha força de caráter nem sempre viveu de acordo com os mesmos ideais.

O homem que se chamava "testemunha dos sofrimentos de Cristo" (1Pedro 5.1) não presenciou a crucificação de Jesus: ficou com a maioria dos outros discípulos e se escondeu por estar com medo (Mateus 26.69-75; João 20.19). O homem que nos convida a ter o "desejo de servir" (1Pedro 5.2) permaneceu sentado enquanto Jesus lavava os pés dos discípulos, inclusive os dele (João 13.1-10). O homem que disse: "Sejam criteriosos e estejam alertas; dediquem-se à oração" (1Pedro 4.7) adormeceu enquanto Jesus orava com tamanha intensidade que seu suor se parecia com gotas de sangue (Lucas 22.39-46). O homem ousado o bastante para nos recomendar: "Por causa do Senhor, sujeitem-se a toda autoridade constituída entre os homens" (1Pedro 2.13) desembainhou a espada e decepou a orelha de um oficial dos chefes dos sacerdotes e dos fariseus (João 18.10,11).

Nenhuma parte desta análise, que revela as espantosas diferenças entre suas palavras e ações, tem o propósito de rebaixar Pedro. A intenção é dar esperança ao leitor. Pedro, esse homem tão impulsivo e imaturo, tornou-se um grande líder da igreja. O Pedro que conhecemos nos quatro Evangelhos transformou-se no Pedro sobre o qual lemos no livro de Atos e no Pedro que escreveu duas epístolas. Levou tempo e exigiu esforço, mas Deus operou nele uma profunda mudança. E o mesmo Espírito Santo que realizou essa transformação na vida de Pedro está ativo, operando para transformar aqueles que crêem no Filho de Deus, Jesus Cristo.

Os Evangelhos apresentam-nos duas facetas da personalidade de Pedro. A primeira mostra-o tão impulsivo que chega a ser cômico. Por duas vezes ele pula inteiramente vestido de um barco que navega em condições perfeitas. Ele desafia Jesus, fala em hora imprópria e às vezes parece demonstrar mais energia e criatividade que o necessário para o momento. Mas é essa mesma energia e criatividade que subjazem ao segundo aspecto de sua personalidade.

Pedro era extra-oficialmente o líder dos discípulos. Normalmente, desempenhava o papel de porta-voz. Ao lado de Tiago e João, completava o grupo de discípulos mais íntimo de Jesus. Depois que Jesus partiu, os demais discípulos por certo olharam para Pedro, esperando dele alguma orientação. O registro que Lucas faz dos primeiros anos da igreja (o livro de Atos) não deixa dúvidas sobre a liderança que Pedro exerceu.

Essa combinação aparentemente conflituosa de qualidades pode ser notada em diversos líderes jovens e identificada pela expressão "intensa energia mental". Pedro pensava sempre visualizando a ação. Quando ouvia a palavra "pergunta", imediatamente pensava em "resposta". Quando observava um "problema", pensava em "solução". Quando deparava com "opções", pensava em "decisão". Mas ele também demonstrava o lado desastroso dessa mesma personalidade. Quando ouvia "silêncio", pensava em "conversa". Diante da "discordância", pensava em "desafio". O "erro" (ou pelo menos a percepção que ele tinha do erro) gerava a faísca da "correção". Mas, qualquer que fosse a situação, pelo menos ele *de fato* pensava, e seu pensamento inevitavelmente o levava à ação.

Nos primeiros anos, Pedro era pouco afeito ao comedimento: suas respostas, soluções, decisões e discursos mostravam seu lado histriônico. Às vezes, tal comportamento era considerado insensível, irrefletido e imaturo. Mas, a exemplo de muitos dos grandes líderes, Pedro sobreviveu a si mesmo. Com a orientação de Jesus, a mente fértil e ativa do discípulo amadureceu. Por meio de todas as experiências que vivenciou, desenvolveu um caráter mais santo, mais parecido com o de Cristo. Essa maturidade conduziu seu processo de pensamento para vias mais produtivas. Ele coletava informações, colocava-as em ordem e estabelecia relações entre elas. Seu raciocínio ficou mais afiado. Pedro tornou-se líder porque não tinha medo de tomar decisões. E seu caráter santo influenciava as decisões que tomava.

Qualquer pessoa que tenha trabalhado sob a direção de um líder que sofre de "paralisia analítica" apreciaria a reação rápida de Pedro. Qualquer pessoa em uma organização na qual a regra é "decisão por indecisão" entende o porquê de as pessoas serem atraídas a Pedro. Ao comparar a vida de Pedro nos Evangelhos com a voz madura que ressoa em suas epístolas, passamos a ter um conceito melhor desse homem otimista, enérgico e dono de grande inteligência, um homem de ação e de caráter marcante. De fato, o evangelho de Marcos — que muitos acreditam ter sido escrito a partir das palavras de Pedro — descreve Jesus como um homem de ação, que não gostava de perder tempo. A palavra grega traduzida por "imediatamente" aparece 42 vezes nos 16 capítulos do livro de Marcos.

Enquanto a igreja avançava, enfrentando a oposição dos líderes romanos e judeus e sendo os cristãos martirizados por causa da fé, alguém precisava tomar decisões rápidas, guiadas pelo Espírito. E podemos apenas imaginar os obstáculos que surgiram, capazes de reduzir a pedaços a frágil organização, quando a igreja deu um salto, acomodando dentro de seus limites judeus de fala grega, depois samaritanos, gentios locais, asiáticos, gregos e romanos. Pelo fato de Pedro ser um líder cuja personalidade conseguia suportar a ameaça da discórdia, do desafio ou mesmo de uma decisão errada, ele não tinha medo de agir. Não era negligente nem lidava de forma leviana com questões cruciais. Seu caráter santo não lhe permitia agir dessa forma. Mas ele não tinha medo de avançar, e sob sua liderança a igreja fez o que precisava ser feito. Pedro era um líder que tomava decisões de peso.

Andando em amor no caminho que leva ao caráter bondoso

É impressionante o que Deus consegue fazer com pessoas que querem crescer pessoalmente e desenvolver o caráter. A grande nova é que Deus deseja que cresçamos até o ponto em que for possível. Ele nos redimiu com esse propósito. Para descobrir as distâncias que Deus trilhará para forjar nosso caráter até que fique como o aço, vamos andar ao lado de Pedro no meio da fornalha de fundição.

Esse homem tinha negado Jesus em um momento crítico. Mais tarde, no entanto, ele suportou espancamentos, prisões e, em certo momento, preferiu morrer a negá-lo novamente. Todos sabemos que um caráter assim não se desenvolve da noite para o dia. Sabemos que a ressurreição de Jesus exerceu profunda influência na transformação do caráter de Pedro. Mas o modo em que Jesus ajudou Pedro a recuperar-se de seu maior fracasso deve incentivar-nos a pedir ao mesmo Senhor Jesus que nos ajude também a desenvolver um caráter forte.

Pedro estava sentado no pátio, e uma criada, aproximando-se dele, disse: "Você também estava com Jesus, o galileu".

Mas ele o negou diante de todos, dizendo: "Não sei do que você está falando".

Depois, saiu em direção à porta, onde outra criada o viu e disse aos que estavam ali: "Este homem estava com Jesus, o Nazareno".

E ele, jurando, o negou outra vez: "Não conheço esse homem!"

Pouco tempo depois, os que estavam por ali chegaram a Pedro e disseram: "Certamente você é um deles! O seu modo de falar o denuncia".

Aí ele começou a se amaldiçoar e a jurar: "Não conheço esse homem!"

Imediatamente um galo cantou. Então Pedro se lembrou da palavra que Jesus tinha dito: "Antes que o galo cante, você me negará três vezes". E, saindo dali, chorou amargamente (Mateus 26.69-75).

Para descobrir exatamente o que esse incidente representou para Pedro, talvez devamos retroceder alguns versículos:

Então Jesus lhes disse: "Ainda esta noite todos vocês me abandonarão [...]".

Pedro respondeu: "Ainda que todos te abandonem, eu nunca te abandonarei!"

Respondeu Jesus: "Asseguro-lhe que ainda esta noite, antes que o galo cante, três vezes você me negará".

Mas Pedro declarou: "Mesmo que seja preciso que eu morra contigo, nunca te negarei". E todos os outros discípulos disseram o mesmo (Mateus 26.31,33-35).

Nesse primeiro momento, dificilmente a força do caráter de Pedro seria questionada. Ele declarou estar disposto a morrer com Jesus se fosse preciso. Mas o Filho de Deus estava certo. Naquela mesma noite, Pedro chegou a negar que o conhecia.

Logo após esses acontecimentos, Jesus foi crucificado e sepultado. Três dias depois, ressurgiu dos mortos e foi visto brevemente pelos discípulos (João 20). Mas a primeira conversa entre Jesus e Pedro, registrada em João, mostra como o Mestre lidou com o fracasso do discípulo:

> Depois de comerem, Jesus perguntou a Simão Pedro: "Simão, filho de João, você me ama mais do que estes?"
>
> Disse ele: "Sim, Senhor, tu sabes que te amo".
>
> Disse Jesus: "Cuide dos meus cordeiros".
>
> Novamente Jesus disse: "Simão, filho de João, você me ama?"
>
> Ele respondeu: "Sim, Senhor, tu sabes que te amo".
>
> Disse Jesus: "Pastoreie as minhas ovelhas".
>
> Pela terceira vez, ele lhe disse: "Simão, filho de João, você me ama?"
>
> Pedro ficou magoado por Jesus lhe ter perguntado pela terceira vez "Você me ama?" e lhe disse: "Senhor, tu sabes todas as coisas e sabes que te amo".
>
> Disse-lhe Jesus: "Cuide das minhas ovelhas" (João 21.15-17).

Note a teologia saudável de Pedro no versículo 17. "Senhor, tu sabes todas as coisas e sabes que te amo". Pedro estava certo. Jesus não estava fazendo a pergunta a Pedro para saber o que este iria responder, mas porque *Pedro* precisava saber a resposta. Por que era tão importante que Pedro se debatesse com a resposta que deu à pergunta? É igualmente importante que determinemos se o amor que temos por Jesus Cristo é forte o suficiente para nos capacitar a desenvolver as qualidades de caráter que sua Palavra encoraja e requer. São as qualidades presentes na lista que Pedro apresenta em 2Pedro 1.5-8.

Nos doze primeiros capítulos do livro de Atos, vemos Pedro no papel de líder proeminente da igreja que acabara de entrar no mundo. A força de seu caráter e sua convicção eram uma fonte de inspiração, de desafio e de incentivo para muitos. Nosso Senhor ainda busca homens e mulheres que respondam: "Sim, Senhor, tu sabes que te amo" e que depois desenvolvam os traços de caráter necessários a líderes santos.

FORJANDO O CARÁTER

O caráter é forjado nas pequenas coisas da vida. Os grandes fatos da vida podem ser considerados exames finais que revelam a verdadeira natureza de nosso interior, de nosso eu. Mas é nas decisões que aparentemente não têm importância que nosso caráter é fortalecido, pouco a pouco. C. S. Lewis usa a imagem do "núcleo central" dentro de nós, que é formado e moldado pelas escolhas que fazemos:

> As pessoas pensam com certa freqüência que a moral cristã é uma espécie de barganha em que Deus nos diz: "Se você cumprir este monte de regras, eu o recompensarei; mas, se não o cumprir, farei o contrário". Ora, não me parece que seja essa a melhor maneira de encarar o assunto. Penso que seria muito melhor ter em mente que a cada escolha moral que fazemos modificamos um pouco aquilo que é central em nós, aquela parte de nós mesmos que decide; transformamo-la em algo levemente diferente do que era antes. Se tomarmos nossa vida como um todo, com suas inumeráveis escolhas, perceberemos que o que estamos fazendo o tempo todo é transformar pouco a pouco essa espécie de núcleo central do nosso "eu" numa criatura celeste ou numa criatura infernal; numa criatura que está em

harmonia com Deus, com os outros e consigo mesma ou numa criatura que está em rebelião e sente ódio contra Deus, contra os outros e contra si mesma. A primeira dessas opções é o Céu: isto é, significa alegria e paz e sabedoria e poder. A segunda significa loucura, horror, imbecilidade, raiva, impotência e solidão eterna. Cada um de nós, a cada momento, encaminha-se para um ou outro desses estados.[7]

As escolhas que fazemos hoje determinam nosso caráter, e nós o levaremos conosco para a eternidade. Portanto, é preciso escolher sabiamente!

3

Valores

A IMPORTÂNCIA DOS VALORES CONSISTENTES

Os valores são essenciais para a liderança eficiente. São as verdades inegociáveis e indiscutíveis que impulsionam e direcionam nosso comportamento. São motivacionais, já que explicam o *motivo* pelo qual fazemos as coisas, e são restritivos, já que estabelecem fronteiras em torno de nosso comportamento. Valores são as coisas que julgamos importantes, que nos orientam, indicando o caminho a despeito de nossas emoções.

Os autores especializados em liderança estão dando mais atenção à importância de valores consistentes para a eficiência de um líder a longo prazo.[1] Empresas, organizações políticas e educacionais, igrejas, famílias e indivíduos: todos são beneficiados quando conhecem seus valores centrais e vivem de acordo com eles. Nas empresas, os valores centrais são "os princípios essenciais, duradouros, da organização — um pequeno conjunto de princípios orientadores; não devem ser confundidos com práticas culturais ou operacionais específicas; não devem ser comprometidos a favor do ganho financeiro ou da conveniência de curto prazo".[2] Jim Collins e Jerry Porras observam que todas as companhias visionárias duradouras possuem um conjunto de valores centrais que determinam o comportamento do grupo.[3]

O rei Davi descreve o comportamento impulsionado pelos valores em Salmos 15.1-5:

> Senhor, quem habitará no teu santuário?
> Quem poderá morar no teu santo monte?
> Aquele que é íntegro em sua conduta
>   e pratica o que é justo,
> que de coração fala a verdade
> e não usa a língua para difamar,
> que nenhum mal faz ao seu semelhante
>   e não lança calúnia contra o seu próximo,
> que rejeita quem merece desprezo,
>   mas honra os que temem o Senhor,
> que mantém a sua palavra,
>   mesmo quando sai prejudicado,
> que não empresta o seu dinheiro visando ao lucro
>   nem aceita suborno contra o inocente.
> Quem assim procede
>   nunca será abalado!

Observe que na afirmação de Davi a pessoa que se deleita na presença de Deus, que tem uma vida pura, é aquela "que de coração fala a verdade" (v. 2). Tal pessoa valoriza a verdade no coração e, em decorrência disso, suas palavras expressam a verdade. Por valorizar a bondade, "nenhum mal faz ao seu semelhante" (v. 3). Por valorizar a honestidade, "mantém a sua palavra, mesmo quando sai prejudicado" (v. 4). Por valorizar a justiça, não "aceita suborno contra o inocente" (v. 5).

Os líderes impulsionados pelos valores colhem muitos frutos vindos do Senhor. Davi disse que nunca serão abalados (v. 5). Independentemente das circunstâncias, eles conseguem viver na plena confiança de que os princípios corretos amoldaram seus valores e orientaram suas decisões. Essa confiança lhes dará estabilidade emocional e espiritual. Também os habilitará a serem o tipo de líder que Deus pode usar para sua glória.

Pense nos valores que impulsionaram o comportamento da pessoa descrita pelo salmista. Ao examinar a própria vida, que valores você percebe estarem impulsionando seu comportamento? Muitos adotam determinados valores, mas as ações não são governadas pelas coisas que afirmamos serem caras a nós. Talvez devamos começar perguntando a nós mesmos que valores *queremos* ver impulsionando nosso comportamento. A menos que façamos isso intencionalmente, seremos amoldados pelos valores de outras pessoas. Não podemos ter um conjunto de valores para o trabalho, outro para o lar e um inteiramente diferente para as atividades na igreja. Devemos ter como objetivo integrar completamente os valores santos em *todas* as esferas do cotidiano.

DEUS: A FONTE DE TODOS OS VALORES

Deus não dá satisfações a ninguém, não existe outra autoridade mais elevada à qual deva se adaptar. Ele mesmo é a medida absoluta de verdade, beleza, bondade, amor e justiça. Seu caráter perfeito é a essência daquilo que a Bíblia denomina "retidão". Num Universo sem Deus, aquilo que chamamos "bom" não teria nenhum referencial último.

As estruturas morais e os valores divinos estão incorporados à ordem criada. A Bíblia afirma que mesmo os que não foram expostos à lei de Deus têm uma consciência — uma lei moral — dentro de si (Romanos 2.14-16). Deus se revela não apenas na natureza, mas também no coração humano. Temos um coração e uma consciência que revelam as impressões digitais de um Deus moral. C. S. Lewis usa como ponto de partida de seu clássico *Mere Christianity* a idéia de uma lei onipresente, que dispensa explicações, a qual ele denomina "Lei da Natureza Humana" ou "Lei

Moral". Alguns anos depois, em *The Abolition of Man* [A abolição do homem], ele simplesmente se refere a ela como Tao, que está presente em todas as culturas e sociedades. Há um absoluto moral surpreendentemente uniforme na maioria das culturas — babilônica, egípcia, persa e chinesa. Nenhuma delas, por exemplo, dá lugar de destaque à traição, ao egoísmo, à covardia ou à falsidade. Tais padrões estão ali porque Deus pôs a lei natural, isto é, a lei moral, no coração dos seres humanos. Não importa quanto tentemos, simplesmente não podemos negar esse fato.

Lewis também diz: "A menos que admitamos que a realidade última é moral, não podemos condená-la moralmente".[4] Com isso, ele pretende dizer que, a menos que haja algum padrão consensual para o verdadeiro, o belo e o bom, não pode haver nenhum padrão absoluto pelo qual condenar o comportamento "maldoso". Em outras palavras, quem usa a existência do mal e do sofrimento como argumento contra Deus está, na verdade, exigindo que Deus condene a si mesmo. De fato, quando se fala a respeito da maldade neste mundo, está implicada a existência do Deus da Bíblia porque, se não há nenhum Deus, então a idéia do mal é arbitrária — "cada cabeça, uma sentença", por assim dizer. Mesmo as noções que temos de bem e mal chegaram a nós porque somos portadores da imagem do Único que, no começo de tudo, determinou o que em filosofia chamamos "categorias".

Se nosso mundo continuar denunciando a idéia dos absolutos morais, não poderá continuar denunciando a apropriação indevida do poder e a conduta condenável dos ricos e dos poderosos. Num mundo que não reconhece em Deus o Absoluto final, o pragmatismo da vantagem pessoal dominará. O fato de as pessoas ficarem seduzidas pelo poder e pela riqueza não deveria nos surpreender. Surpresa deveria ser o fato de essa sedução não estar mais disseminada do que já está. O conselheiro cristão Larry Hall diz:

Enquanto nossa moralidade permanecer fundamentada sobre o orgulho humanista, a consistência moral irá escapar de nós. Continuaremos sendo um amontoado de contradições pessoais, julgando com selvageria os outros e exigindo com veemência, enquanto isso, que ninguém nos julgue. Podemos desistir de alcançar uma ética consensual. Praticamente não há nenhum consenso numa sociedade pluralista como a nossa. O máximo que podemos esperar é que, em alguma medida, sejamos politicamente corretos — e quem, em sã consciência, teria uma esperança como essa? Mesmo que o consenso real fosse possível, a História provou repetidamente que tal consenso pode ser bastante imoral. Quando a ética está fundamentada no eu e no orgulho, toda a objetividade é perdida. As coisas deixam de ser certas ou erradas. Em vez disso, são exeqüíveis ou pouco práticas, desejáveis ou desagradáveis, aprazíveis ou sem valor comercial [...]. De fato, os próprios conceitos de virtude e degradação perdem o sentido.[5]

Valores santos para um povo santo

Na qualidade de seres humanos, coroa da criação divina, devemos estar cientes de que Deus "pôs no coração do homem o anseio pela eternidade" (Eclesiastes 3.11). Como líderes santos, devemos buscar uma vida condizente com os valores eternos de Deus — verdade, beleza, bondade, amor e justiça — estabelecidos na Bíblia. Se procurarmos no mundo nossos valores morais, iremos nos confundir com interesse próprio, condicionamento social e ética circunstancial. Os valores da cultura são rasos e subjetivos, mas o padrão moral das Escrituras reflete o caráter absoluto e imutável de Deus. Êxodo 20.1-17 apresenta-nos o resumo mais claro dos valores de Deus para seu povo:

> E Deus falou todas estas palavras:
>
> "Eu sou o Senhor, o teu Deus, que te tirou do Egito, da terra da escravidão.

"Não terás outros deuses além de mim.

"Não farás para ti nenhum ídolo, nenhuma imagem de qualquer coisa no céu, na terra, ou nas águas debaixo da terra. Não te prostrarás diante deles nem lhes prestarás culto, porque eu, o Senhor, o teu Deus, sou Deus zeloso, que castigo os filhos pelos pecados de seus pais até a terceira e quarta geração daqueles que me desprezam, mas trato com bondade até mil gerações aos que me amam e obedecem aos meus mandamentos.

"Não tomarás em vão o nome do Senhor, o teu Deus, pois o Senhor não deixará impune quem tomar o seu nome em vão.

"Lembra-te do dia de sábado, para santificá-lo. Trabalharás seis dias e neles farás todos os teus trabalhos, mas o sétimo dia é o sábado dedicado ao Senhor, o teu Deus. Nesse dia não farás trabalho algum, nem tu, nem teus filhos ou filhas, nem teus servos ou servas, nem teus animais, nem os estrangeiros que morarem em tuas cidades. Pois em seis dias o Senhor fez os céus e a terra, o mar e tudo o que neles existe, mas no sétimo dia descansou. Portanto, o Senhor abençoou o sétimo dia e o santificou.

"Honra teu pai e tua mãe, a fim de que tenhas vida longa na terra que o Senhor, o teu Deus, te dá.

"Não matarás.

"Não adulterarás.

"Não furtarás.

"Não darás falso testemunho contra o teu próximo.

"Não cobiçarás a casa do teu próximo. Não cobiçarás a mulher do teu próximo, nem seus servos ou servas, nem seu boi ou jumento, nem coisa alguma que lhe pertença".

A lei moral de Deus para seu povo é uma expressão da própria perfeição imutável do Senhor. Nos Dez Mandamentos, Deus está na realidade conclamando o povo, com quem fez uma aliança, a ser como ele. "Eu sou o Senhor que os tirou da terra do Egito para ser o seu Deus; por isso, sejam santos, porque eu sou santo" (Levítico 11.45).

Os Dez Mandamentos começam demonstrando um relacionamento com Deus e terminam com relacionamentos entre pessoas. Nas Escrituras, a retidão sempre se expressa no contexto dos relacionamentos. Refere-se sistematicamente ao comportamento que demonstra amor por Deus e pelo semelhante. "O amor não pratica o mal contra o próximo" (Romanos 13.10). "Toda a Lei se resume num só mandamento: 'Ame o seu próximo como a si mesmo' " (Gálatas 5.14).

Da teoria para a prática

Uma coisa é saber o que é correto e outra é fazê-lo de modo consistente. Jesus nos chamou para sermos perfeitos como é perfeito nosso Pai celestial (Mateus 5.48), mas isso é inalcançável sem o poder do Espírito Santo que habita em nós. Larry Hall afirma que "alcançar a virtude transcendente ao mesmo tempo em que se nega a transcendência é tão absurdamente impossível quanto eu segurar meu colarinho e me levantar sozinho do chão".[6] Somente à medida que vivemos pelo Espírito é que recebemos poder para encarnar os valores bíblicos e materializá-los em nossa vida. É interessante discutir valores de forma abstrata, mas às vezes os "valores" intrometem-se no meio de decisões valiosas. Sustentar os valores pode custar muito caro para um líder. Então como se decide o que é mais importante quando estamos pesando os custos finais e as convicções que nos são mais caras?

O primeiro passo para a liderança eficiente é a definição dos valores centrais. Enquanto isso não for feito, o barco que o líder está tentando pilotar ficará sem leme. É difícil — se não impossível — definir visão, missão, estratégia e resultados a alcançar antes de os valores estarem claros. Jesus conhecia essa verdade. Bem no início do processo de discipulado de sua equipe, ele forçou a equipe ao confronto com essa questão fundamental.

As primeiras noções sobre valores ensinadas por Jesus estão registradas em Mateus 6.1-34. Jesus concentra a lição nos versículos de 19 a 21:

> Não acumulem para vocês tesouros na terra, onde a traça e a ferrugem destroem, e onde os ladrões arrombam e furtam. Mas acumulem para vocês tesouros nos céus, onde a traça e a ferrugem não destroem, e onde os ladrões não arrombam nem furtam. Pois onde estiver o seu tesouro, aí também estará o seu coração.

Jesus incentivou os discípulos a concentrar seus valores em coisas que trouxessem uma compensação eterna. Mas como acumular tesouros nos céus enquanto ganhamos nosso sustento ou lideramos com responsabilidade um empreendimento, gerando empregos, produtos, serviços e lucro nesta terra? O texto apresenta o ponto crucial sobre os valores. Jesus começa essa parte do Sermão do Monte advertindo: "Tenham o cuidado de não praticar suas 'obras de justiça' diante dos outros para serem vistos por eles. Se fizerem isso, vocês não terão nenhuma recompensa do Pai celestial" (Mateus 6.1). A questão é esta: para quem, de verdade, estamos trabalhando? Quem é a pessoa cujo aceno de aprovação é o mais importante? Quem define o que realmente importa em nossa vida?

Em essência, Jesus está dizendo aos seus discípulos — e a nós — que o valor central, o valor que nos impulsiona, o valor eterno resume-se nesta pergunta: "O que faço agrada a Deus?". Comparado a esse, qualquer outro valor fica em segundo plano. Quando esse valor estiver no lugar certo, todos os outros se alinham. Mateus

6 está entre os capítulos mais decisivos da Bíblia para amoldar nossa filosofia de vida e nossa liderança. Meditar nas palavras de Jesus que lemos nessa passagem será de valor inestimável para o papel que desempenhamos como líderes.

PAULO: IMPASSE ENTRE DUAS ALTERNATIVAS

O ser humano é tentado a racionalizar a vida, de forma a persuadir a si mesmo de que tudo está bem, independentemente do que aconteça. Isso lembra a história da cidadezinha americana que requisitou o FBI para investigar as ações do que parecia obra de um exímio atirador. Todos estavam admirados com os alvos desenhados por toda a cidade, com marcas de tiros exatamente no centro. Quando finalmente apanharam o responsável pelos disparos, perguntaram-lhe como conseguia atirar com tanta precisão. Sua resposta foi simples: primeiro ele fazia o disparo e depois desenhava o alvo em torno do lugar que o projétil havia acertado.[7] Apesar de ser um aspecto positivo o fato de o "exímio atirador" não ter causado danos reais com disparos feitos a esmo, Deus não é honrado com essa abordagem equivocada da vida. Ele nos chamou para termos um foco preciso e claro em relação ao viver.

O apóstolo Paulo debatia-se entre dois desejos. Mas, quando refez a trajetória desses desejos até seus valores principais, ele chegou a uma decisão:

> Para mim o viver é Cristo e o morrer é lucro. Caso continue vivendo no corpo, terei fruto do meu trabalho. E já não sei o que escolher! Estou pressionado dos dois lados: desejo partir e estar com Cristo, o que é muito melhor; contudo, é mais necessário, por causa de vocês, que eu permaneça no corpo (Filipenses 1.21-24).

É interessante notar que Paulo tinha uma filosofia de morte bem ajustada, que resultou numa filosofia de vida bem ajustada. Assim como Jesus, ele sabia para onde estava indo (v. João 13.1). Uma vez que tinha conhecimento de seu destino último, estava livre para compreender para que e para quem estava vivendo. A vida só tem valor à luz de nosso destino último. Nossa breve e efêmera existência na terra pode ser uma alavanca para elevá-la à eternidade. Por isso, Paulo, escrevendo na prisão, entendia que de fato não perderia nada naquela situação. Quer fosse executado, quer fosse absolvido, sairia ganhando. Foi com isso em mente que escreveu:

> Convencido disso, sei que vou permanecer e continuar com todos vocês, para o seu progresso e alegria na fé, a fim de que, pela minha presença, outra vez a exultação de vocês em Cristo Jesus transborde por minha causa (Filipenses 1.25,26).

Assim que se tornou capaz de vincular os desejos aos valores, Paulo adquiriu tremenda determinação.

A maioria dos líderes hoje também enfrenta a tensão entre sistemas de valores e estruturas que competem entre si. Diante de decisões diárias difíceis, a tarefa de separar valores primários de valores secundários pode trazer muita frustração. Michael Hackman e Craig Johnson apresentam algumas definições que podem nos auxiliar nesse dilema.

O primeiro passo está na discussão a respeito do que são valores:

> Os valores estão no cerne da identidade de um indivíduo, de um grupo ou de uma organização. Os valores são concepções ou juízos relativamente duradouros sobre o que consideramos

importante. Pesquisas relevantes sugerem que um bom número de efeitos positivos resultam da harmonia e concordância entre os valores pessoais e os valores mais estimados na organização em que trabalhamos. A concordância entre os valores pessoais e os valores da organização resulta em identificação pessoal crescente com a organização, níveis mais elevados de satisfação no trabalho, maior eficiência da equipe e menor rotatividade de empregados.[8]

Em seguida, eles identificam dois tipos de valores: "finais" — relacionados com alvos para a vida toda — e "instrumentais" — que governam os comportamentos que atingem os valores finais. Na lista de dezoito valores finais estão liberdade, respeito por si mesmo, amor maduro, segurança da família, amizade verdadeira, sabedoria, igualdade e salvação. Entre os dezoito valores instrumentais estão ser amoroso, independente, capaz, de mente aberta, honesto, responsável, ambicioso, perdoador, autocontrolado e corajoso.

Paulo inicia o texto citado com uma breve declaração de visão: "Para mim o viver é Cristo e o morrer é lucro" (v. 21). Todos podemos escrever uma breve declaração de visão pessoal. Isso é fácil de fazer. Basta acrescentar seus valores pessoais às listas apresentadas e depois colocá-los na ordem de importância que têm para você. Os autores sugerem que você então "analise detalhadamente os seus valores finais e instrumentais mais elevados. Procure padrões, semelhanças e temas".[9] Por fim, elabore uma breve declaração de visão com base no que descobriu ao identificar seus valores.

Paulo lutou com os próprios desejos até identificar o que realmente valorizava. Hackman e Johnson apóiam o processo de tomada de decisão de Paulo, pois afirmam que as pessoas trabalham melhor quando têm seus valores claramente identificados. O líder, para ser eficiente, precisa saber que identificar e comunicar valores é uma tarefa essencial. Colocar na ordem de importância nossos valores finais e instrumentais, formando assim uma breve declaração de visão, será muito útil para evitar que o enfoque de nossa vida seja dispersado.

VIVENDO NA TERRA DE NOSSA PEREGRINAÇÃO

Somos todos mortais. Nenhum de nós sabe quantos dias irá viver sobre a terra. De fato, esse é um dos temas mais comuns das Escrituras — o peregrino, o estrangeiro, aquele que está só de passagem. O compositor Rich Mullins compreendeu essa metáfora no período maduro de sua carreira. As letras com freqüência mencionavam o "anseio pelo lar" que às vezes o levava às lágrimas. Na canção *Land of My Sojourn*, ele escreve:

> Ninguém lhe diz, quando aqui você nasce,
> O tanto que você amará este lugar
> Nem que você não faz parte dele.
> Por isso chamo-te meu país,
> E lutarei sozinho em defesa de meu lar.
> Gostaria de poder levá-lo comigo.[10]

Não somos deste mundo: ele é meramente um lugar por onde passamos em nosso caminho para o destino final. Temos cidadania celestial. Assim, nossas aspirações definitivas precisam transcender qualquer coisa que este mundo possa oferecer. Certamente, há momentos prazerosos, mas também experimentamos horas de dor. Precisamos mudar nosso pensamento a ponto de afirmar, em coro com o apóstolo Paulo, que nem os prazeres temporários nem os sofrimentos presentes "podem ser comparados com a glória que em nós será revelada" (Romanos 8.18). Tais coisas são meros preparativos para o que está por vir.

À medida que crescemos e amadurecemos nas coisas de Deus, chegamos ao ponto em que o anseio pelo lar verdadeiro governa nossa maneira de viver neste lar provisório. É possível suportar grandes dificuldades e provações quando sabemos que são temporárias e que estão nos conduzindo a algo bem maior. É também dessa forma que passamos a enxergar quão precioso é o tempo que temos aqui, quão insensato é desperdiçar tempo trabalhando como se fôssemos escravos ou mudando sem parar o canal da televisão! Será terrível chegar ao fim da vida e perceber que estivemos ocupados ou preocupados demais para viver de fato. Enquanto estamos aqui, temos oportunidades de cultivar relacionamentos, acumular experiências, compartilhar o evangelho e servir aos necessitados. O tédio que sentimos seguramente revela mais sobre nós do que sobre Deus, que coloca tantas oportunidades maravilhosas em nosso caminho.

A questão central a respeito dos valores resume-se no que Jesus denomina "primeiro e maior mandamento": "Ame o Senhor, o seu Deus, de todo o seu coração, de toda a sua alma e de todo o seu entendimento" (Mateus 22.37). Esse é o valor dos valores. É o prisma através do qual todos os outros valores devem brilhar, o filtro por meio do qual todas as escolhas da vida são feitas, e as soluções, encontradas. Até que tenhamos aprendido a amar a Deus apropriadamente, o restante do que aprendermos a respeito dos valores permanecerá sendo um exercício acadêmico.

4

Propósito e paixão

"NÃO TEM COMO ERRAR!"

"É só virar à direita depois dos trilhos de trem. Não tem como errar!" Os moradores de qualquer localidade possuem um jeito peculiar de dar informações aos motoristas perdidos. Eles partem de uma série de premissas, só deles conhecidas: "Siga em frente, passe a fazenda do velho Johnson e vá até onde ficava a mercearia". Eles se esquecem da bifurcação na estrada e da nova placa de trânsito. "Não tem como errar", insistem. O problema é que, embora *eles* não tenham como errar, *nós* normalmente erramos. E, depois de andar 20 ou 30 quilômetros na direção errada, temos de fazer a volta, retornar ao último cruzamento e novamente pedir informações.

Às vezes, andamos pela vida achando que não temos como errar. A próxima entrada será muito óbvia. Não pode haver nenhuma dúvida sobre a direção a seguir no próximo cruzamento. Mas quantas vezes já descobrimos, a contragosto, que estamos completamente perdidos e que deveríamos ter tomado a direção oposta na bifurcação, trinta quilômetros atrás?

Uma história antiga conta que um piloto da aviação comercial usou o sistema de alto-falantes da aeronave para anunciar:

"Senhoras e senhores, tenho boas notícias e más notícias. As boas notícias é que temos um forte vento favorável e estamos perfeitamente dentro do horário. As más notícias é que o equipamento de navegação pifou, e por isso não temos a menor idéia de onde estamos". Talvez essa analogia se encaixe perfeitamente na vida de muitos de nós. Estamos fazendo um ótimo tempo na estrada que leva a lugar nenhum. Estamos na via expressa, mas de fato não sabemos aonde ela está nos levando. Quando finalmente chegamos a algum lugar, depois de muitos anos, descobrimos que não é o destino desejado. Por isso, tomamos outro caminho, outro trabalho desgastante, e somos conduzidos à mesma desilusão. Por quanto tempo teremos de viajar antes de fazer a volta, retornar ao último cruzamento e novamente pedir informações?

O poema bastante conhecido de Thomas S. Jones Jr. descreve a situação da seguinte forma:

> Atravessando os campos de outrora,
> Ele às vezes vem até mim,
> Acabou de brincar um rapazola —
> Eu mesmo, quando rapaz.
>
> E, no entanto, seu sorriso desejoso
> Bem depressa lá dentro se escondeu,
> "Quer ver", pergunto-me, curioso,
> "O homem que eu poderia ter me tornado?".[1]

É interessante voltar aos dias da juventude idealista e relembrar as coisas nas quais depositávamos nossa esperança, o tipo de pessoa que achávamos que poderíamos nos tornar. Mas essas reminiscências podem ser deprimentes. Ficamos nos perguntando onde foram parar os anos e o que aconteceu com todos os sonhos e alvos da mocidade. Será que pegamos a entrada errada em algum ponto do trajeto? Será que é tarde demais para corrigir uma decisão errada?

Na qualidade de seguidores de Jesus, afirmamos que a resposta é: "Não! Nunca é tarde demais". Sempre temos a oportunidade de fazer a volta e tomar o rumo certo. A origem de nosso direcionamento é muito maior do que as pessoas que dizem: "Não tem como errar". Há uma fonte que verdadeiramente pode nos dizer em que consiste a vida. Encontramos nas páginas das Escrituras, particularmente na literatura sapiencial, orientações não somente para "viver e aprender" como também para "aprender e viver". A promessa de uma vida bem vivida estende-se a todos os que "ouvem conselhos e aceitam instruções" (cf. Provérbios 19.20). No "manual do proprietário", Deus revela verdades a respeito da vida. A Bíblia é um guia de estilos, um projeto para a vida, a base de uma existência bem construída e um mapa que nos tira do labirinto com que freqüentemente nossos dias se parecem. Há propósito, significado, clareza e realização nesta vida. Mas só encontramos essas coisas se navegarmos na sabedoria contida na Palavra de Deus.

O PROPÓSITO GRANDIOSO DE UM DEUS GRANDIOSO

Revelam as Escrituras que intenção tinha Deus ao criar os seres humanos, portadores de sua imagem? Caso afirmativo, como descobrir a paixão profunda de Deus e dela participar? Antes de nos aprofundarmos demais nesse assunto, devemos reconhecer que, mesmo se Deus nos dissesse explicitamente suas razões para fazer o que faz, ainda assim não as entenderíamos.

O geômetra John Martineau revela os primorosos padrões orbitais dos planetas e as relações matemáticas que os governam. Observando-se o movimento da Lua e dos planetas Vênus, Marte e Mercúrio, fica evidente que a Terra apresenta outras características especiais além de estar a uma distância correta do Sol.[2] Ao olhar para o céu, percebemos que não temos a mínima idéia de como é complexo o *design* de tudo isso. Nada no Universo ocorre ao acaso. Por isso, não é de admirar que esse *Designer* magnífico nos diga:

> "Pois os meus pensamentos
>> não são os pensamentos de vocês,
> nem os seus caminhos
>> são os meus caminhos",
> declara o SENHOR.
> "Assim como os céus são mais altos
>> do que a terra,
> também os meus caminhos
>> são mais altos do que os seus caminhos,
> e os meus pensamentos,
>> mais altos do que os seus pensamentos" (Isaías 55.8,9).

Outra passagem das Escrituras para deixarmos sempre à mão quando estivermos pensando é 1Coríntios 13.12:

> Agora, pois, vemos apenas um reflexo obscuro, como em espelho; mas, então, veremos face a face. Agora conheço em parte; então, conhecerei plenamente, da mesma forma como sou plenamente conhecido.

Essas passagens realçam a tremenda disparidade entre as intenções de Deus e o que sabemos a respeito delas. Basicamente, a diferença entre Deus e os seres humanos é maior que a existente entre anjos e insetos, porque simplesmente não temos a capacidade de captar os propósitos últimos de Deus na criação e sustentação do cosmo. As Escrituras, no entanto, revelam fragmentos dos propósitos de Deus relacionados com nossa vida neste mundo, como nas palavras do apóstolo Paulo, registradas em Efésios 3.2-

11. Nessa passagem, obtemos uma perspectiva sobre o propósito e a paixão do Deus da Criação:

> Certamente vocês ouviram falar da responsabilidade imposta a mim em favor de vocês pela graça de Deus, isto é, o mistério que me foi dado a conhecer por revelação, como já lhes escrevi em poucas palavras. Ao lerem isso vocês poderão entender a minha compreensão do mistério de Cristo. Esse mistério não foi dado a conhecer aos homens doutras gerações, mas agora foi revelado pelo Espírito aos santos apóstolos e profetas de Deus, significando que, mediante o evangelho, os gentios são co-herdeiros com Israel, membros do mesmo corpo, e co-participantes da promessa em Cristo Jesus. Deste evangelho me tornei ministro pelo dom da graça de Deus, a mim concedida pela operação de seu poder.
>
> Embora eu seja o menor dos menores de todos os santos, foi-me concedida esta graça de anunciar aos gentios as insondáveis riquezas de Cristo e esclarecer a todos a administração deste mistério que, durante as épocas passadas, foi mantido oculto em Deus, que criou todas as coisas. A intenção dessa graça era que agora, mediante a igreja, a multiforme sabedoria de Deus se tornasse conhecida dos poderes e autoridades nas regiões celestiais, de acordo com o seu eterno plano que ele realizou em Cristo Jesus, nosso Senhor.

Os propósitos eternos de Deus refletem sua sabedoria perfeita e eterna, e o mundo foi projetado de forma a alcançarmos a alegria máxima quando nossa vida o glorifica. Por motivos incompreensíveis para nós, a paixão de Deus é desfrutar intimidade com seu povo. Participamos dos propósitos divinos quando vamos ao encalço deles com todo empenho possível.

É comum passarmos os olhos por cima de declarações como esta, sem deixar que elas nos causem impacto com sua profundidade nem que sua intensidade nos tire o fôlego: "A paixão de Deus é desfrutar de intimidade com seu povo". O cantor e compositor Michael Card transmite a essência dessa idéia quando canta a respeito de Deus: "Será que de fato preferes morrer a viver sem nós?".[3] É até esse ponto que Deus irá para ter comunhão conosco. Seu desejo é mais que meras palavras: é tão intenso que o impeliu a entrar na história humana. O apóstolo João escreve: "Nisto consiste o amor: não em que nós tenhamos amado a Deus, mas em que ele nos amou e enviou seu Filho como propiciação pelos nossos pecados" (1João 4.10). Deus acreditou que a comunhão íntima conosco valia o preço da morte de seu Filho. Quem conseguiria compreender esse amor?

> Tua beleza ultrapassa qualquer descrição,
> Esplêndido demais para caber em palavras,
> Maravilhoso demais para ser compreendido,
> Diferente de tudo que já se viu e ouviu.

> Quem pode alcançar sua sabedoria infinita?
> Quem pode sondar a profundidade de seu amor?
> Tua beleza ultrapassa qualquer descrição,
> Majestade entronizada em amor.[4]

Esse é o Deus que quer nos conhecer e que entregou seu Filho para nos resgatar. O Deus que criou bilhões e bilhões de estrelas e que arrumou os céus com a mesma facilidade de um decorador de interiores pendurando cortinas deseja tanto ter intimidade conosco que se dispôs a entrar em nosso mundo, com todas as limitações, e permitir que o crucificássemos. Se é assim que as coisas funcionam, a vida só terá significado real quando descobrirmos em nossa vida esse Deus glorificado.

As perguntas óbvias que imploram para serem feitas são: "Se um Deus pôde criar e sustentar um Universo tão surpreendentemente complexo como o nosso; se esse Deus elaborou um plano para redimir a humanidade perdida e decaída; se esse mesmo Deus pôde ir tão longe para resgatar pessoas que nem mesmo sabem que estão expostas ao perigo, será que não podemos confiar nele? Será que esse propósito é melhor que o propósito que podemos construir sozinhos?". A resposta é: "Sim, claro!". Antes de comemorar por haver respondido corretamente à pergunta, as questões subseqüentes mostram que há ainda muito que considerar: "E daí? Quais as implicações de crer dessa forma? Como iremos refletir isso em nossa vida?".

A prática revela prioridades e convicções. Podemos afirmar cognitivamente que o propósito de Deus é melhor que qualquer alternativa que possamos apresentar, mas isso é demonstrado na prática? Ao contrário da opinião pública, quando nos rendemos aos propósitos de Deus, entregando-nos de forma sincera e sem reservas a ele, não estamos *sacrificando* nada além da ilusão da auto-suficiência. Estamos acolhendo algo inteiramente maravilhoso.

Três dimensões do propósito de Deus para nós

Embora as Escrituras contenham somente vislumbres dos propósitos *últimos* de Deus ao criar o cosmo, a Palavra revela o propósito *universal* de Deus para os cristãos. Em resumo, o propósito é conhecer a Cristo e fazê-lo conhecido. Deus não quer que ninguém pereça, mas deseja que todos se arrependam e tenham um relacionamento com ele mediante o novo nascimento em Cristo (2Pedro 3.9). Deus deseja que as pessoas, ao nascerem de novo, se desenvolvam em Cristo "para serem conformes à imagem de seu Filho" (Romanos 8.29). Assim, o propósito de Deus para cada um de nós é a edificação (crescimento espiritual) e o evangelismo (reprodução espiritual).

Deus também tem um propósito *singular* para cada um de nós, relacionado com nossas características pessoais: temperamento, habilidades, experiências, dons espirituais, educação e esfera de influência. Por que motivo saímos da cama pela manhã? Qual o propósito de nossa vida? São poucos os que podem articular de forma clara uma declaração de propósitos para a própria vida. Ironicamente, as pessoas tendem a dedicar mais tempo e esforço em planejar férias de poucas semanas que em idealizar um roteiro para sua jornada terrena. Na segunda carta de Paulo à igreja de Corinto, aprendemos mais a respeito da perspectiva eterna sobre essa jornada temporal:

> Por isso não desanimamos. Embora exteriormente estejamos a desgastar-nos, interiormente estamos sendo renovados dia após dia, pois os nossos sofrimentos leves e momentâneos estão produzindo para nós uma glória eterna que pesa mais do que todos eles. Assim, fixamos os olhos, não naquilo que se vê, mas no que não se vê, pois o que se vê é transitório, mas o que não se vê é eterno (2Coríntios 4.16-18).

Essa passagem insere-nos no contexto dos propósitos singulares de Deus para nossa vida, ao lembrar a necessidade de cultivar uma perspectiva eterna. Assim, desenvolveremos a paixão que nos leva a dar a vida em troca das coisas que Deus afirma serem duradouras.

As promessas de Deus dão origem à paixão

Certos líderes parecem possuir vigor extra. Seus liderados são incomumente produtivos, as queixas vindas de sua área são raras, e a qualidade do trabalho é alta. Os membros de outras equipes querem ser transferidos para o departamento deles. Qual o segredo? Paixão! Entusiasmo! Esses líderes possuem um propósito claramente definido que transcende o fato de simplesmente empurrar o produto porta afora.

Na qualidade de líderes santos, nossos propósitos precisam ser direcionados para Deus e seu Reino. Isso quer dizer que devemos sentar, cruzar os braços e ficar esperando a volta de Cristo? Não! Em 2Coríntios 5.9, o apóstolo Paulo deixa claro que precisamos agradar a Deus nesta vida e na próxima: "Temos o propósito de lhe agradar, quer estejamos no corpo, quer o deixemos".

Paulo tinha a certeza de que um dia o Senhor iria substituir seu corpo terreno por um corpo ressurreto. Embora não fosse desejo de Paulo separar-se do corpo humano, ele ansiava por ser revestido com o novo corpo. Tal anseio, porém, não levou o apóstolo à tentativa de fugir da vida nem de encará-la como se não tivesse significado. Pelo contrário, essa esperança impeliu-o a tentar agradar a Deus.

Na qualidade de seguidores de Cristo, a paixão que temos pelo Salvador impulsiona e define o propósito que temos para a vida. Brennan Manning escreve sobre duas formas de discernir nossa paixão e nosso propósito. Em primeiro lugar, ele nos recomenda lembrar a causa mais recente de nossa tristeza. Ele pergunta:

> A causa foi perceber que você não ama a Jesus o suficiente, que não busca sua face em oração com a freqüência necessária, que não pode dizer honestamente que a coisa mais grandiosa que já aconteceu na sua vida é que ele se aproximou de você e que você ouviu sua voz? Ou que você se entristeceu e ficou deprimido por causa da falta de respeito das pessoas, da crítica de um especialista, dos problemas financeiros, da falta de amigos ou de uma cintura protuberante?[5]

Em seguida, pergunta também:

> O que o alegrou recentemente? Refletir sobre o fato de ser um eleito e estar numa comunidade cristã, sobre a alegria de orar *"Aba*, pertenço a ti"? A tarde em que você saiu às

escondidas, tendo os Evangelhos como única companhia, a consciência de estar saciado por saber que Deus o ama incondicionalmente, exatamente como você é e não como deveria ser? Uma pequena vitória sobre o egoísmo? Ou a fonte de seu contentamento foi desfrutar um carro novo, um terno, o cinema e depois uma *pizza*, uma viagem a Paris?[6]

Fazendo tais perguntas a nós mesmos, ficamos face a face com o que nos motiva, aquilo que nos faz agir. Quais as principais motivações de nossa vida? Depois considerar essas perguntas e respostas pela perspectiva espiritual, poderemos então aplicar organizacionalmente a paixão e os propósitos pessoais.

Rick Warren articula a importância de traduzir os propósitos em estratégias práticas. Entre outras coisas, ele sugere:

- Elabore programas em torno de seus propósitos. Faça um programa para realizar cada um de seus propósitos.

- Eduque seu povo com base no propósito. A mudança não acontece por acaso: ocorre à medida que se cultivam ambientes e procedimentos, e estes facilitam a educação daqueles a quem você serve.

- Comece grupos pequenos com base em pelo menos um propósito. Em vez de forçar o povo a se conformar à mentalidade "tamanho único", permita que seus liderados escolham o tipo de grupo pequeno que melhor preencha as suas necessidades.

- Contrate assessores de acordo com os propósitos. Em vez de simplesmente contratar quem possua caráter e competência, procure antes quem tenha paixão pelo propósito da igreja. A motivação é própria de quem trabalha na área pela qual nutre paixão.

- Estruture as equipes em torno dos propósitos. Desenvolva estruturas ou equipes que trabalham em conjunto para realizar sistematicamente o propósito da igreja.
- Avalie seus propósitos. Eficiência consistente num mundo que muda a todo momento requer avaliação contínua. Lembre-se de que "numa igreja com propósitos, a eficiência deve ser medida pelo padrão dos propósitos".
- Fala-se muito hoje sobre visão nos círculos de liderança, e com razão. No entanto, boa parte do mal-estar organizacional encontrado nas companhias, igrejas e famílias não tem origem na ausência de perspectiva, mas na falta de estratégia. Se falharmos em montar a estratégia para atingir um propósito maior, jamais alcançaremos o que Deus deseja para nós.[7]

O propósito geral de nossa vida precisa harmonizar-se com a agenda de Deus. Caso contrário, viveremos frustrados e teremos uma vida fútil. Deus estruturou a realidade de forma que, quando ele é honrado acima de todas as coisas, a satisfação surge como subproduto. Que ele nos conceda a coragem e a graça de podermos honrá-lo em todas as nossas ações!

O SEGREDO DA PRODUTIVIDADE DE PAULO

O volume de realizações de Paulo em duas décadas de ministério foi impressionante. O que o fazia trabalhar assim? O que o levou a empreender um trabalho dessa magnitude? Encontramos o segredo nas próprias palavras do apóstolo:

> O que para mim era lucro, passei a considerar como perda, por causa de Cristo. Mais do que isso, considero tudo

como perda, comparado com a suprema grandeza do conhecimento de Cristo Jesus, meu Senhor, por quem perdi todas as coisas. Eu as considero como esterco para poder ganhar Cristo e ser encontrado nele, não tendo a minha própria justiça que procede da Lei, mas a que vem mediante a fé em Cristo, a justiça que procede de Deus e se baseia na fé (Filipenses 3.7-9).

Essa passagem é uma explosão da paixão de Paulo por seu chamado. Os líderes eficientes de hoje são aqueles que, à semelhança do apóstolo, descobriram a favor de que estão lutando. Eles identificaram um propósito e o perseguem com paixão.

Antes de sua dramática conversão (Atos 9), Paulo tinha um propósito de vida diferente. Na condição de fariseu, atingira o nível mais elevado de prestígio e poderia ter ostentado sua formação, sua herança e sua prática religiosas. Ele havia sido, em todos os sentidos, um "verdadeiro hebreu" (Filipenses 3.5), e suas credenciais teriam impressionado até o mais devoto dos judeus. Era um homem apaixonado, só que pelas coisas erradas. Depois de se encontrar com o Senhor ressurreto, porém, passou a considerá-las não mais que lixo, comparadas com o valor de conhecer a Cristo, tudo que alcançara por meio do esforço religioso. Paulo ficou feliz em livrar-se de tudo que havia alcançado para ficar com Cristo.

As grandes façanhas que vemos neste mundo nos causam admiração. Não há nada inerentemente errado com elas. Mas no esquema eterno das coisas não passam de refugo, segundo Paulo. Como ele observa em Filipenses 3.8, comparadas com o valor de conhecer a Cristo são apenas "esterco". É assim que ele descreve o valor eterno de nossas realizações terrenas. Em última análise, nosso valor e nosso propósito vão muito além das coisas que realizamos nesta vida.

Paulo proclamava que, em Cristo, ele e todos os cristãos possuem a retidão de Deus. Por causa da fé e da identificação que temos com Jesus, podemos ter paz com aquele que nos criou e para quem fomos criados. Por causa do valor infinito de conhecer a Cristo, Paulo dedicou sua vida a conhecer ao Salvador. Esse era seu propósito e sua paixão, que davam forma a tudo que ele fazia e influenciaram todos os que ele conduziu ao Senhor.

Isso não significa que o propósito elimina todas as outras preocupações. Ainda precisamos pagar as contas, e comida e moradia não caem miraculosamente do céu. É até mesmo legítimo desejar sucesso profissional e ter aspirações na carreira. Benjamin Kline Hunnicutt, da Universidade de Iowa, uma autoridade em história do trabalho, observa, no entanto, que o trabalho se tornou a nova religião, à qual dedicamos nossa adoração, nosso tempo e nossas energias. À medida que o compromisso com a família, a comunidade e a fé se contrai, passamos a olhar para a carreira, esperando encontrar nela um sentido para a vida, identidade e apreço.[8] Precisamos estar atentos a fim de não permitir que nosso chamado (algo que fazemos *para* Deus) se transforme em carreira (algo que ameaça *tornar-se* deus).

Comparadas com o fato de conhecer a Cristo, as atividades que desempenhamos das oito às cinco, de segunda a sexta, não importam muito. No fim, o que importa é se o conhecemos ou não, independentemente do que consta de nosso currículo ou de nosso *portfolio*. Quando estivermos diante de Deus e ele nos perguntar: "Por que deveria deixá-lo entrar no céu?", o que diremos: "Ocupei a vice-presidência de minha companhia"; "Meu desempenho no mercado financeiro foi bom"; "Fiz parte da diretoria do clube de campo"; "Fui um membro ativo em minha igreja"? Nenhuma dessas respostas é satisfatória. Somente uma será suficiente: "Jesus perdoou meus pecados e me justificou". Fazendo essa declaração simples, nosso propósito último começa a se delinear.

5

Humildade

SER HUMILDE É DIFÍCIL

Atribui-se a Woody Allen a frase: "Se você quiser fazer Deus rir, conte a ele seus planos". Poderíamos acrescentar: "E se você quiser ouvi-lo morrer de rir, conte-lhe tudo o que sabe". Entretanto, o fato em si de tais declarações serem verdadeiras não facilita sua aceitação. É difícil admitir que não sabemos tanto quanto pensamos saber. E certamente não estamos no controle de tudo tanto quanto gostaríamos de estar. Fazemos planos, mas é Deus quem controla o resultado final (Provérbios 16.9). Fazemos planos, mas compreendemos que "se o Senhor quiser, viveremos e faremos isto ou aquilo" (Tiago 4.15).

John Ruskin disse: "Creio que o primeiro teste de um homem verdadeiramente notável é sua humildade. Com humildade não quero dizer dúvida a respeito da força. Porém os homens realmente notáveis possuem a sensação curiosa de que a grandeza não é deles, mas acontece por meio deles. E eles enxergam algo que é divino em cada um dos outros homens; são infinita, imprudente e incrivelmente misericordiosos".[1]

A noção moderna da pessoa que se fez sozinho, alcançando tudo com esforço próprio e atingindo o ápice do sucesso com o suor do próprio rosto está tão profundamente arraigada em nossa consciência que qualquer outra possibilidade nos parece estranha. É um exercício de humildade reconhecer que Deus tem mais responsabilidade por nossas conquistas que nós mesmos e que *recebemos* dele capacidade, tempo e oportunidades. Não temos a posse dessas coisas: elas são dádivas de Deus, e, em última análise, prestaremos contas daquilo que fizemos com o que recebemos (v. Mateus 25.14-30). Tudo dentro de nós repele essa idéia, pois reconhecê-la como fato equivale a humilhar-se.

A humildade é uma virtude fugidia. Tão logo pensamos possuí-la, já não a possuímos mais. Em parte, o problema é o seguinte: quando finalmente alcançamos a humildade, ficamos orgulhosos disso. Nossa humildade clama por reconhecimento. A humildade é terrivelmente frágil.

Em parte, os motivos dessa fugacidade é que a humildade não coexiste sem atritos com a autoconsciência. A humildade verdadeira surge quando ficamos consumidos pela consciência do Outro. Segundo Thomas Alexander Fyfe, Uriah Heep, uma das personagens de *David Copperfield*, era "um conspirador hipócrita de humildade dissimulada; era um trapaceiro e falsário que no final foi desmascarado". Ele citava o pai com orgulho: " 'Seja humilde, Uriah', é o que me dizia meu pai, 'e você irá progredir' ". No entanto, em um determinado momento do livro, ele diz ao mestre Copperfield: "Ah! Mas sabes que somos mesmo muito humildes [...]. E, por ter conhecimento da própria humildade, precisamos de verdade tomar cuidado para que tal conhecimento não nos empurre contra a parede, pois isso não é ser humilde".[2]

Dizer que somos humildes ou pensar que somos modestos é na verdade uma forma pervertida de orgulho. O segredo da humildade é tirar os olhos de nós mesmos e colocá-los sobre Aquele de quem, para quem e por meio de quem todas as coisas existem (v. 1Coríntios 8.6; Colossenses 1.16-20).

A igreja de Filipos estava passando por um período de turbulência. Em sua carta, Paulo afirma que um dos aspectos principais da unidade na igreja é concentrar-se na mesma coisa.

> Se por estarmos em Cristo nós temos alguma motivação, alguma exortação de amor, alguma comunhão no Espírito, alguma profunda afeição e compaixão, completem a minha alegria, tendo o mesmo modo de pensar, o mesmo amor, um só espírito e uma só atitude. Nada façam por ambição egoísta ou por vaidade, mas humildemente considerem os outros superiores a si mesmos. Cada um cuide, não somente dos seus interesses, mas também dos interesses dos outros (Filipenses 2.1-4).

Para evitar a desarmonia no Corpo de Cristo, precisamos todos ter "o mesmo amor" — Jesus Cristo. Quanto mais amamos a Jesus, mais capazes somos de nos amar. Só então poderá existir um senso de propósito unificado, e poderemos nos abster de ações manipuladoras e interesseiras. Poderemos então, verdadeira e desinteressadamente, servir o semelhante.

A HUMILDADE DE DEUS

Examinemos antes de tudo o supremo exemplo bíblico de humildade: o Deus encarnado que se deu a conhecer ao mundo. Aprendemos a respeito da natureza de servo do Cristo que se esvaziou, conforme lemos em Filipenses 2. Nessa passagem, encontramos um princípio bíblico importante: antes da honra vem a humildade. A cruz vem antes da coroa. Quem procura honra no final será humilhado, mas quem se humilha será honrado posteriormente (Mateus 23.12).

Não é fácil agir dessa maneira. Não é natural para o ser humano considerar as necessidades dos outros antes das próprias necessidades. Só conseguiremos isso se estivermos seguindo o modelo de Cristo. Jesus foi capaz de servir o povo sem se preocupar em obter retorno desse serviço, porque estava absolutamente seguro de sua identidade. Isso fica claro em João 13, em que Jesus encena a parábola visual da lavagem dos pés dos discípulos.

Percebemos, pelas Escrituras, que Jesus estava consciente de três coisas antes de assumir o papel de servo humilde e lavar os pés dos discípulos: ele sabia de onde tinha vindo; estava convencido de que todas as coisas lhe haviam sido dadas; conhecia seu destino final (João 13.3). Em outras palavras, ele possuía identidade, dignidade e importância verdadeiras. Ele sabia quem era. Sabia também o motivo pelo qual viera ao mundo e para onde estava indo.

Foi por isso que Paulo escreveu aos cristãos de Filipos:

> Seja a atitude de vocês a mesma de Cristo Jesus,
> que, embora sendo Deus,
>> não considerou
> que o ser igual a Deus
>> era algo a que devia apegar-se;
> mas esvaziou-se a si mesmo,
>> vindo a ser servo,
> tornando-se semelhante
>> aos homens.
> E, sendo encontrado
>> em forma humana,
> humilhou-se a si mesmo
>> e foi obediente até a morte,
>> e morte de cruz! (Filipenses 2.5-8).

Até esse ponto, o texto não parece muito inspirador. Mas é apenas a primeira parte. Depois da humilhação, segue-se a exaltação:

Por isso Deus o exaltou
à mais alta posição
e lhe deu o nome que está acima de todo nome,
para que ao nome de Jesus
se dobre todo joelho,
nos céus, na terra
e debaixo da terra,
e toda língua confesse que Jesus Cristo é o Senhor,
para a glória de Deus Pai (v. 9-11).

Aprendemos com essa passagem três coisas a respeito de nosso Senhor, que nos deixou o modelo da verdadeira humildade. Em primeiro lugar, Jesus não se apegou de forma egoísta à expressão externa de sua divindade. Em vez disso, assumiu a forma de servo. Em segundo lugar, demonstrou sua humildade obedecendo ao Pai. Em vez de tentar impor sua vontade perante Deus, submeteu-se à vontade do Pai com relação a ele. Em terceiro lugar, aguardou o Pai exaltá-lo. Não se aferrou ao poder, mas esperou com paciência que Deus, a seu tempo, lhe concedesse tal poder. E agora, assentado em poder à destra de Deus, ele intercede por nós (Atos 5.29-32).

Na qualidade de modelo perfeito de liderança santa, Jesus estabelece o exemplo perfeito de humildade. A honra vem de Deus e surge como conseqüência da mobilidade descendente — embora isso não seja nem um pouco intuitivo. Jesus optou pela mobilidade descendente: o rebaixamento das alturas até o ventre de uma mocinha, a proximidade com animais, uma casa rústica, uma estrada empoeirada, uma cruz e uma sepultura. Jesus não abriu mão de algumas coisas: abriu mão de tudo, na plena confiança de que o Pai cuidaria de levar as coisas a bom termo. O homem mais poderoso que pisou neste planeta convoca-nos: "Eu servi vocês, e agora peço que sirvam o seu semelhante. O servo não é maior que seu mestre. Se eu fiz isso por vocês, vocês devem fazer o mesmo entre si. A dignidade de vocês fica aos meus cuidados. Vocês não precisam levar-se tão a sério porque eu já os levo a sério".

Qualquer um pode afirmar que é servo, mas Jesus Cristo, o Filho do Deus vivo, foi tratado como tal e nunca se lamentou por isso. Jesus Cristo, o homem mais poderoso que já andou sobre a face da terra, também foi o homem mais humilde que aqui viveu. Ele nunca fez planos para se promover pessoalmente. Queria apenas agradar ao Pai, amando e servindo o próximo. Somos chamados para seguir esse exemplo de humildade.

HUMILDADE E HONRA

Richard Foster escreve: "Mais do que qualquer outro meio, a graça da humildade é produzida em nossas vidas pela Disciplina do serviço".[3] Foster cita um amigo, Jamie Buckingham, morto havia pouco tempo, o qual insistia em que sabemos realmente se somos servos quando reagimos de maneira positiva aos sermos tratados como tais.

Em outras palavras, o verdadeiro teste da humildade acontece quando somos tratados como servos. Escolher servir outras pessoas é uma coisa, escolher ser servo é outra, bem diferente. Com freqüência, a presença do servo é pressuposta, ninguém presta atenção nele nem percebe sua presença. O servo abre mão do direito de estar no comando enquanto serve. Tudo que há dentro de nós grita contra esse tipo de atitude, especialmente se acontece em segredo. Fomos bem treinados por nossa sociedade na arte da auto-afirmação e tememos qualquer coisa que, mesmo remotamente, sugira passividade ou subserviência. A idéia de pessoas levando vantagem sobre nós é repugnante. Nosso maior medo é nos tornarmos um joão-ninguém, um sujeito excessivamente tímido, um capacho ambulante, inseguro e fraco.

Ao contrário disso, porém, a verdadeira humildade, em termos bíblicos, tem origem na força disciplinada e no poder concentrado em nosso semelhante. É, de fato, a força e a compreensão da grandiosa dignidade e identidade que temos em Cristo. Somente por meio da disposição em servir poderemos fugir à tendência de manipular as pessoas para satisfazer nossas necessidades. Tendo nova identidade em Cristo, podemos servir sem precisar ser notados ou recompensados nesta terra. Somos capazes de agir assim porque entendemos que servimos Àquele que nos observa o tempo todo e que prometeu recompensar-nos na eternidade (Efésios 6.8).

Quando confiamos o suficiente em Deus para aceitar sua Palavra, isso evidencia que conhecemos os planos que ele tem para nós, "planos de fazê-los prosperar e não de lhes causar dano, planos de dar-lhes esperança e um futuro" (Jeremias 29.11).

Deus anseia por abençoar e recompensar seu povo, mas para isso é imprescindível que estejamos dispostos a nos voltar para ele, a nos arrepender de nossa infidelidade e desobediência, como ele diz em sua Palavra: "Vocês me procurarão e me acharão quando me procurarem de *todo* o coração" (Jeremias 29.13; grifo do autor). Servimos ao Deus que "recompensa aqueles que o buscam" (Hebreus 11.6). Deus realmente se deleita em favorecer os que o buscam em dependência e confiança (v. Salmos 35.27; Lucas 12.32).

Humildade em tempos de sucesso

Benefícios e privilégios normalmente acompanham a liderança bem-sucedida. Muitos líderes apreciam estar no comando, tomando decisões que afetam a organização, delegando a implementação dessas decisões, "fazendo a coisa acontecer", exercendo a primazia nas reuniões, e assim por diante. À medida que o tempo passa, é difícil para o líder não ficar cheio de si.

Na condição de líder, o rei Salomão desfrutou esses e muitos outros privilégios. Como poucos líderes antes ou depois dele, esse rei adquiriu fortuna, poder, fama, sabedoria e incontáveis servos. Governantes percorreram longas distâncias para ouvir sua sabedoria e líderes empreendedores vieram maravilhar-se com seu sucesso. No entanto, do alto de sua posição, Salomão fez uma advertência: "Comer mel demais não é bom, nem é honroso buscar a própria honra" (Provérbios 25.27). Doce e saudável na quantidade certa, uma porção exagerada desse delicioso alimento, porém, nos deixará doentes — e enjoados.

A honra acompanha o serviço bem-feito. O líder eficiente receberá todos os elogios que puder suportar. Mas aquele que persegue a autopromoção colocou a mão na colmeia errada. Salomão aprendeu que o caminho para obter honra é concentrar-se em realizar bem uma tarefa. A ânsia por obter elogios consome o tempo e a energia necessários para realizar bem as tarefas.

Quase sempre, o impacto que causamos não é evidente. De fato, passamos a maior parte da vida sem saber o efeito de nosso trabalho. De vez em quando, Deus nos permite conhecer parte desse impacto — por meio de uma palavra de encorajamento ou de uma nota de apreço, quando estamos desanimados. De vez em quando, recebemos algum retorno positivo, exatamente a porção necessária para saber que estamos no caminho certo. Mas, se Deus nos der uma porção grande demais desse tipo de reconhecimento, passaremos a depender disso — e tomamos um caminho perigoso. Em João 5.44, Jesus faz uma pergunta incisiva, a qual faríamos bem debater: "Como vocês podem crer, se aceitam glória uns dos outros, mas não procuram a glória que vem do Deus único?".

Se procurarmos elogios das pessoas, e não os de Deus, viveremos inseguros. E todos sabemos como são os inseguros: sempre procurando aprovação, nunca conseguindo relaxar. São impulsionados por uma busca infindável pela perfeição — um tormento para eles mesmos e para os que os cercam. Sua auto-estima está ligada às posses materiais: para eles, é muito importante sempre ter algo novo, melhor ou um pouco maior para apresentar. Pelo fato de normalmente andarem juntas, a insegurança e a inveja são implacáveis na hora de apontar as falhas dos outros. O orgulho impele-os a buscar continuamente um lugar mais elevado; a inveja constantemente os deixa melindrados quando os bons ventos sopram na vida de outros. Os inseguros concentram de tal forma o foco na imagem, em vez de na substância, que passam a ostentar uma *persona* característica e identificável. Dentro da mente e do coração, possuem uma imagem que sentem ser necessário sustentar, uma sensação que nossa cultura encoraja. Embora pareça surpreendente, os inseguros normalmente são orgulhosos, e os orgulhosos estão sempre na defensiva. Não suportam críticas nem repreensões. Não conseguem receber instrução nem correção. É difícil, portanto, ensinar-lhes qualquer coisa, porque precisam defender a auto-imagem continuamente, manter o orgulho que têm de sua pessoa, lugar e posição.

A humildade em tempos de prosperidade

Um dos grandes perigos do sucesso material é que nos enganamos com a crença arrogante de que fomos nós quem o geramos. Somos como Bart Simpson, que orou à mesa do jantar: "Querido Deus, nós mesmos pagamos por tudo isto, então muito obrigado por nada".

Deus pode conceder prosperidade e também pobreza. Ele pode nos exaltar e também nos rebaixar (Salmos 75.6,7). Às vezes, a misericórdia severa de Deus nos empobrece porque estamos nos tornando muito convencidos. Talvez ele precise tirar de nós alguns brinquedos antes de captarmos a mensagem.

Todos nascemos com as mãos fechadas. Os bebês chegam ao mundo exibindo pequeninos punhos arredondados. À medida que crescemos, aprendemos a segurar as coisas com firmeza — a mão de outras pessoas ou da namorada (ou namorado), o guidom, a lancheira, a bola, os aparelhinhos da moda e outros equipamentos moderninhos, troféus e medalhas, avaliações e notas, dinheiro e títulos de sócio. Quando ingressamos no mundo dos negócios, pisamos o degrau mais baixo da escada corporativa e nos agarramos ao corrimão como se fosse a própria vida até que possamos alcançar o degrau seguinte. Agarramo-nos com toda a força a qualquer posição ou prestígio que possamos acumular. Talvez um dia estejamos nos apoiando numa bengala ou num andador ou até mesmo presos a uma cama de hospital. Apegamo-nos à própria vida até morrermos. Mais tarde, talvez pelo fato de nosso foco não mais estar mais em nós mesmos nem no âmbito terrestre, finalmente conseguiremos afrouxar a mão.

Que contraste entre nossa mão e a mão de Deus! Ao longo de toda a história bíblica, Deus abre a mão para fornecer alimento, proteção, bênção, amor e apoio. O salmista escreve a esse respeito: "Abres a tua mão e satisfazes os desejos de todos os seres vivos" (Salmos 145.16). Quando Deus veio à terra na pessoa de Jesus de Nazaré, ele ensinou, amou e abençoou, mas principalmente abriu as mãos e tocou, recusando-se a agarrar ou a se apegar aos seus direitos e privilégios. Em vez disso, abriu as mãos e, no exemplo mais espantoso de humildade que o mundo conheceu, esticou os braços na cruz a fim de pagar por nossos erros.

A HUMILDADE DE MOISÉS

Se Jesus foi o exemplo perfeito de humildade no Novo Testamento, Moisés personifica a humildade no Antigo Testamento. Em Números 12.3, foi inserida uma observação no texto: "Moisés era um homem humilde, o mais humilde do mundo" (Nova Tradução na Linguagem de Hoje). Moisés era um homem de autoridade, poder e carisma, porém manifestou essa força disciplinada por meio de sua inteira disposição em agradar ao Pai.

Deus afirma, em Isaías 57.15: "Habito num lugar alto e santo, mas habito também com o contrito e humilde de espírito, para dar novo ânimo ao espírito do humilde e novo alento ao coração do contrito". Mais adiante, em Isaías 66.2, ele afirma: "A este eu estimo: ao humilde e contrito de espírito, que treme diante da minha palavra". A Bíblia enfatiza repetidamente que "Deus se opõe aos orgulhosos, mas concede graça aos humildes" (Tiago 4.6; v. tb. 1Pedro 5.5; Salmos 138.6; Provérbios 3.34; Mateus 23.12). A visão que os orgulhosos têm de si mesmos é irreal e exagerada. Eles atribuem suas realizações aos próprios esforços, negando-se a reconhecer que tudo que são e possuem veio diretamente da mão de Deus.

Uma forma de resumir a mensagem da Bíblia é que nela Deus está nos dizendo: "Eu sou Deus, e você não é". A humildade é uma virtude que procede da avaliação adequada que fazemos de nós mesmos diante de Deus. Moisés era um homem poderoso, mas também era humilde, porque enxergava a si mesmo à luz de Deus, além de zelar pela honra e pela reputação de Deus, não pela sua. Obviamente, Moisés se debatia com a necessidade desesperada da graça e da misericórdia de Deus, evidenciada em quatro características.

Em primeiro lugar, ele tinha a atitude de uma pessoa que pode ser ensinada. O humilde compreende que está constantemente sendo edificado.

Em segundo lugar, ele estava disposto a ouvir conselhos sensatos. O humilde jamais se sente orgulhoso a ponto de recusar a sabedoria de outras pessoas antes de tomar uma decisão importante. A Bíblia aconselha: "Os planos fracassam por falta de conselho, mas são bem-sucedidos quando há muitos conselheiros" (Provérbios 15.22).

Em terceiro lugar, ele era submisso à autoridade. Em última análise, todos devemos nos submeter à autoridade de Deus, mas também precisamos nos sujeitar à autoridade daqueles que ele colocou acima de nós — pastores, presbíteros, líderes do governo.

Em quarto lugar, ele não se achava no direito de possuir coisa alguma. Foi o orgulho que levou Israel a desobedecer às ordens de Deus, por isso o Senhor trabalhou durante quarenta anos a humildade e a obediência de Moisés, como fica evidente nas palavras que o legislador dirigiu ao povo na véspera da entrada na terra prometida:

> Depois que tiverem comido até ficarem satisfeitos, louvem o Senhor, o seu Deus, pela boa terra que lhes deu. Tenham o cuidado de não se esquecer do Senhor, o seu Deus, deixando de obedecer aos seus mandamentos, às suas ordenanças e aos seus decretos que hoje lhes ordeno. Não aconteça que, depois de terem comido até ficarem satisfeitos, de terem construído boas casas e nelas morado, de aumentarem os seus rebanhos, a sua prata e o seu ouro, e todos os seus bens, o seu coração fique orgulhoso e vocês se esqueçam do Senhor, o seu Deus, que os tirou do Egito, da terra da escravidão. [...] Não digam, pois, em seu coração: "A minha capacidade e a força das minhas mãos ajuntaram para mim toda esta riqueza". Mas, lembrem-se do Senhor, o seu Deus, pois é ele que lhes dá a capacidade de produzir riqueza, confirmando a aliança que jurou aos seus antepassados, conforme hoje se vê (Deuteronômio 8.10-14,17,18).

Moisés exortou o povo a lembrar-se, depois que se apossassem da terra e tivessem prosperado, de que tudo que possuíam era dádiva do Senhor. O humilde anda humildemente diante de

Deus: não pensa que alcançou alguma coisa em si mesmo ou de si mesmo (v. Miquéias 6.8).

A HUMILDADE PRECEDE A EXALTAÇÃO

Pedro, já em idade avançada e reconhecido como um sábio da Igreja, escreveu: "Humilhem-se debaixo da poderosa mão de Deus, para que ele os exalte no tempo devido. Lancem sobre ele toda a sua ansiedade, porque ele tem cuidado de vocês" (1Pedro 5.6,7). A ansiedade se avoluma de tempos em tempos, sob todas as formas. Quando isso acontece, é sinal de que assumimos uma carga que jamais deveríamos estar carregando. Podemos devolvê-la a Deus e nos colocar debaixo de sua mão poderosa, sabendo que ele se preocupa conosco e que proverá o reconhecimento que merecemos no momento apropriado. Nada do que fizermos para agradá-lo deixará de ser reconhecido.

6

Compromisso

Totalmente comprometido

Vinham andando juntos pela rua uma galinha e um porco. Ao passar por uma lanchonete, viram uma placa com a oferta especial de café da manhã: "Presunto e ovos — $ 4,50!". A galinha disse: "Essa é a única contribuição que damos para a sociedade: comida para o café da manhã!". Ao que o porco respondeu: "Pode ser uma contribuição para você. Para mim é compromisso integral".

A vida no mundo moderno programou-nos com a expectativa de uma vida fácil. Não que simplesmente esperemos encontrar facilidade em tudo: quem não desejaria tal coisa? O que mais incomoda é que agora nossa expectativa consiste em receber recompensas abundantes com esforço mínimo. Coisas que requerem dedicação ou tempo nem deveriam existir. Sentimo-nos inteiramente justificados em evitá-las ou por desistir delas. Pior ainda são os que crêem que objetivos legítimos podem ser alcançados por meios ilegítimos, desde que esses meios encurtem o caminho para aqueles objetivos.

Considere, por exemplo, o atleta que opta por melhorar o desempenho usando esteróides. Além de se depreciar, ele também tira de seus colegas de profissão a chance de uma competição justa. Faz isso simplesmente porque não quer investir o tempo e o esforço necessários à superação honesta.

É perigoso desenvolver este traço de caráter, o egoísmo. O bom senso revela que algumas das melhores coisas da vida exigem esforço e provam ser dignas do tempo ou do trabalho árduo despendidos para alcançá-las. Os melhores relacionamentos requerem trabalho. Os melhores negócios são construídos à custa de sangue, suor e lágrimas de seus empreendedores. Até mesmo o crescimento espiritual é reflexo de investimento fidedigno. G. K. Chesterton observa: "Não é que o ideal cristão tenha sido testado e considerado inatingível. Ele foi considerado difícil e por isso jamais foi tentado".[1]

Evidentemente, não há nada de novo nessa situação. Deus perguntou há milhares de anos: "Quem é aquele que se tem empenhado em se chegar a mim?" (Jeremias 30.21; Almeida Revista e Corrigida). É algo que não gostamos de ouvir, mas o fato é que seguir a Deus envolve sacrifício, esforço e devoção. Temos forte preferência pelos planos de crescimento espiritual que garantam a maturidade integral em "15 minutos por dia".

Mark Oppenheimer escreve sobre a proliferação dessas idéias equivocadas concernentes ao que está de fato envolvido na mudança da vida pessoal. Esse conceitos errôneos podem ser encontrados em tudo: nos livros *Chicken Soup for the Soul*[a] nas pulseiras WWJD,[b] nas visitações angelicais que infundem reverência à vida de personalidades televisivas. Tudo isso soa bem, mas nunca há nenhum tipo de exigência nem há chamado para o compromisso ou para uma mudança de vida. *Faça assim!* na verdade não quer dizer: "Corra 160 quilômetros por semana, como fazem os ma-

[a] Coleção de pequenas histórias motivacionais, com diversos temas e público variado: "Uma história pode mudar o mundo"; publicação em português: *Canja de galinha para a alma*, Ediouro, 2002 [N. do T.].
[b] *What Would Jesus Do?* Pulseiras com as iniciais, em inglês, da pergunta: "O que Jesus faria?" [N. do T.].

ratonistas", e sim: "Basta comprar o tênis — a rapidez nos pés com certeza virá em seguida".[2] Como se alguém pudesse entrar em forma só porque comprou um tênis indicado para a prática do atletismo!

Os líderes sabem que as coisas não funcionam assim, que esse comportamento costumava ser chamado "preguiça". Dorothy Sayers escreve:

> No mundo, chama-se condescendência, mas no inferno o nome é desespero. É cúmplice dos outros pecados e a pior de suas punições. É o pecado que não acredita em nada, não se importa com nada, não procura conhecer nada, não encontra propósito em nada, não vive a favor de nada e só permanece vivo porque não há nada pelo qual morreria. Temos tido um conhecimento excessivamente grande dele durante muitos anos. Talvez a única coisa que não descobrimos a respeito dele é que se trata de um pecado mortal.[3]

Os líderes conhecem a veracidade das palavras de Theodore Roosevelt:

> É muito melhor ousar coisas grandiosas, vencer com triunfos gloriosos, mesmo quando manchados pelo fracasso, que se alinhar àqueles espíritos destituídos que nunca desfrutam nem sofrem muito porque vivem no crepúsculo acinzentado que desconhece tanto a vitória quanto a derrota".[4]

Vivemos uma época em que é grande o risco de sucumbir à mediocridade, não por causa da incompetência ou da falta de integridade, mas simplesmente por falta de comprometimento genuíno. A ausência de compromisso equivale a viver naquele "crepúsculo acinzentado que desconhece tanto a vitória quanto a derrota".

Os santos entendem que a liderança eficiente brota do comprometimento profundo com as coisas certas. Considerado isoladamente, o compromisso mais importante da vida dos seguidores de Cristo é, obviamente, com Deus. Todo sucesso duradouro que experimentarmos como líderes brotará desse comprometimento, por isso o apóstolo Paulo escreve:

> Portanto, irmãos, rogo-lhes pelas misericórdias de Deus que se ofereçam em sacrifício vivo, santo e agradável a Deus; este é o culto racional de vocês. Não se amoldem ao padrão deste mundo, mas transformem-se pela renovação da sua mente, para que sejam capazes de experimentar e comprovar a boa, agradável e perfeita vontade de Deus (Romanos 12.1,2).

Nessa passagem, a palavra "portanto" aponta para tudo o que o apóstolo escreveu nos onze capítulos anteriores. À luz da misericórdia de Deus — que justifica, santifica e um dia irá nos glorificar —, devemos oferecer a nós mesmos como sacrifício vivo. Em outras palavras, devemos permitir que a misericórdia de Deus complete mais essa obra em nós e deixar que isso nos impulsione na direção do comprometimento absoluto.

Os que foram feitos cativos do amor de Deus afirmarão o senhorio de Jesus Cristo sobre a própria vida, atendendo ao chamado de se oferecerem "em sacrifício vivo, santo e agradável a Deus".

O verbo "oferecer" implica que esse ato, de forma semelhante aos votos de casamento, ocorre apenas uma vez. Pode haver renovação, mas em algum momento a misericórdia de Deus nos motiva a fazer esse voto. Quando damos esse passo, estamos reconhecendo a liderança de Cristo em nossa vida. Sacrificamos nossos desejos egoístas e as ambições mal direcionadas enquanto nos esforçamos para ficar em sintonia com a vontade de Deus. Uma vez realizado esse ato de comprometimento, nossos talentos e sonhos ficam rendidos ao propósito divino. E, quanto mais damos de nós mesmos a ele, mais ele nos abençoará e nos usará.

A manutenção do voto é de vital importância. No Antigo Testamento havia duas grandes categorias de sacrifícios que podiam ser oferecidos a Deus sob circunstâncias diferentes: o sacrifício de expiação e o de celebração. O sacrifício de expiação servia para cobrir o pecado com sangue e reconciliar o povo com Deus e uns com os outros. Esse tipo de sacrifício era oferecido por causa do pecado e da culpa.

A Lei de Moisés, entretanto, prescrevia também sacrifícios como expressão de alegria. Quando a colheita era feita, quando nascia uma criança ou quando ocorria um grande livramento, o povo se apresentava diante de Deus com ofertas de ação de graças e de celebração.

Os cristãos reconhecem um — e apenas um — sacrifício de expiação: o do próprio Jesus. Mas estamos envolvidos em perpétuos sacrifícios de celebração e de ação de graças ao Deus que nos salvou. Embora ofereçamos a Deus tempo, talento, capacidade e dinheiro, o sacrifício mais fundamental que lhe fazemos é o de nosso corpo. Paulo, que escreveu esse texto, não toleraria uma religião abstrata ou etérea. Nosso corpo é o instrumento de todas as ações que executamos no mundo. Portanto, deve ser entregue a Deus por inteiro.

É natural a expectativa de que o ser humano se conforme ao seu ambiente. Nesse sentido, a frase mais usada é: "Quando em Roma, faça como os romanos". Entretanto, os que já foram justificados, santificados e consagrados a Deus têm diante de si diferentes expectativas. Nós, que recebemos a graça de Deus e fomos transportados das trevas para o Reino de sua maravilhosa luz (Colossenses 1.13), seremos formados e moldados por essa nova experiência. E, por ser uma experiência poderosa, ela inevitavelmente causará impacto em nossa vida. Nada mais lógico.

De fato, a palavra traduzida por "espiritual" é o termo grego *logikos*, cujo principal significado é "racional" ou "logicamente plausível". Em vista da misericórdia de Deus para conosco, é mais que racional ou lógico que lhe entreguemos nosso coração, nossa mente e nosso corpo para serem moldados por seu controle gracioso. Em razão do relacionamento pessoal que Deus estabeleceu conosco, nenhum mero cerimonial ou ritual será suficiente como oferta: ele merece a rendição inteligente e racional de cada fibra de nosso ser.

O DEUS QUE SE COMPROMETE

Douglas Rumford declara: "Fazemos nossos compromissos, e em seguida eles nos fazem. Uma vez que os tenhamos escolhido, diversas outras escolhas se seguirão como conseqüência natural".[5] Já que nos comprometemos a seguir Jesus, diversas outras decisões em nossa vida irão se alinhar ou então subverter o compromisso firmado com ele.

No entanto, como saber que nosso compromisso com Deus será honrado? Todos os compromissos que assumimos brotam do compromisso que, antes de tudo, Deus firmou conosco. No momento em que ele se comprometeu com nosso bem maior, sua vontade com relação a nós estava selada. Deus afirma estar comprometido com todos os que estão em Cristo e que esse relacionamento durará para sempre. Jeremias 31.31-36 revela a aliança, isto é, o compromisso que o Senhor estabeleceu com seu povo:

> "Estão chegando os dias", declara o SENHOR,
> "quando farei uma nova aliança
> com a comunidade de Israel

e com a comunidade de Judá.
Não será como a aliança
que fiz com os seus antepassados
quando os tomei pela mão
para tirá-los do Egito;
porque quebraram a minha aliança,
apesar de eu ser o SENHOR deles",
diz o SENHOR.
"Esta é a aliança que farei
com a comunidade de Israel
depois daqueles dias",
declara o SENHOR:
"Porei a minha lei no íntimo deles
e a escreverei nos seus corações.
Serei o Deus deles,
e eles serão o meu povo.
Ninguém mais ensinará ao seu próximo
nem ao seu irmão, dizendo:
'Conheça ao SENHOR',
porque todos eles me conhecerão,
desde o menor até o maior",
diz o SENHOR.
"Porque eu lhes perdoarei a maldade
e não me lembrarei mais
dos seus pecados."

Assim diz o SENHOR,
aquele que designou o sol
para brilhar de dia,
que decretou que a lua
e as estrelas brilhem de noite,
que agita o mar
para que as suas ondas rujam;
o seu nome é o SENHOR dos Exércitos:
"Somente se esses decretos

> desaparecerem de diante de mim",
> declara o SENHOR,
> "deixarão os descendentes de Israel
> de ser uma nação diante de mim
> para sempre".

O fundamento máximo da segurança e do significado na vida está relacionado ao compromisso (segurança) e à duração que algo terá (significado). Nesses seis versículos, Deus apresenta ao povo uma percepção da segurança e do significado — uma garantia de que seu compromisso com eles nunca falhará.

A despeito da rebeldia do povo de Judá, o Senhor lhes assegura, mediante o profeta Jeremias, que manterá o compromisso com o bem maior deles. O julgamento será inevitável, porque eles violaram flagrantemente as ordens de Deus, mas o profeta está olhando para além dessa condenação iminente, para um tempo de consolação. Haverá um remanescente fiel, e o povo de Deus, em algum momento, desfrutará as bênçãos do perdão e da renovação integral.

Nessa aliança, Deus se compromete com o bem-estar da casa de Israel e de Judá, predizendo uma época em que todos o conhecerão, em que sua lei estará escrita no coração deles. " 'Porque sou eu que conheço os planos que tenho para vocês', diz o SENHOR, 'planos de fazê-los prosperar e não de lhes causar dano, planos de dar-lhes esperança e um futuro' " (Jeremias 29.11).

A graça de Deus sempre vem antes de nossa reação e demonstra o compromisso inabalável que ele tem conosco:

> Foi assim que Deus manifestou o seu amor entre nós: enviou o seu Filho Unigênito ao mundo, para que pudéssemos viver por meio dele. Nisto consiste o amor: não em que nós tenhamos

amado a Deus, mas em que ele nos amou e enviou seu Filho como propiciação pelos nossos pecados (1João 4.9,10).

Quando amamos a Deus, é "porque ele nos amou primeiro" (1João 4.19).

O cientista e filósofo Lewis Thomas descreve muito bem os seres humanos quando afirma:

> Talvez sejamos, de forma singular entre as criaturas terrestres, o animal que se preocupa. Desperdiçamos a vida em preocupações, temendo o futuro, descontentes com o presente, incapazes de absorver a idéia da morte, incapazes de nos aquietarmos.[6]

A promessa de que Deus continuará nos amando e manterá o compromisso com nosso bem-estar capacita-nos a viver acima da preocupação e do medo. O compromisso que ele tem conosco nos dá força para seguir adiante no compromisso que temos com ele, como Martinho Lutero afirmou: "Não é a imitação que gera a filiação a Deus, mas é por estarmos afiliados a ele que se torna possível a imitação".[7]

As recompensas do compromisso

Na qualidade de líderes, como demonstrar e praticar o compromisso? Jesus revela seu padrão de um compromisso mais profundo no evangelho de Mateus:

> Então Jesus disse aos seus discípulos: "Se alguém quiser acompanhar-me, negue-se a si mesmo, tome a sua cruz e siga-me. Pois quem quiser salvar a sua vida, a perderá, mas quem perder a sua vida por minha causa, a encontrará. Pois, que adiantará ao homem ganhar o mundo inteiro e perder a

sua alma? Ou, o que o homem poderá dar em troca de sua alma?" (Mateus 16.24-26).

Essas palavras de Jesus eram dirigidas aos seus discípulos, mas ainda hoje elas nos convidam à ação. Por meio dessas palavras vivas, Jesus deixa claro que ele requer compromisso total de seus seguidores: quem não lhe entregar tudo acabará perdendo tudo. Na condição de líderes cristãos, tal compromisso precisa permanecer sólido até o fim de nossa caminhada terrena.

Og Mandino, que ministra palestras de inspiração e motivação, aborda em detalhes a necessidade do compromisso sólido, de longo prazo. Para ele, uma das causas do fracasso é "desistir muito cedo". Mandino conta a história de Rafael Solano, que garimpava diamantes no leito de um rio da Venezuela. Desanimado, já pensando na triste situação de voltar de mãos abanando para sua paupérrima família, Solano afirmou ter revirado 999.999 pedras e por isso estava desistindo. Seus colegas então insistiram: "Apanhe mais uma, para completar um milhão". A "milionésima" pedra era o diamante Liberator, de 155 quilates. Mandino escreve:

> Acho que Solano deve ter experimentado uma felicidade que ultrapassou o aspecto financeiro. Ele havia estabelecido um curso; as probabilidades estavam contra ele; ele havia perseverado; ele havia vencido. Além de fazer o que se propusera fazer — o que em si já é uma recompensa —, ele o havia feito diante do fracasso e da obscuridade.[8]

Jesus instou seus seguidores: "Tomem a sua cruz e sigam-me". Ele, melhor do que ninguém, sabia quão fugidio é o primeiro prêmio. Mas também sabia que, para alcançá-lo, seria necessário nada menos que o total comprometimento. Na vida cristã, assim como na vida organizacional, o compromisso total à causa facilita o sucesso.

COMPROMETIDO COM DEUS

Os melhores relacionamentos estão firmados na rocha sólida do compromisso, não na areia movediça dos sentimentos e emoções. Deus nos chama para sermos pessoas comprometidas — em primeiro lugar com ele e depois com outras pessoas. Na condição de grande líder de Israel, toda a vida de Josué foi marcada pelo compromisso, o qual até podia ser ouvido nas palavras finais ao povo sob sua liderança:

"Agora temam o SENHOR e sirvam-no com integridade e fidelidade. Joguem fora os deuses que os seus antepassados adoraram além do Eufrates e no Egito, e sirvam ao SENHOR. Se, porém, não lhes agrada servir ao SENHOR, escolham hoje a quem irão servir, se aos deuses que os seus antepassados serviram além do Eufrates, ou aos deuses dos amorreus, em cuja terra vocês estão vivendo. Mas, eu e a minha família serviremos ao SENHOR".

Então o povo respondeu: "Longe de nós abandonar o SENHOR para servir outros deuses! Foi o próprio SENHOR, o nosso Deus, que nos tirou, a nós e a nossos pais, do Egito, daquela terra de escravidão, e realizou aquelas grandes maravilhas diante dos nossos olhos. Ele nos protegeu no caminho e entre as nações pelas quais passamos. Além disso, o SENHOR expulsou de diante de nós todas as nações, inclusive os amorreus, que viviam nesta terra. Nós também serviremos ao SENHOR, porque ele é o nosso Deus".

Josué disse ao povo: "Vocês não têm condições de servir ao SENHOR. Ele é Deus santo! É Deus zeloso! Ele não perdoará a rebelião e o pecado de vocês. Se abandonarem o SENHOR e servirem a deuses estrangeiros, ele se voltará contra vocês e os castigará. Mesmo depois de ter sido bondoso com vocês, ele os exterminará".

O povo, porém, respondeu a Josué: "De maneira nenhuma! Nós serviremos ao SENHOR".

Disse então Josué: "Vocês são testemunhas contra vocês mesmos de que escolheram servir ao Senhor".

"Somos", responderam eles.

Disse Josué: "Agora, então, joguem fora os deuses estrangeiros que estão com vocês e voltem-se de coração para o Senhor, o Deus de Israel".

E o povo disse a Josué: "Serviremos ao Senhor, o nosso Deus, e lhe obedeceremos".

Naquele dia Josué firmou um acordo com o povo em Siquém, e lhe deu decretos e leis. Josué registrou essas coisas no Livro da Lei de Deus. Depois ergueu uma grande pedra ali, sob a Grande Árvore, perto do santuário do Senhor.

Então disse ele a todo o povo: "Vejam esta pedra! Ela será uma testemunha contra nós, pois ouviu todas as palavras que o Senhor nos disse. Será uma testemunha contra vocês, caso sejam infiéis ao seu Deus" (Josué 24.14-27).

Josué declarou ao povo que, ainda que escolhessem não servir ao Senhor, não estariam dispensados do serviço.

Foco em um só propósito

Se não servirmos ao Criador, inevitavelmente serviremos a alguma parte da criação. Mas os deuses do sucesso, da posição e das posses são capatazes cruéis, que jamais proporcionam a satisfação profunda que prometem. Somente Deus é digno de nosso total comprometimento, e, se direcionarmos o melhor de nosso compromisso para algo diferente, cometeremos o pecado da idolatria. Fomos criados para servir a Deus e encontrar satisfação profunda nele, mas, na melhor das hipóteses, ficaremos divididos se adotarmos dois tipos de regras e servirmos a dois senhores (Lucas 16.13).

Em *Amigos, sempre amigos*, filme de 1991, Billy Cristal faz o papel de Mitch, um homem confuso e insatisfeito, com a vaga sensação de que a vida está se esvaindo. Jack Palance faz o papel de Curly, um velho sábio — "um alforje com olhos". No momento crítico do filme, Curly pergunta a Mitch se ele gostaria de conhecer o segredo da vida.

— É isto — diz Curly, colocando para cima o dedo indicador.

— O segredo da vida é seu dedo?! — pergunta Mitch.

— É *uma coisa* — responde Curly. — O segredo da vida é uma coisa, somente uma coisa.

Algo na frase de Curly toca o íntimo de Mitch. Sua vida é um desatino. Ele se sente arrastado pelas obrigações para com a família e pelo desejo de realização no trabalho, dividido entre a necessidade de segurança e o anseio por uma vida agitada. À semelhança de muitos homens, Mitch está dividido, envolvido com um número excessivo de coisas. Assim, percebe que não está de fato envolvido com coisa alguma. Pede então que Curly lhe conte o que é essa coisa, mas o melhor que Curly consegue fazer é dizer-lhe:

— Você tem de descobrir sozinho.

Acredite se quiser, mas o velho caubói está repetindo, sem saber, o filósofo dinamarquês Søren Kierkegaard, que enxergou na vida dupla a aflição primordial do homem moderno. Num livro que é uma reflexão sobre a afirmação bíblica: "Vocês, que têm a mente dividida, purifiquem o coração" (Tiago 4.8), Kierkegaard afirma que a doença é de fato a falha em alcançar uma vida integrada, uma vida com um único foco. É o fracasso em se comprometer definitivamente com "o Bom", com o compromisso de "buscar em primeiro lugar o Reino de Deus".[9]

Muitos dos seguidores de Jesus não passavam de curiosos. Outros estavam convencidos de que seus ensinamentos eram verdadeiros, mas somente uns poucos assumiram um compromisso sólido e pessoal com ele. Quando os seguidores sem compromisso começaram a abandoná-lo por causa de algumas palavras duras que havia proferido, Jesus perguntou aos Doze se eles queriam ir com os outros. Embora não esteja claro se entendiam o Senhor melhor que aqueles que o estavam abandonando, eles perceberam que, tendo assumido um compromisso com ele, não havia como dar-lhe as costas (João 6.60-69). Na condição de discípulos de Cristo, somos conclamados a sustentar nosso compromisso com ele, mesmo quando não compreendemos plenamente o plano que ele tem para nós. Ignorar esse apelo resultará em sofrimento e num ministério ineficiente. François Fénelon escreve:

> Ai daquelas almas fracas e tímidas, divididas entre Deus e o mundo! Elas querem e não querem. Dilaceradas ao mesmo tempo pelo desejo e pelo remorso [...]. Sentem pavor da maldade e vergonha do bem. Experimentam as dores da virtude sem provar seus doces consolos. Ah, pobres indigentes![10]

Na qualidade de líderes santos, testemunhamos contra nós mesmos quando escolhemos servir ao Senhor (cf. Josué 24.22). Já avaliamos o modo pelo qual esse compromisso se expressa em nossa existência? De que forma a solidez de nosso compromisso com o Senhor foi condicionado pelo entendimento que temos da obra que ele está realizando em nossa vida? O chamado para o compromisso é um apelo à vigilância constante, para que se mantenham e compreendam os padrões desse compromisso. Não importa quais distrações possamos encontrar, precisamos manter o foco no serviço ao Senhor.

Comprometimento ou barganha?

De que modo os líderes conquistam e mantêm seguidores comprometidos? E como nós mesmos nos comprometemos o suficiente para pagar o alto preço do sucesso? Deus sabe como, e o profeta Habacuque fornece a matriz, a verdade essencial a respeito do compromisso centrado em Deus:

> Mesmo não florescendo a figueira,
>   e não havendo uvas nas videiras,
> mesmo falhando a safra de azeitonas,
>   não havendo produção de alimento
>   nas lavouras,
> nem ovelhas no curral
> nem bois nos estábulos,
> ainda assim eu exultarei no SENHOR
> e me alegrarei
>   no Deus da minha salvação (Habacuque 3.17,18).

Que palavras animadoras! Muitos líderes dariam tudo para ter seguidores comprometidos a esse ponto com a causa. De fato, muitos líderes gostariam de ter esse nível de comprometimento com a *própria* causa. O ingrediente principal na declaração de Habacuque é o fato de ela ser unidirecional: promete manter sua postura, independentemente de recuperar o investimento que fez.

Isso é "compromisso" de verdade. A frase "vou me comprometer se..." não expressa compromisso: é mera negociação; não é comprometer-se: é barganhar. Em Habacuque 2.2-20, Deus explica sua justiça e majestade ao profeta. A passagem citada é a reação do profeta à revelação que recebeu acerca do caráter de Deus.

Na ausência de um ideal que nos absorva por inteiro, pedir um compromisso semelhante ao de Habacuque é absurdo. Na condição de líderes, precisamos identificar o que em nossa organização é genuinamente digno de compromisso. Antes de atingir tal distinção, iremos parecer superficiais ao falar no assunto. Ninguém em sã consciência irá se comprometer com coisas que de fato não importam. Mas, quando os objetivos e os resultados de uma organização dizem respeito ao Deus vivo e quando seus objetivos lhe trazem honra, então o compromisso passa a fazer sentido. Em vez de perguntar: "Como atingir tal comprometimento?", deveríamos começar perguntando: "Com o que (ou com quem) estamos comprometidos?".

Parte 2

AS HABILIDADES ENCONTRADAS NO LÍDER PERFEITO

7

Comunicação da visão

A IMPORTÂNCIA DA COMUNICAÇÃO

Certo homem tentava, com muito esforço, passar uma máquina de lavar pela porta da frente de sua casa. Naquela hora, o vizinho, que estava por perto e era um *bom* vizinho, aproximou-se e perguntou se podia ajudar. O homem soltou um suspiro de alívio e disse:

— Seria ótimo. Eu fico do lado de dentro, e você, do lado de fora. Vamos terminar isso bem rápido.

No entanto, depois de cinco minutos de esforço contínuo, os dois estavam exaustos. Transpirando abundantemente, o vizinho disse:

— Esta máquina é maior do que parece. Não sei se conseguiremos colocá-la para dentro da casa.

— Para dentro da casa?! — retrucou o homem. — Estou tentando colocar esta coisa *para fora* de casa!

Poucas coisas são mais importantes que a comunicação clara, especialmente para o líder. O maestro Arturo Toscanini era notoriamente inábil na hora de comunicar aos músicos o que desejava. Seus acessos de frustração com a própria falta de habilidade na comunicação eram lendários. Depois de tentar diversas vezes transmitir algo muito particular a um trompetista, levantou as mãos e gritou para o músico: "Deus me diz como a música deve soar, mas você fica no meio do caminho!". Em outra ocasião, durante o ensaio do musical *La Mer* [O mar], de Debussy, ele se viu outra vez sem palavras para descrever o efeito que esperava obter em determinado trecho. Depois de pensar um instante, tirou um lenço de seda do bolso e jogou-o para o alto. Os músicos, hipnotizados, ficaram observando a queda lenta e graciosa daquele pedaço de pano. "É assim", disse o maestro. "Toquem desse jeito!"[1]

Ter visão é uma coisa, mas sem uma comunicação clara ela jamais se tornará realidade. Até que todos a entendam suficientemente bem para articulá-la por si mesmos, não se pode esperar que demonstrem paixão por ela. Leonard Sweet sabiamente nos lembra: "Não são as pessoas que estão certas que mudam o mundo, e sim as que conseguem comunicar aos outros aquilo que definem como certo".[2]

CERTIFICANDO-SE DE QUE A VISÃO FOI "CAPTADA"

Obviamente, a comunicação interrompida pode ser a causa de diversos problemas. O problema pode estar na transmissão. Como acabamos de ver, tentar passar algo adiante sem que verdadeiramente o tenhamos dominado leva ao rompimento da comunicação. Às vezes, porém, o problema está no receptor. Por exemplo, Deus tinha uma visão grandiosa e queria que Moisés a "captasse", mas ao comunicá-la deparou com a resistência de um servo relutante. Trata-se de uma história que nos ensina diversas coisas sobre como ajudar aqueles que não "compram a idéia" na primeira vez que a ouvem. A despeito da forte resistência inicial de Moisés, Deus finalmente conseguiu "vender-lhe" a visão.

Todo líder enfrenta ocasionalmente desafios aparentemente impossíveis. A oposição parece difícil de ser vencida, defende-se fortemente e é muito bem organizada. Os recursos do líder lhe parecem ineficientes para levar sua idéia adiante. Moisés deve ter se sentido assim quando Deus lhe apareceu na sarça ardente:

> Disse o SENHOR: "De fato tenho visto a opressão sobre o meu povo no Egito, tenho escutado o seu clamor, por causa dos seus feitores, e sei quanto eles estão sofrendo. Por isso desci para livrá-los das mãos dos egípcios e tirá-los daqui para uma terra boa e vasta, onde manam leite e mel: a terra dos cananeus, dos hititas, dos amorreus, dos ferezeus, dos heveus e dos jebuseus. Pois agora o clamor dos israelitas chegou a mim, e tenho visto como os egípcios os oprimem. Vá, pois, agora; eu o envio ao faraó para tirar do Egito o meu povo, os israelitas" (Êxodo 3.7-10).

Moisés reagiu ao chamado feito por Deus com três perguntas e duas objeções, que expressavam sua descrença e falta de confiança.

A primeira pergunta foi: "Quem sou eu?" (v. 11). Essa indagação revela uma mudança radical em Moisés. Quarenta anos antes, ele impulsivamente havia tomado para si a responsabilidade de defender um compatriota hebreu que estava sendo espancado por um egípcio (2.11,12). Agora Moisés se sentia incapacitado para a tarefa que tinha diante de si, ainda que o próprio Deus o estivesse comissionando. A resposta de Deus era exatamente o que Moisés precisava ouvir: "Eu estarei com você. Esta é a prova de que sou eu quem o envia: quando você tirar o povo do Egito, vocês prestarão culto a Deus neste monte" (3.12). Moisés logo descobriria que um mais Deus é igual a maioria.

A segunda pergunta de Moisés foi a respeito da identidade de quem o estava incumbindo de tão assustadora missão: "Que lhes direi?" (v. 13). Convencer mais de 2 milhões de escravos de que fora enviado para libertá-los da escravidão era uma tarefa que encerrava enormes dificuldades. Moisés precisaria de uma autoridade maior que a sua própria para persuadir o povo a segui-lo. E Deus novamente deu a Moisés a resposta de que ele precisava: "Eu Sou o que Sou. É isto que você dirá aos israelitas: Eu Sou me enviou a vocês" (v. 14). Ao chamar a si mesmo "Eu Sou", Deus se revelava como o Deus que sempre está à disposição de seu povo. Ele ordenou que Moisés dissesse aos israelitas que quem o enviava era o Deus de Abraão e o Deus de Isaque (v. 15), uma descrição que sabidamente teria ressonância nos escravos hebreus no Egito.

Ainda sem se convencer, Moisés fez a terceira pergunta: "E se eles não acreditarem em mim?" (4.1). Sem dúvida, Moisés se lembrava do que acontecera quarenta anos antes. Ao tentar intermediar uma disputa entre dois hebreus, um deles lhe perguntara com desprezo: "Quem o nomeou líder e juiz sobre nós?" (2.14). Com essas palavras ainda ecoando na mente, é compreensível que Moisés tenha sentido medo da rejeição. Mas Deus lhe assegurou que sua liderança seria validada com milagres que convenceriam até mesmo o maior cético do Egito. Enquanto ficasse do lado de Deus, Moisés não teria motivos para preocupação.

Com as duas primeiras objeções, Moisés insinuava não estar qualificado para libertar o povo porque não tinha facilidade para falar (4.10), e, portanto, Deus deveria escolher outra pessoa (4.13). Naquele momento, o medo que Moisés tinha do fracasso era maior que sua memória. Já se haviam passado tantos anos desde que usara suas habilidades de liderança pela última vez que agora pensava que as tinha perdido. Uma vez mais, Deus se mostrou compreensivo para com ele e prometeu orientá-lo quanto ao que dizer. Em seguida, escalou Arão como seu porta-voz:

> Disse-lhe o Senhor: "Quem deu boca ao homem? Quem o fez surdo ou mudo? Quem lhe concede vista ou o torna cego? Não sou eu, o Senhor? Agora, pois, vá; eu estarei com você, ensinando-lhe o que dizer. [...] Você não tem o seu ir-

mão Arão, o levita? Eu sei que ele fala bem. Ele já está vindo ao seu encontro e se alegrará ao vê-lo. Você falará com ele e lhe dirá o que ele deve dizer; eu estarei com vocês quando falarem, e lhes direi o que fazer. Assim como Deus fala ao profeta, você falará a seu irmão, e ele será o seu porta-voz diante do povo" (Êxodo 4.11,12,14-16).

Moisés estava prestes a tornar-se um dos maiores líderes da história mundial. Quando Deus lhe ordenou que assumisse a liderança num empreendimento difícil, Moisés hesitou antes de obedecer — mas o fato é que obedeceu. Deus mostrou que entendia os medos e preocupações de Moisés a respeito da contribuição que lhe era solicitada naquele projeto de proporções gigantescas. Deus respondeu a cada uma das perguntas e não deixou no vazio nenhuma das declarações de Moisés, assegurando-o de que este seria fortalecido e obteria sucesso. À medida que as preocupações se diluíam, o mesmo acontecia com a resistência à visão. A exemplo de Moisés, até mesmo as melhores pessoas chamadas para liderar hesitarão diante de situações aparentemente insolúveis. Em momentos assim, elas precisam saber que o líder entende seus medos e continua acreditando no êxito que obterão na tarefa que têm pela frente.

Todavia como foi, exatamente, que Deus conduziu Moisés da resistência àquele projeto de libertação ao posto de líder? Examinemos novamente os cinco pontos de resistência à visão e a resposta de Deus a cada um deles.

"Quem sou eu?" (3.11). A sensação de um peso esmagador deve acompanhar qualquer declaração de visão bem elaborada. Se a declaração não transmitir certa sensação de ridículo, se os ouvintes — pelo menos inicialmente — não se sentirem com água até o pescoço, então não haverá desafio, nenhuma centelha que os conclame a ampliar os horizontes e a se mobilizar. Mas a intensidade da declaração de visão irá estimular e também vencer a resistência. Moisés perguntou: "Quem sou eu?", e Deus respondeu: "Você é a pessoa que escolhi para cumprir essa missão. O mais importante, porém, não é quem *você* é, e sim quem *eu* sou e o que *eu* quero que você faça" (3.1-12).

"Que lhes direi?" (3.13). Essa pergunta reflete a preocupação com os custos e os valores. Moisés estava perguntando a Deus: "Quem está por trás disso? Quem assumirá a responsabilidade por esse projeto gigantesco?". Moisés estava procurando alguma autoridade que lhe desse respaldo. Todos os que forem escolhidos para liderar farão o mesmo. Moisés perguntou: "Que lhes direi?", e Deus respondeu: "Diga-lhes que estou com você nessa empreitada porque você está realizando aquilo que desejo que seja feito" (3.14-22).

"E se eles não acreditarem em mim?" (4.1). A reação da maioria das pessoas às declarações de visão variam da sensação de esmagamento (ponto 1) ao ceticismo legítimo (ponto 2), passando pela investigação séria sobre sua legitimidade. Se a visão estiver bem explicitada, as pessoas vão pedir evidências. "E se eles não acreditarem em mim?", foi a pergunta de Moisés. A resposta de Deus foi: "É de esperar que surjam dúvidas quando se apresenta uma visão grandiosa. Dê-lhes evidências suficientes para ajudá-los em suas dúvidas" (4.2-9).

"Ó SENHOR! Nunca tive facilidade para falar" (4.10). Essa afirmação de Moisés reflete o fato doloroso de que houve no passado quem tentasse realizar projetos grandiosos, para só encontrar decepção e constrangimento. Mas quem deseja avidamente investir seu tempo e esforço em empreitadas bem-sucedidas ficará motivado a dar o melhor de si se for estimulado de maneira consistente. "Ó SENHOR! Nunca tive facilidade para falar", disse Moisés, ao que Deus retrucou: "Confie em mim e deixe-me mostrar-lhe o que posso fazer por meio de você" (4.11).

"Peço-te que envies outra pessoa" (4.13). O último esforço de Moisés para resistir foi: "Por favor, Senhor, eu não. Isso está fora de meu alcance. É tão mais fácil ficar onde estou!". O líder que conseguir contornar com eficiência esse argumento final e animar o povo com novas possibilidades terá avançado bastante para a formação de uma equipe eficiente. "Peço-te que envies outra pessoa", Moisés suplicou, mas Deus o persuadiu, insistindo em que o mensageiro relutante assumisse a missão e confiasse na fidelidade divina. Há momentos em que a visão precisa de persuasão, isto é, precisa ser "vendida". Há momentos em que precisamos dar um impulso para que ela se concretize.

Atos 29

Jesus de Nazaré, o líder mais influente que o mundo já conheceu, deixou-nos um modelo de comunicação da visão. De fato, podemos afirmar que a Bíblia é um livro elaborado para comunicar uma visão, que nos convida não somente a olhar para adiante, para as promessas futuras de Deus, mas também a participar de sua realização. Deus nos concedeu o privilégio imensurável de participarmos de sua obra, oferecendo-nos um "pouco de ação", que terá conseqüências duradouras. James Emery White explica:

> Você recebeu a vida porque Deus tem um sonho para você — individual, específico, personalizado. Nada foi por acaso. Deus desejou sua existência; ele lhe deu a vida e também o investiu de promessas e potenciais. Dentro de você, está a oportunidade de se unir a Deus para completar a grandiosa aventura que ele concebeu para você desde a eternidade.[3]

O livro de Atos é a história gloriosa da visão de Cristo sendo realizada, mas, se procurarmos Atos 29 na Bíblia, descobriremos que esse capítulo não existe. O motivo é que ele está sendo escrito neste exato momento, pela mão de cada um de nós, à medida que as boas-novas de Jesus Cristo são proclamadas e vivenciadas em todo o mundo. Em Atos 1.8, Lucas (autor de Atos) apresenta-nos as linhas gerais do livro, registrando as palavras de Jesus a seus seguidores, um pouco antes de Cristo ascender aos céus: "Receberão poder quando o Espírito Santo descer sobre vocês, e serão minhas testemunhas em Jerusalém, em toda a Judéia e Samaria, e até os confins da terra". Temos participação ativa na última frase: somos testemunhas com a responsabilidade de levar a vida de Cristo "até os confins da terra".

No fim do livro de Atos, encontramos Paulo em prisão domiciliar. Ele havia conseguido chegar a Roma, o centro da cultura e da civilização no primeiro século. Como tal, o apóstolo sabia que, se o evangelho criasse raízes em Roma, seria espalhado por todo o mundo conhecido. Por isso, Lucas registra: "Por dois anos inteiros Paulo permaneceu na casa que havia alugado, e recebia a todos os que iam vê-lo. Pregava o Reino de Deus e ensinava a respeito do Senhor Jesus Cristo, abertamente e sem impedimento algum" (Atos 28.30,31). Nesse ponto, a narrativa é interrompida.

Em nossos dias, ao ler o livro de Atos, quando chegamos a essa passagem, ficamos nos perguntando o que aconteceu em seguida. Conseguiu Paulo ser recebido pelo imperador, em resposta ao apelo que fizera? Ele sobreviveu ou foi executado? Lucas não conta *o restante da história*. O importante é que Paulo trabalhou a vida toda para transformar a visão gloriosa de Deus em realidade. E passou o bastão a homens como Timóteo e Tito. Estes, por sua vez, passaram o bastão a homens e mulheres fiéis, que o passaram a outros. Ao longo dos séculos, o bastão continuou sendo passado, até que alguém o colocou em nossa mão e disse: "Vá, seja testemunha de Cristo até os confins da terra".

No quarto capítulo de seu evangelho, o apóstolo João registra o momento em que Jesus transmitiu sua visão aos discípulos. Eles haviam acabado de comprar comida, e Jesus surpreendeu-os ao dizer: "Tenho algo para comer que vocês não conhecem" (João 4.32). Inicialmente, eles pensaram que ele se referia à comida palpável, mas o Mestre pensava em outro tipo de nutriente — a participação na vontade de Deus: "A minha comida é fazer a vontade daquele que me enviou e concluir a sua obra. Vocês não dizem: 'Daqui a quatro meses haverá a colheita'? Eu lhes digo: Abram os olhos e vejam os campos! Eles estão maduros para a colheita" (v. 34,35).

Antes de os discípulos entrarem em cena, a samaritana com quem Jesus estivera conversando havia se retirado para contar às pessoas do vilarejo a respeito do homem que sabia tudo que ela havia feito. Ao dizer aos discípulos que olhassem os campos prontos para a colheita, Jesus talvez estivesse se referindo aos samaritanos que estavam a caminho para conversar com ele. Essa passagem ilustra como Jesus procurava constantemente comunicar aos seus seguidores uma visão mais grandiosa da vontade de Deus. Hans Finzel, diretor executivo de uma grande organização que trabalha com implantação de igrejas, escreve:

> Embora boa parte de minha função como diretor executivo seja comunicar nossa visão e vender nosso sonho para o público externo, meu público interno precisa ouvir de mim na mesma medida, se não mais. De fato, despendo a mesma quantidade de energia em comunicações internas e externas. Não mais pressuponho que mesmo meus companheiros mais chegados conseguem ler minha mente — já aprendi mais que o suficiente observando as informações falsas se espalharem.[4]

Depois que a visão foi comunicada, talvez seja necessário reapresentá-la diversas vezes. Já que a visão de Deus sempre ultrapassa a compreensão humana, requer-se da parte dos líderes persistência até se certificarem de que todos a entenderam e a conservam na memória.

Em última análise, a visão de Deus precisa ser transmitida pelo Espírito de Deus. Esse princípio foi demonstrado no Antigo Testamento. Quando os arameus tentaram capturar o profeta Eliseu, o servo deste entrou em desespero: "Ah, meu senhor! O que faremos?" (2Reis 6.15). A reação de Eliseu comunicou a visão do controle divino naquela situação:

> O profeta respondeu: "Não tenha medo. Aqueles que estão conosco são mais numerosos do que eles".
> E Eliseu orou: "Senhor, abre os olhos dele para que veja".
> Então o Senhor abriu os olhos do rapaz, que olhou e viu as colinas cheias de cavalos e carros de fogo ao redor de Eliseu (v. 16,17).

Paulo aborda com mais profundidade esse princípio nas cartas à igreja de Corinto: "Quem não tem o Espírito não aceita as coisas que vêm do Espírito de Deus, pois lhe são loucura; e não é capaz de entendê-las, porque elas são discernidas espiritualmente" (1Coríntios 2.14); "O deus desta era cegou o entendimento dos descrentes, para que não vejam a luz do evangelho da glória de Cristo, que é a imagem de Deus" (2Coríntios 4.4). As implicações da vida de Cristo ficarão perdidas para os cristãos sem a obra do Espírito Santo, que nos convence da condenação.

Para aqueles, porém, em quem o Espírito Santo habita, o chamado é para que sejam construtores do Reino e desempenhem um papel ativo na realização da visão de Deus. Com o trabalho de mentor, recrutamos novos parceiros no grande plano de redenção que Deus concebeu antes de os fundamentos do mundo serem estabelecidos. Arrebanhamos homens e mulheres a fim de que participem de uma visão que terá ramificações e conseqüências eternas. O coração humano anseia por participar de algo que continue vivo depois da morte.

Comunicando a visão no lar

Ter visão é uma coisa; outra bem diferente é comunicá-la, capacitando pessoas a adotá-la e internalizá-la. Os seguidores de Jesus foram comissionados a comunicar a visão da novidade de vida dentro de sua esfera de influência. O lugar óbvio para começar essa comunicação é em casa, com os filhos. Andy Stanley escreve:

> As visões mais importantes não são comunicadas por grandes oradores num palanque. São lançadas à beira da cama de nossos filhos. As maiores oportunidade que temos para comunicar a visão acontecem entre 19h30 e 21h30, de segunda a domingo. Nesse horário, quando o dia está acabando, temos a oportunidade singular de plantar as sementes daquilo que poderia e deveria existir. Aproveite cada uma das oportunidades que tiver.[5]

A passagem bíblica principal sobre a responsabilidade de criar um ambiente em que os filhos ouçam e adotem os ensinamentos e princípios das Escrituras é o grande *Shemá*[a] hebraico de Deuteronômio 6.4-9:

> Ouça, ó Israel: O SENHOR, o nosso Deus, é o único SENHOR. Ame o SENHOR, o seu Deus, de todo o seu coração, de toda a sua alma e de todas as suas forças. Que todas estas palavras que hoje lhe ordeno estejam em seu coração. Ensine-as com persistência a seus filhos. Converse sobre elas quando estiver sentado em casa, quando estiver andando pelo caminho, quando se deitar e quando se levantar. Amarre-as como um sinal nos braços e prenda-as na testa. Escreva-as nos batentes das portas de sua casa e em seus portões.

[a] Palavra hebraica traduzida por "ouça" [N. do T.].

Não é possível distribuir algo que não se possui. Por isso, é necessário, em primeiro lugar, que os pais conheçam e amem ao Senhor antes de se propor instilar a verdade no coração da geração seguinte. Somente os que amam ao Senhor se mostrarão eficientes em passar esse amor adiante.

Muitas crianças foram criadas por pais que não amavam a Deus de forma consistente. Havia uma grande disparidade entre o que diziam querer que seus filhos fizessem e a forma em que conduziam a própria vida, pais que podiam usar a frase clássica: "Faça o que eu digo, não o que eu faço". Há algo inerentemente errado nessa situação. A falta de integridade corrói a capacidade de comunicar a visão, e com isso as pessoas não são contagiadas. A comunicação envolve mais que palavras. Envolve *logos* (palavras e conceitos), *ethos* (comportamento e caráter) e *pathos* (paixão e simpatia). A comunicação clara é sustentada por aquilo que dizemos, fazemos e somos. É preciso haver integridade e harmonia para que nossa comunicação tenha crédito e seja convincente.

Muitos pais descobriram que é inútil tentar criar um filho com padrões morais que eles mesmos não adotam. É inútil, sem amar a Deus, tentar fazer com que as crianças lhe obedeçam, e é impossível ensiná-las a amar a Deus quando eles mesmos não amam.

A passagem de Deuteronômio também salienta o fato de que a visão é transmitida formal e informalmente. Nesses versículos, os pais recebem ordem de ensinar os mandamentos de Deus aos filhos com persistência, tanto em ambientes mais estruturados ("quando estiver sentado em casa", v. 7) quanto de maneiras mais espontâneas ("quando estiver andando pelo caminho", v. 7). Quem se empenha em conhecer a Deus começa a encarnar e a demonstrar na prática aquilo que pregam. Os princípios espirituais e morais são comunicados com mais eficácia no laboratório da vida, igualmente pelo caráter e pelas palavras. A verdade é proclamada com mais eficiência mediante a coerência entre as palavras e a ação.

A mensagem de Provérbios é que a sabedoria só pode ser encontrada quando procurada intencionalmente:

> Meu filho, se você aceitar
> as minhas palavras
> e guardar no coração
> os meus mandamentos;
> se der ouvidos à sabedoria
> e inclinar o coração para o discernimento;
> se clamar por entendimento
> e por discernimento gritar bem alto;
> se procurar a sabedoria
> como se procura a prata
> e buscá-la como quem busca
> um tesouro escondido,
> então você entenderá
> o que é temer o SENHOR
> e achará o conhecimento de Deus (Provérbios 2.1-5).

O motivo pelo qual o pai podia insistir em que o filho buscasse intensamente a sabedoria é que este já vira o pai fazer o mesmo. Os pais que tentam instruir os filhos no temor do Senhor sem temer ao Senhor são semelhantes ao que tentam descrever algo que nunca viram. Larry Crabb discorre acerca do poder e da importância de comunicar uma visão a alguém:

> O que aconteceria se tivéssemos uma visão uns dos outros, se pudéssemos ver a glória perdida em nós, nos nossos familiares, nos nossos amigos? Como reagiriam seus filhos ou filhas se percebessem que você estava arrebatado pela possibilidade de ver a glória deles restaurada, pela antevisão daquilo que eles viriam a ser — não pessoas bem-sucedidas, talentosas, atraentes ou ricas, mas boas, fortes e confiantes, plenamente vivas?

Quando as pessoas se conectam umas às outras com base no reflexo daquilo que são e do que poderão vir a ser; quando vemos nos outros aquilo que Jesus já começou a formar por baixo da nossa insegurança, do nosso medo e do nosso orgulho; quando desejamos mais que tudo ver essa sementinha de Jesus desenvolver-se e madurar, então algo é liberado dentro de nós com o poder de fortalecer ali a presença de Jesus. Esse poder é a vida de Cristo, levada até outra alma pela ponte da visão que temos dela, uma vida que toca a vida do outro com capacidade de cultivá-la. A visão dos outros ao mesmo tempo estende uma ponte sobre o abismo que separa duas almas e detona a liberação do poder que há dentro de nós.[6]

Projetando a visão de Deus

Quando Deus concedeu a Davi a visão acerca do templo de Jerusalém, o rei quis dar sua colaboração pessoal para transformar aquele sonho em realidade. O Senhor, porém, disse-lhe que a tarefa de construir o templo seria entregue a Salomão, filho e sucessor de Davi. O rei escolheu não olhar para si nem admitiu ficar sem ação. Em vez disso, energicamente se encarregou de uma nova tarefa — instilar no filho sua visão e paixão pelo templo, alistando seu apoio sem reservas:

> O rei Davi se pôs em pé e disse: "Escutem-me, meus irmãos e meu povo. Eu tinha no coração o propósito de construir um templo para nele colocar a arca da aliança do Senhor, o estrado dos pés de nosso Deus; fiz planos para construí-lo, mas Deus me disse: 'Você não construirá um templo em honra ao meu nome, pois você é um guerreiro e matou muita gente' [...].
>
> "Ele me disse: 'Seu filho Salomão é quem construirá o meu templo e os meus pátios, pois eu o escolhi para ser meu filho, e eu serei o pai dele. Firmarei para sempre o reino dele, se ele continuar a obedecer os meus mandamentos e as minhas ordenanças, como faz agora'.

"Por isso, agora declaro-lhes perante todo o Israel e a assembléia do Senhor, e diante dos ouvidos de nosso Deus: Tenham o cuidado de obedecer a todos os mandamentos do Senhor, o seu Deus, para que mantenham a posse dessa boa terra e a dêem por herança aos seus descendentes para sempre.

"E você, meu filho Salomão, reconheça o Deus de seu pai, e sirva-o de todo o coração e espontaneamente, pois o Senhor sonda todos os corações e conhece a motivação dos pensamentos. Se você o buscar, o encontrará, mas, se você o abandonar, ele o rejeitará para sempre. Veja que o Senhor o escolheu para construir um templo que sirva de santuário. Seja forte e mãos ao trabalho!"

Então Davi deu a seu filho Salomão a planta do pórtico do templo, dos seus edifícios, dos seus depósitos, dos andares superiores e suas salas, e do lugar do propiciatório. Entregou-lhe também as plantas de tudo o que o Espírito havia posto em seu coração acerca dos pátios do templo do Senhor e de todas as salas ao redor, acerca dos depósitos dos tesouros do templo de Deus e dos depósitos das dádivas sagradas. [...] Também lhe deu o desenho do carro dos querubins de ouro que, com suas asas estendidas, abrigam a arca da aliança do Senhor.

Disse Davi a Salomão: "Tudo isso a mão do Senhor me deu por escrito, e ele me deu entendimento para executar todos esses projetos."

E acrescentou: "Seja forte e corajoso! Mãos ao trabalho! Não tenha medo nem desanime, pois Deus, o Senhor, o meu Deus, está com você. Ele não o deixará nem o abandonará até que se termine toda a construção do templo do Senhor. As divisões dos sacerdotes e dos levitas estão definidas para todas as tarefas que se farão no templo de Deus, e você receberá ajuda de homens peritos em todo tipo de serviço. Os líderes e todo o povo obedecerão a todas as suas ordens" (1Crônicas 28.2,3,6-12,18-21).

Observe o procedimento de Davi. Em primeiro lugar, ele deixa claro que a visão vem de Deus (v. 2,3). Em segundo lugar, informa que o papel de Salomão será comandar a construção do templo (v. 6,7). Uma tarefa de tal magnitude exige devoção total ao Senhor e à obra — o esforço resultante de um compromisso pela metade não será suficiente para levá-la a termo (v. 8-10). Em terceiro lugar, Davi garante que a gigantesca tarefa será cumprida porque Deus capacitará Salomão a concluí-la (v. 6). Em quarto lugar, Davi passa ao filho informações suficientemente detalhadas sobre o templo, permitindo que Salomão o visualize (v. 11-19). Por fim, depois de projetar a visão, o rei ministra ao filho outra dose de encorajamento (v. 20,21).

Davi participou ativamente na preparação de seu sucessor. Ele passou o bastão para o filho, publicamente e na privacidade, depois de lhe comunicar a visão acerca do templo. Uma das tarefas mais importantes de um líder é transmitir a visão organizacional aos seus liderados.

Como é doce!

Steve sempre sonhou em ter o próprio negócio. Mais que isso, acreditava realmente no sonho de colocar computadores a preços acessíveis em cada casa e escritório. Ele acreditava de fato que isso iria revolucionar o mundo. Finalmente, tomou uma decisão e deu início à sua empresa de computadores. O único problema é que ele entendia de computadores, mas não sabia fazer negócios. Precisava do melhor executivo que pudesse conseguir, o que significava John Sculley, da Pepsi. De algum modo, Steve tinha de convencer Sculley a abandonar uma posição proeminente em uma das empresas mais prestigiadas e lucrativas do mundo para gerir uma empresa iniciante.

Não se sabe como, Steve conseguiu marcar um encontro com John Sculley, que ouviu pacientemente a apresentação daquele jovem e até mesmo permitiu que Steve marcasse outro encontro.

Finalmente, após várias reuniões, Sculley apresentou a Steve a situação real:

— Você precisaria me pagar um salário de um milhão de dólares, mais um milhão na assinatura do contrato e um milhão em caso de rescisão.

Steve ficou chocado. Ele não podia pagar nada que se aproximasse desses valores. Ainda assim, sua ousadia e paixão fizeram que as palavras saíssem de sua boca:

— Você terá isso. Mesmo que eu tenha de pagar do próprio bolso.

Sculley não se tornou o executivo principal de uma corporação multinacional por ser tolo. Ele reconhecia o blefe quando ouvia um e disse:

— Steve, adoraria atuar como conselheiro, mas não creio que possa ser seu executivo principal.

Steve abaixou a cabeça, respirou fundo e lançou um desafio que mexeu com os brios de Sculley. Olhando-o nos olhos, o jovem simplesmente perguntou:

— Você quer passar o resto da vida vendendo água açucarada ou quer uma chance de mudar o mundo?

John Sculley pediu demissão da Pepsi e aceitou a oferta de Steve Jobs para liderar a embrionária empresa de computadores — a Apple. E, juntos, eles de fato mudaram o mundo.[7]

Deus colocou dentro de nós um anseio por sermos importantes. No entanto pouco de nós de fato devotam a vida a grandes esforços. A mensagem do cristianismo nos diz que podemos participar de algo que vai além de nossa breve vida na terra. Ao passarmos a visão de Deus para a próxima geração do seu povo, podemos colocar um pé na eternidade.

8

Inovações

MUDAR É NORMAL

Vi uma charge no *The New Yorker* que mostrava um alto executivo encerrando sua apresentação aos membros do conselho consultivo com a seguinte frase: "E assim, embora o cenário do fim do mundo seja abundante em terrores inimagináveis, cremos que o período anterior ao fim estará repleto de oportunidades de lucro sem precedentes".[1] Isso parece captar o espírito de nosso tempo.

Muitos vivem pela mesma perspectiva do rei Ezequias. Depois de alertado pelo profeta Isaías de que, em virtude de seu orgulho e arrogância, sua riqueza e posteridade cairiam nas mãos dos babilônios, ele disse: "Boa é a palavra do SENHOR que anunciaste". Disse isso porque "entendeu que durante sua vida haveria paz e segurança" (2Reis 20.19). Ezequias só se preocupava com os fatos que diziam respeito à sua existência nesta terra. Não se preocupava com as dificuldades que outros teriam de enfrentar depois de sua partida. Muitas de nossas decisões em face das circunstâncias e com relação às financeiras demonstram a mesma atitude. O tempo que passamos na terra, no entanto, é quase nada em termos cósmicos. A. W. Tozer afirma, com razão:

Os dias dos anos de nossa vida são poucos e mais velozes que a lançadeira do tecelão. A vida é um ensaio curto e febril para um concerto para o qual não podemos ficar e tocar. Bem no momento em que parece que ganhamos alguma proficiência, somos forçados a deixar os instrumentos. Simplesmente não há tempo para pensar, vir a ser, desempenhar aquilo que a constituição de nossa natureza indica sermos capazes.[2]

Se não existe nada além da vida na terra, então nossa mortalidade é angustiante. A vida, porém, convida-nos a ver que existe algo além do constante movimento pendular entre a felicidade e o lamento. Não somos definidos pelo passado, e sim pelo futuro. Temos um destino, uma esperança e um futuro. O passado é finito, mas o futuro não tem amarras. O passado é fixo, mas a mudança duradoura é possível para quem está unido com o Deus que faz novas todas as coisas (Apocalipse 21.5). De fato, a mudança não é somente possível —, é a norma para os que vivem a vida com o senso de um chamado santo e com a determinação de seguir a Jesus aonde quer que ele nos leve.

JESUS, O AGENTE DA MUDANÇA

Numa conhecida história, o marido pergunta à mulher:

— Querida, por que você corta as pontas do assado antes de prepará-lo?

— Porque minha mãe fazia desse jeito — respondeu ela com um sorriso.

Curioso, o marido ligou para a sogra e fez a mesma pergunta. Quando ela deu uma resposta idêntica, ele ligou para a avó de sua mulher. No momento em que a anciã ouviu a pergunta, ela riu e disse:

— Não sei por que *elas* cortam as pontas do assado, mas eu fazia isso porque ele não cabia inteiro na minha assadeira.

Essa história ilustra como a maioria das práticas começa com um determinado propósito. Com o passar do tempo, no entanto, até mesmo a melhor das práticas pode perder sua utilidade. É necessário um líder sábio para saber a hora de fazer a mudança. É preciso ter percepção aguçada para reconhecer o momento de inovar. Jesus certamente compreendia o papel da mudança e repreendeu os que ficavam no caminho da inovação:

> Os discípulos de João e os fariseus estavam jejuando. Algumas pessoas vieram a Jesus e lhe perguntaram: "Por que os discípulos de João e os dos fariseus jejuam, mas os teus não?"
>
> Jesus respondeu: "Como podem os convidados do noivo jejuar enquanto este está com eles? Não podem, enquanto o têm consigo. Mas virão dias quando o noivo lhes será tirado; e nesse tempo jejuarão.
>
> "Ninguém põe remendo de pano novo em roupa velha, pois o remendo forçará a roupa, tornando pior o rasgo. E ninguém põe vinho novo em vasilha de couro velha; se o fizer, o vinho rebentará a vasilha, e tanto o vinho quanto a vasilha se estragarão. Ao contrário, põe-se vinho novo em vasilha de couro nova" (Marcos 2.18-22).

Os fariseus criticaram Jesus porque ele não obrigava os discípulos a jejuar. Jesus informou-os de que não viera ao mundo para adicionar regras e regulamentos ao judaísmo. Ele tinha algo inteiramente novo para transmitir e deixou claro para aqueles líderes religiosos que sua missão não era remendar um sistema antigo. Tal esforço seria tão tolo quanto colocar um remendo de tecido novo em pano velho ou colocar vinho novo em uma vasilha de couro velha: quando o remendo encolher, o tecido se rasgará; quando o vinho fermentar, a vasilha de couro irá se romper. As formas antigas do judaísmo jamais conseguiriam conter o espírito da mensagem de Jesus.

A mudança põe em xeque as categorias existentes. Para mudar, precisamos reordenar nosso processo de pensamento e enxergar as mesmas coisas de um modo diferente. A idéia de que o Messias sofreria, se comportaria como servo e teria uma existência humilde era inconcebível para o povo judeu antes da encarnação. Eles jamais teriam imaginado o Messias nascendo na obscuridade ou sendo executado como um criminoso. Esse conceito estava fora do alcance do pensamento deles. Jesus era um inovador, um agente de mudanças. E assim é todo líder eficiente.

Mudança em escala cósmica

De uma ou de outra forma, todos temos aversão à mudança, especialmente quando as coisas parecem andar razoavelmente bem. Mas servimos a um Deus que faz novas todas as coisas (Apocalipse 21.5). Deus não está interessado em preservar o *status quo*; seu compromisso é nada menos que inaugurar uma ordem de criação inteiramente nova. A encarnação de Deus Filho causou uma mudança radical que rompeu o *status quo* por toda a eternidade. Começa assim o evangelho de João:

> No princípio era aquele que é a Palavra. Ele estava com Deus, e era Deus. Ele estava com Deus no princípio.
> Todas as coisas foram feitas por intermédio dele; sem ele, nada do que existe teria sido feito. Nele estava a vida, e esta era a luz dos homens. A luz brilha nas trevas, e as trevas não a derrotaram.
> Surgiu um homem enviado por Deus, chamado João. Ele veio como testemunha, para testificar acerca da luz, a fim de que por meio dele todos os homens cressem. Ele próprio não

era a luz, mas veio como testemunha da luz. Estava chegando ao mundo a verdadeira luz, que ilumina todos os homens.

Aquele que é a Palavra estava no mundo, e o mundo foi feito por intermédio dele, mas o mundo não o reconheceu. Veio para o que era seu, mas os seus não o receberam. Contudo, aos que o receberam, aos que creram em seu nome, deu-lhes o direito de se tornarem filhos de Deus, os quais não nasceram por descendência natural, nem pela vontade da carne nem pela vontade de algum homem, mas nasceram de Deus.

Aquele que é a Palavra tornou-se carne e viveu entre nós. Vimos a sua glória, glória como do Unigênito vindo do Pai, cheio de graça e de verdade.

João dá testemunho dele. Ele exclama: "Este é aquele de quem eu falei: aquele que vem depois de mim é superior a mim, porque já existia antes de mim". Todos recebemos da sua plenitude, graça sobre graça. Pois a Lei foi dada por intermédio de Moisés; a graça e a verdade vieram por intermédio de Jesus Cristo. Ninguém jamais viu a Deus, mas o Deus Unigênito, que está junto do Pai, o tornou conhecido (João 1.1-18).

João deliberadamente inicia seu evangelho fazendo alusão às palavras de abertura do relato da Criação, em Gênesis 1. Na verdade, João se reporta a uma época anterior a Gênesis 1. Mesmo antes da Criação, Aquele que é a Palavra já existia. No momento em que tudo começou, a Palavra *era*. Mediante o mistério da encarnação, a Palavra adentrou o mundo que ele mesmo criou e tornou-se um de nós. Aquele que sempre existiu como Espírito tornou-se — agora e por toda a eternidade — o Deus-homem. Há um Homem no céu — Cristo, agora com seu corpo glorificado na ressurreição. E, em decorrência dessa mudança, ele nos tornou possível entrar na intimidade da comunhão com o próprio Deus. "Pai, quero que os que me deste estejam comigo onde eu estou e vejam a minha glória, a glória que me deste porque me amaste antes da criação do mundo" (João 17.24).

É significativo que o mundo que ele criou seja complexo e elegante — repleto de pistas a respeito do caráter e da natureza de seu Criador. Quanto mais aprendemos acerca da ordem criada, mais sofisticado parece ser o *Designer*. O magnífico *design* do sistema solar e das muitas galáxias que podemos observar não deixa dúvidas sobre quanto é criativo Aquele que os fez. Mas não precisamos limitar as observações ao telescópio. Se olharmos pelo microscópio, a mesma variedade e imaginação poderão ser verificadas. Desde o muito grande até o muito pequeno, o intricado *design* de Deus revela que ele é um Criador de inovação e diversidade impressionantes.

Assim, não é de surpreender que o mesmo Deus que infundiu na criação a mudança e a inovação seja inovador na hora de lidar com os seres humanos. O Dilúvio, o chamado de Abraão, a aliança mosaica, a nova aliança, a encarnação, a crucificação, a ressurreição, o dia de Pentecostes, a segunda vinda, os novos céus e a nova terra: tudo isso ilustra as inovações dramáticas e sem precedentes operadas por Deus.

O apóstolo Paulo, abordando esse tema, escreve:

> O amor de Cristo nos constrange, porque estamos convencidos de que um morreu por todos; logo, todos morreram. E ele morreu por todos para que aqueles que vivem já não vivam mais para si mesmos, mas para aquele que por eles morreu e ressuscitou.
>
> De modo que, de agora em diante, a ninguém mais consideramos do ponto de vista humano. Ainda que antes tenhamos considerado Cristo dessa forma, agora já não o consideramos assim. *Portanto, se alguém está em Cristo, é nova criação. As coisas antigas já passaram; eis que surgiram coisas novas!* Tudo isso provém de Deus, que nos reconciliou consigo mesmo por meio de Cristo e nos deu o ministério da reconciliação, ou seja, que Deus em Cristo estava reconci-

liando consigo o mundo, não levando em conta os pecados dos homens, e nos confiou a mensagem da reconciliação. Portanto, somos embaixadores de Cristo, como se Deus estivesse fazendo o seu apelo por nosso intermédio. Por amor a Cristo lhes suplicamos: Reconciliem-se com Deus. Deus tornou pecado por nós aquele que não tinha pecado, para que nele nos tornássemos justiça de Deus (2Coríntios 5.14-21; grifo do autor).

Eis a mais inventiva de todas as mentes, assumindo a forma e as limitações humanas. Ele fez isso para que pudéssemos desfrutar intimidade com ele. À medida que crescemos nele, somos transformados em verdadeiros seres humanos. Pelo seu poder transformador, tornamo-nos o povo que Deus pretendia que fôssemos.

James S. Steward, célebre pregador escocês e amigo do teólogo William Barclay, conta que havia em Florença um bloco de mármore maciço e informe que parecia adequado como matéria-prima para uma estátua colossal. Um escultor após outro tentou fazer algo com o bloco, sem sucesso. Eles o cortaram, entalharam, desbastaram e lascaram, até que a pedra ficou totalmente desfigurada e quase inaproveitável. Então alguém sugeriu que dessem uma chance a Michelangelo. Ele começou construindo uma casa em volta do bloco de mármore e, durante longos meses, ficou lá fechado, sem que ninguém soubesse o que estava fazendo. Então, certo dia, ele escancarou a porta e mandou todos entrarem. E ali, diante deles, em vez de um bloco de mármore sem forma e sem significado estava a magnífica estátua de Davi, uma das glórias do mundo. Cristo, da mesma forma, toma vidas derrotadas e desfiguradas e as molda outra vez, transformando-as na própria imagem de Deus.[3]

Nenhuma outra religião tem um conceito como esse. Em todos os outros sistemas religiosos, homens e mulheres têm a obrigação de salvar a si mesmos. Parafraseando Larry Hall, são abandonados para tentar se levantar do chão, puxando o próprio colarinho.[4] Só a Bíblia nos apresenta uma avaliação verdadeira da condição humana. É somente no cristianismo que enxergamos nossa grande dignidade e nossa grande depravação. Por vermos a nós mesmos de forma honesta e precisa, entendemos que Deus teve de se abaixar a fim de nos levantar. Luder Whitlock Jr., ex-presidente do Seminário Teológico Reformado, escreve:

> O evangelho oferece um escape da influência mortífera do pecado que asfixia a alegria da vida e a arremessa com violência contra o chão, produzindo uma desordem feia com os pedaços. Deus converte o cristão numa nova pessoa em Cristo. À medida que o Senhor refaz essa pessoa à sua imagem, concede-lhe uma nova capacidade de reformar a vida e transformar o mundo em algo belo, capaz de refletir a própria natureza de Deus. As dimensões inovadoras e as estéticas da vida encontram estimulação redentora, e a tendência corrosiva e destrutiva da influência pecaminosa gradualmente diminui, à medida que a maturidade espiritual aumenta. Como a Bíblia afirma, "tudo fez Deus formoso no seu devido tempo" [Eclesiastes 3.11, Almeida Revista e Atualizada]. Isso vale para a influência transformadora de Deus sobre os cristãos. A perfeição de Deus está vinculada à sua formosura. Por isso, à medida que o pecado e sua influência diminuem, a beleza divina é manifesta — ainda que de maneira imperfeita — em nós. A criatividade de Deus resultou não somente na criação de coisas novas, mas também de coisas belas. De forma semelhante, à medida que nos tornamos mais parecidos com Deus, tornamo-nos não somente inovadores ou criativos, mas desenvolvemos amor pela beleza e desejo de multiplicá-la.[5]

A doutrina bíblica da graça eleva sem inflar; torna-nos humildes sem nos aviltar. Podemos reparar, renovar e criar coisas que *parecem* novas, mas somente Deus consegue criar coisas novas.

A NECESSIDADE DE MUDANÇA

Mudança e inovação integram o crescimento biológico e espiritual. As Escrituras mantêm o foco mais no processo que no produto final, porque os cristãos estão em processo contínuo (quer resistamos, quer não), de modo a se tornarem o povo que Deus planejou. Sem mudança, o crescimento é impossível. Abrão aprendeu que é impossível ficar no lugar em que se está e, ao mesmo tempo, andar com Deus:

> Então o Senhor disse a Abrão: "Saia da sua terra, do meio dos seus parentes e da casa de seu pai, e vá para a terra que eu lhe mostrarei.
>
> "Farei de você um grande povo,
> e o abençoarei.
> Tornarei famoso o seu nome,
> e você será uma bênção.
> Abençoarei os que o abençoarem
> e amaldiçoarei os que o amaldiçoarem;
> e por meio de você
> todos os povos da terra
> serão abençoados" (Gênesis 12.1-3).

Abrão estava bem estabelecido em Ur dos caldeus quando Deus lhe ordenou que deixasse sua terra natal. Depois de permanecer algum tempo em Arã, seu pai, Terá, morreu, e o Senhor novamente instruiu Abrão a abandonar suas raízes. Dessa vez, Abrão estava com 75 anos de idade. Desde o Dilúvio, Deus estava trabalhando com as nações, de forma genérica, mas agora selecionava um homem cujos descendentes constituiriam uma nova nação, separada para ele. A aliança abraâmica tornou-se o veículo pelo qual Deus abençoaria "todos os povos da terra", já que o Messias viria da descendência de Abrão.

Abrão ia passando por enormes mudanças, após sucessivos encontros com Deus. E não se tratava de mera alteração de elementos externos ou de simples ajustes de atividades ou de horários. Deus requereu uma revisão completa na carreira, nos sonhos e no destino de Abrão e até mesmo lhe mudou o nome, de Abrão para Abraão, a fim de marcar a profundidade da mudança. Havia, porém, uma enorme lacuna entre o momento em que a promessa foi feita e a época em que ela se cumpriu. As semanas viraram meses, meses viraram anos e anos viraram décadas — e ainda assim Abraão e Sara não tinham filho.

Como Abraão reagiu? Muito simples: ele "creu no SENHOR" (Gênesis 15.6). Confiou em Deus, a despeito das evidências contrárias. E continuou a andar em obediência e pela fé. Então, quando parecia não haver mais solução, quando o patriarca reconheceu sua incapacidade de gerar sozinho um herdeiro, Deus lhe providenciou um filho.

Quando chama alguém, Deus exige dele confiança e obediência. Não é simplesmente um chamado para um novo *estilo* de vida, mas para um novo *tipo* de vida. Esse nível de despojamento, de mudança total, pode gerar estresse intenso. É ameaçador, amedrontador e difícil. Uma mudança dessa magnitude precisa estar profundamente arraigada em um núcleo sólido de valores.

Quando nós, na condição de líderes, ponderamos sobre a mudança, a primeira consideração precisa ser sobre as âncoras que dão estabilidade num ambiente mutável. Abraão acreditou no Senhor, e essa segurança permitiu que ele se esforçasse por uma transformação revolucionária. De forma semelhante, a vida cristã é um processo contínuo de mudança e de revolução interna, firmado na convicção de que esse processo está reformando quem dele participa, a fim de torná-lo mais parecido com Cristo.

Não devemos pensar que esse processo esteja livre de sofrimento. Deus nos propõe algo que vai de encontro à intuição: passar pelo meio do sofrimento e não ao largo dele. Normalmente, ele usa as experiências dolorosas da vida para nos moldar, para auxiliar no processo de transformação. Jim McGuiggan escreve:

> Quando afirmamos que o sofrimento e a morte podem ser redentores, não estamos afirmando que não são odiosos ou excruciantes; não estamos afirmando que os sofredores não experimentam a agonia. Não! Estamos expressando nossa fé em que Deus não permitirá que enfrentemos *nada* sem o privilégio de ele usar isso para nosso bem — no caso de dizermos sim à sua oferta. Ele não permitirá que o sofrimento fique sem um propósito, mas, com nossa permissão, fará com que seja o solo do qual brotarão coisas como compaixão, simpatia, coragem e serviço.[6]

Tomar o que Shakespeare chama "pedradas e flechadas do destino feroz"[7] e entrelaçá-las, formando uma bela tapeçaria, exige imaginação, criatividade e inovação em seu nível mais elevado. O Deus Criador promete redimir nosso sofrimento e nos refinar no processo.

Imagine a oportunidade que estamos tendo — passar toda a eternidade em comunhão ininterrupta com esse nível de inovação! O céu não será estático. Na presença divina, nada pode permanecer inerte. Com Deus, sempre haverá surpresas maravilhosas. A variedade que observamos na terra e no cosmo é mera sombra de como as coisas serão no céu. Quaisquer que sejam as aventuras que a vida nos reserve, quaisquer que sejam as alegrias e deleites que tenhamos aqui, elas empalidecerão quando comparadas às que experimentaremos no céu.

É por essa razão que Deus nos convida a passar por esse processo de refinamento, com a promessa de que ele estará na outra extremidade. Ele irá nos receber e nos dará as boas-vindas a um lugar que ultrapassa a mais desenfreada de nossas imaginações. O apóstolo Paulo conhecia essa verdade, por isso escreveu: "Considero que os nossos sofrimentos atuais não podem ser comparados com a glória que em nós será revelada" (Romanos 8.18).

Administrando a mudança

Mudar faz parte do plano de Deus para nós, mas ainda assim é difícil. E se mudar já é bastante difícil quando somos os únicos envolvidos, lembre-se de que o papel do líder é promover mudanças em pessoas e em organizações — isso é *realmente* difícil! Deus moldou alguns princípios poderosos de mudança organizacional quando determinou que a igreja de Jerusalém, exclusivamente judia, acolhesse os gentios. Lucas conta a história:

> No dia seguinte, por volta do meio-dia, enquanto eles [os servos de Cornélio] viajavam e se aproximavam da cidade, Pedro subiu ao terraço para orar. Tendo fome, queria comer; enquanto a refeição estava sendo preparada, caiu em êxtase. Viu o céu aberto e algo semelhante a um grande lençol que descia à terra, preso pelas quatro pontas, contendo toda espécie de quadrúpedes, bem como de répteis da terra e aves do céu. Então uma voz lhe disse: "Levante-se, Pedro; mate e coma".
>
> Mas Pedro respondeu: "De modo nenhum, Senhor! Jamais comi algo impuro ou imundo!"
>
> A voz lhe falou segunda vez: "Não chame impuro ao que Deus purificou".
>
> Isso aconteceu três vezes, e em seguida o lençol foi recolhido ao céu.
>
> Enquanto Pedro estava refletindo no significado da visão, os homens enviados por Cornélio descobriram onde era a casa de Simão e chegaram à porta. Chamando, perguntaram se ali estava hospedado Simão, conhecido como Pedro.
>
> Enquanto Pedro ainda estava pensando na visão, o Espírito lhe disse: "Simão, três homens estão procurando por você. Por-

tanto, levante-se e desça. Não hesite em ir com eles, pois eu os enviei".

Pedro desceu e disse aos homens: "Eu sou quem vocês estão procurando. Por que motivo vieram?"

Os homens responderam: "Viemos da parte do centurião Cornélio. Ele é um homem justo e temente a Deus, respeitado por todo o povo judeu. Um santo anjo lhe disse que o chamasse à sua casa, para que ele ouça o que você tem para dizer". Pedro os convidou a entrar e os hospedou.

No dia seguinte Pedro partiu com eles, e alguns dos irmãos de Jope o acompanharam. No outro dia chegaram a Cesaréia. Cornélio os esperava com seus parentes e amigos mais íntimos que tinha convidado. Quando Pedro ia entrando na casa, Cornélio dirigiu-se a ele e prostrou-se aos seus pés, adorando-o. Mas Pedro o fez levantar-se, dizendo: "Levante-se, eu sou homem como você".

Conversando com ele, Pedro entrou e encontrou ali reunidas muitas pessoas e lhes disse: "Vocês sabem muito bem que é contra a nossa lei um judeu associar-se a um gentio ou mesmo visitá-lo. Mas Deus me mostrou que eu não deveria chamar impuro ou imundo a homem nenhum. [...] Agora percebo verdadeiramente que Deus não trata as pessoas com parcialidade, mas de todas as nações aceita todo aquele que o teme e faz o que é justo" (Atos 10.9-28,34,35).

A mudança é inerente à liderança. A tremenda inversão de valores descrita nessa passagem mostra como Deus levou Pedro a deixar de se opor à mudança para tornar-se seu grande proponente. Observe os sete princípios que encontramos no texto:

- Deus começou por onde Pedro estava, lidou com seus valores e convicções (v. 9-16). O inovador sábio dedica tempo entendendo as pessoas que precisam adaptar-se à mudança, demonstrando que não violará seus valores e convicções (v. 15).

- Deus permitiu que Pedro fizesse objeções à idéia (v. 14,15). Se não considerar os argumentos contrários de forma direta e honesta, é possível que o líder passe a perceber as preocupações como antagonismo.

- Deus concedeu a Pedro tempo para ponderar a respeito daquela resistência (v. 16,17). A adaptação à mudança leva tempo, e o líder sábio concede às pessoas o tempo necessário para analisarem as próprias restrições.

- Deus permitiu que Pedro observasse a mudança em circunstâncias restritas antes de sugerir a reforma mais ampla. Ele permitiu que Pedro "sentisse o gosto" da mudança em circunstâncias controladas (v. 18-23). O líder eficiente permite que seus liderados tenham alguma experiência com o processo de mudança a fim de que possam ter uma idéia de seus efeitos.

- Deus viu que a proposta de mudança estava bem preparada (v. 1-7,19-23,30-33), antecipando-se às perguntas de Pedro e apresentando evidências em apoio às respostas. No momento de introduzir a mudança, o líder sábio estará bem preparado para responder às perguntas que possam surgir.

- Deus não pediu que Pedro "mudasse": ele o convidou a participar do aperfeiçoamento daquilo que o apóstolo amava. Pedro rapidamente enxergou a vantagem do novo em relação ao antigo (v. 34). Logo no início do processo, Deus demonstrou os benefícios que o "novo" produziria (v. 44-46). Abandonar o conforto do *status quo* pode causar apreensão, e o líder compreensivo ajudará seus liderados a reconhecer as melhoras que a mudança trará.

- Deus convenceu um líder estratégico e permitiu que o próprio líder propusesse a mudança (Atos 11.1-18). É mais fácil trabalhar com o indivíduo que com o grupo. Algumas mudanças precisam do apoio de alguns líderes estratégicos, que ajudarão os outros a se acomodarem às novas circunstâncias.

MUDAR E PERMANECER O MESMO — AO MESMO TEMPO?

É importante mudar. Também é importante apegar-se aos valores centrais. Pedro experimentou essa tensão, e Deus facilitou a mudança sem que o apóstolo tivesse de abandonar esses valores. James C. Collins e Jerry I. Porras explicam a importância da mudança e dos valores centrais para um líder. Eles observam que, uma vez identificada a ideologia central de uma companhia visionária, ela a preserva quase religiosamente — mudando-a raramente, quando muda. E concluem:

> Os valores centrais de uma companhia visionária formam uma fundação sólida como a rocha e não ficam à deriva das tendências e modismos. Em alguns casos, os valores centrais permanecem intactos por mais de cem anos [...]. No entanto, embora mantendo com firmeza sua ideologia central, as companhias visionárias demonstram um desejo poderoso pelo progresso, que lhes permite mudar e se adaptar sem comprometer seus acalentados ideais.[8]

Os autores demonstram com clareza que líderes capazes, que reconhecem seus valores centrais, podem mudar práticas e procedimentos, capacitando assim sua organização a avançar.

Atos 16 é o registro de parte das viagens missionárias de Paulo. Seu planejamento não era descuidado, mas ele permanecia aberto à liderança do Senhor:

Paulo e seus companheiros viajaram pela região da Frígia e da Galácia, tendo sido impedidos pelo Espírito Santo de pregar a palavra na província da Ásia. Quando chegaram à fronteira da Mísia, tentaram entrar na Bitínia, mas o Espírito de Jesus os impediu. Então, contornaram a Mísia e desceram a Trôade. Durante a noite Paulo teve uma visão, na qual um homem da Macedônia estava em pé e lhe suplicava: "Passe à Macedônia e ajude-nos". Depois que Paulo teve essa visão, preparamo-nos imediatamente para partir para a Macedônia, concluindo que Deus nos tinha chamado para lhes pregar o evangelho (Atos 16.6-10).

Paulo traçava itinerários e se orientava por mapas. Usando uma expressão moderna, diríamos que ao lado de sua carruagem estava escrito "Bitínia ou nada". Mas Deus mudou esse lema imaginário para "Macedônia ou nada!". Mudança — direção nova. O valor central de Paulo, contudo, não era a Bitínia: era cumprir o desejo de Deus e expandir o Reino. Pelo fato de não confundir desejo (ir para a Bitínia) com valor central (seguir o chamado de Deus), o apóstolo com entusiasmo navegou "diretamente para Samotrácia" (v. 11). A exemplo de Paulo, todo líder santo precisa saber conservar os valores centrais ao mesmo tempo em que promove as mudanças necessárias ao avanço de sua causa.

Leonard Sweet, deão do seminário teológico e vice-presidente da Universidade Drew em Madison, New Jersey, já escreveu inúmeros textos para líderes de igreja a respeito da necessidade de distinguir conteúdo e recipientes. Ele escreve:

> A água é um líquido que toma a forma de qualquer receptáculo. Desde que tenha boa procedência e não adulteremos a receita — não a diluamos, engrossemos ou separemos seus componentes —, o conteúdo pode manter-se o mesmo enquanto os recipientes mudam [...]. Sou praticamente um fundamentalista

quanto ao conteúdo. Sou praticamente um libertário a respeito de recipientes. Somente em Jesus, o Cristo, recipiente e conteúdo são a mesma coisa. Os comentários de Jesus a respeito do vinho novo em odres velhos lembram-nos de que não podemos idolatrar nenhuma forma ou recipiente. É preciso não elevar a forma eclesiástica ao nível de autoridade ou primazia que pertence unicamente ao conteúdo [...]. Este é o mistério do evangelho: é sempre o mesmo (conteúdo) e está sempre mudando (recipientes). De fato, para que o evangelho permaneça o mesmo, ele tem de mudar [...]. Realmente, uma das formas de saber que antigas verdades são verdadeiras é a capacidade que têm de assumir formas surpreendentes e pouco familiares ao mesmo tempo em que permanecem as mesmas, sem comprometer sua integridade.[9]

Um conhecido hino diz: "Deus é a fonte de onde fluem dez mil bênçãos". Deus é uma fonte. Gregório de Nissa valeu-se desse imaginário quando escreveu:

> Se por acaso alguém estivesse próximo à fonte que as Escrituras afirmam ter surgido da terra no início da criação [...], teria se aproximado dela, se maravilhado com as infindas correntes de água transbordantes e borbulhantes. Nunca poderia afirmar ter visto toda a água [...]. Da mesma forma, a pessoa, olhando para a beleza divina, invisível, sempre a redescobrirá, já que a verá como algo mais novo e mais maravilhoso, em comparação com o que já conhecia.[10]

A fonte não sai do lugar, no entanto se move, constante e sempre mudando, calma e feroz. Dá boas-vindas e adverte. Sobe e desce, entra e sai, tudo ao mesmo tempo. É água, mas não da forma em que a maioria de nós costuma pensar a respeito da água. É ao mesmo tempo inovadora e fidedigna, exatamente como Deus, exatamente como os líderes santos.

9

Tomada de decisões

PARA DECIDIR, É NECESSÁRIO PENSAR CORRETAMENTE

Há uma cena instigante no clássico infantil de Lewis Carroll, *Alice no país das maravilhas*. Alice depara com uma encruzilhada e pergunta ao Gato de Cheshire qual direção deve tomar.

— Isso depende muito de para onde você quer ir — respondeu o Gato.

— Não me importo muito para onde... — retrucou Alice.

— Então não importa o caminho que você escolha — replicou o Gato.[1]

A vida está repleta de decisões, muitas das quais sequer alcançam o nível da consciência. "Que meias devo usar? A camisa deve ser abotoada de cima para baixo ou de baixo para cima? Em que pista trafegar?". A maioria dessas decisões são fruto do hábito.

No entanto, há decisões a respeito das quais precisamos de algum tempo para refletir: "Qual a melhor pedida para o almoço? Qual recado da secretária eletrônica deve ser respondido em primeiro lugar? O corte de cabelo pode esperar até a semana que vem?". Tais decisões podem parecer insignificantes, mas, tomadas em conjunto, formam o tecido da vida diária.

Há também decisões que mudam nossa vida e que nos colocam em conflito. "Qual a carreira que melhor se harmoniza com minhas habilidades e meu chamado? Devo me casar ou continuo solteiro? Qual igreja oferece a melhor oportunidade para eu crescer ministerialmente?". Essas escolhas normalmente são difíceis e merecem que reflitamos a respeito delas por um tempo maior.

Normalmente, utilizamos o mesmo processo para decidir assuntos menos importantes e para chegar a decisões cujas conseqüências são mais abrangentes. Por isso, cabe a pergunta: como escolher sabiamente e que critérios usar na escolha do melhor plano de ação? Obviamente, coletar informações e analisar com cuidado as opções é essencial. Além disso, precisamos de sabedoria e clareza de pensamento a fim de tomar decisões prudentes, com base nos fatos disponíveis e na compreensão que temos a respeito da vontade de Deus.

Muitas escolhas ruins são feitas simplesmente porque avançamos de forma precipitada no processo decisório, fundamentando as conclusões nas emoções, em informações imprecisas ou em impulsos. Não se pode ignorar totalmente as "reações viscerais", mas basear todas as compras, por exemplo, em sentimentos causará ao comprador muito remorso. O extremo oposto seria automaticamente eliminar quaisquer fatores emocionais para chegar a uma decisão. Devemos permitir que a sensação interna de condenação sirva como uma "bandeira vermelha", mas sem cairmos na "paralisia analítica" no momento de determinar o passo seguinte.

A complexidade do tema mostra como é importante não tomar decisões no vácuo. Especialmente nas questões mais importantes, é sábio buscar conselhos e consultar pessoas experientes e santas. O único fundamento para decisões verdadeiramente boas é pensar corretamente. Esse tipo de sabedoria vem do alto e chega até nós por quatro vias principais — a Palavra de Deus, o Espírito de Deus, a providência de Deus e o povo de Deus. Em outras palavras, para assegurar bons hábitos decisórios precisamos ter a mente sempre renovada pela Palavra de Deus. Precisamos também andar no mesmo passo do Espírito de Deus, atentando para a inspiração e a orientação provenientes dele. Precisamos ainda observar com cuidado e entender como Deus trabalha providencialmente na situação em que nos encontramos. E precisamos viver em comunidade com outros cristãos fiéis.

O PODER DA ORAÇÃO

Deus é soberano — às vezes, inescrutavelmente soberano. Assim, em que sentido podemos afirmar que o Senhor soberano — Aquele que transcende todos os limites imagináveis e que conhece todas as coisas — toma decisões? Em seu plano atemporal, Deus concebeu todos os cenários possíveis e pensou em cada possível contingência. Nunca existiu nenhum evento que tenha surpreendido Deus, e nunca existirá.

Há grande conforto em saber disso, porque passamos a perceber que, na qualidade de criaturas imperfeitas vivendo num mundo imperfeito, jamais conseguiremos de fato decepcionar Deus. Podemos causar-lhe angústia, mas não podemos nos opor a ele nem frustrá-lo. A despeito da aparência que o mundo tem para nós, em decorrência da soberania e sabedoria supremas de Deus, o mundo está exatamente do jeito que ele sabia que estaria, e estamos perfeitamente em dia no desdobrar de seu plano que nos conduz ao melhor dos mundos possíveis. Deus incorporou ao seu projeto até mesmo as decisões tolas e pecaminosas de seu povo. As coisas planejadas para causar o mal e para propósitos nocivos, Deus as usa benevolentemente para realizar seus intentos no mundo (Gênesis 50.20). Por ser onisciente, seu plano não está fundamentado nas aparências, e sim nas conseqüências. Por ser onipotente, ele tem plena capacidade de realizar aquilo a que se propôs. Por ser onipresente, o domínio que exerce abrange continuamente a ordem criada. Por não estar limitado nem ao espaço nem ao tempo, ele enxerga todas as coisas da perspectiva de um *agora* eterno — um momento em particular para nós pode ser uma eternidade para Deus, mas toda a duração do cosmo pode ser um instante para ele (2Pedro 3.8).

Embora o Senhor nosso Deus esteja entronizado nas alturas, ele "se inclina para contemplar o que acontece nos céus e na terra" (Salmos 113.6). Ele é transcendente e majestoso, mas também imanente, atencioso e compassivo. Embora seja todo-poderoso, conheça todas as coisas e esteja sempre presente, as Escrituras descrevem a interação muito real que Deus mantém com seu povo, no tempo e no espaço terrestres, e afirmam que nossas orações fazem diferença na consecução dos propósitos divinos. Philip Yancey escreve:

> Deus não é um poder indistinto que vive em algum lugar do céu, não é uma abstração como os gregos propuseram, não é um super-homem sensual como o que os romanos adoravam e, com certeza, não é o relojoeiro ausente dos deístas. Deus é *pessoal*. Ele entra na vida das pessoas, vira famílias de cabeça para baixo, aparece em lugares inesperados, escolhe líderes com poucas probabilidades de sucesso, chama as pessoas a prestar contas. Acima de tudo, Deus ama.[2]

Deus não é homem para mudar de opinião (1Samuel 15.29). Entretanto, a Bíblia não se exime de atribuir emoções a ele. Ninguém expressa esse fato com mais eloquência que o teólogo judeu Abraham Heschel:

> Para o profeta, Deus não se revela num absolutismo abstrato, mas na relação pessoal e íntima com o mundo. Ele não ordena simplesmente e fica esperando obediência; ele também se comove, é afetado por aquilo que acontece no mundo, reagindo

de acordo com isso. Acontecimentos e ações humanas suscitam nele alegria ou pesar, prazer ou ira [...]. Os feitos dos homens podem comovê-lo, afetá-lo, afligi-lo, como também alegrá-lo e agradá-lo.

O Deus de Israel é um Deus que ama, um Deus que é conhecido do ser humano e que com ele se preocupa. Não apenas governa o mundo na majestade de sua força e sabedoria, mas reage em seu íntimo aos acontecimentos da história.[3]

Evidentemente, antes de ser o Deus de Israel, ele foi o Deus de Abraão. A história da intercessão de Abraão a favor dos poucos justos de Sodoma ilustra a verdade bíblica de que Deus misteriosamente incorpora nossas orações ao seu plano eterno. A intercessão de Abraão teve como fundamento a justiça inabalável do Soberano do mundo:

> Disse-lhe [...] o SENHOR: "As acusações contra Sodoma e Gomorra são tantas e o seu pecado é tão grave que descerei para ver se o que eles têm feito corresponde ao que tenho ouvido. Se não, eu saberei".
>
> Os homens partiram dali e foram para Sodoma, mas Abraão permaneceu diante do SENHOR. Abraão aproximou-se dele e disse: "Exterminarás o justo com o ímpio? E se houver cinqüenta justos na cidade? Ainda a destruirás e não pouparás o lugar por amor aos cinqüenta justos que nele estão? Longe de ti fazer tal coisa: matar o justo com o ímpio, tratando o justo e o ímpio da mesma maneira. Longe de ti! Não agirá com justiça o Juiz de toda a terra?"
>
> Respondeu o SENHOR: "Se eu encontrar cinqüenta justos em Sodoma, pouparei a cidade toda por amor a eles".
>
> Mas Abraão tornou a falar: "Sei que já fui muito ousado ao ponto de falar ao Senhor, eu que não passo de pó e cinza. Ainda assim pergunto: E se faltarem cinco para completar os cinqüenta justos? Destruirás a cidade por causa dos cinco?"

Disse ele: "Se encontrar ali quarenta e cinco, não a destruirei".

"E se encontrares apenas quarenta?", insistiu Abraão.

Ele respondeu: "Por amor aos quarenta não a destruirei".

Então continuou ele: "Não te ires, Senhor, mas permite-me falar. E se apenas trinta forem encontrados ali?"

Ele respondeu: "Se encontrar trinta, não a destruirei".

Prosseguiu Abraão: "Agora que já fui tão ousado falando ao Senhor, pergunto: E se apenas vinte forem encontrados ali?"

Ele respondeu: "Por amor aos vinte não a destruirei".

Então Abraão disse ainda: "Não te ires, Senhor, mas permite-me falar só mais uma vez. E se apenas dez forem encontrados?"

Ele respondeu: "Por amor aos dez não a destruirei".

Tendo acabado de falar com Abraão, o Senhor partiu, e Abraão voltou para casa (Gênesis 18.20-33).

Teólogos de diversas tradições encontram no papel importante da oração um ponto em comum. Atribui-se a John Wesley a seguinte frase: "Deus não fará nada nos assuntos humanos senão em resposta à oração sincera". João Calvino afirmou que a providência de Deus não exclui o exercício da fé humana. Embora Deus não durma nem cochile, "ele fica inativo, como se nos esquecesse, quando nos vê ociosos e emudecidos",[4] diz o reformador. Jack Hayford afirma:

> Eu e você podemos ajudar na decisão sobre qual de duas coisas — bênção ou maldição — acontece na terra. Determinaremos se a bondade de Deus é liberada em situações específicas ou se o poder do pecado e de Satanás terão permissão para prevalecer. A oração é o fator determinante.[5]

Como Walter Wink gosta de declarar: "A história pertence aos intercessores".[6]

A Bíblia usa uma linguagem que atribui forma ou atributos humanos a Deus, e, como resultado, temos a impressão de que ele muda de opinião à luz de novas informações. Se isso fosse verdade no sentido absoluto, então algumas das decisões de Deus seriam inicialmente equivocadas ou baseadas em informações incompletas, necessitando de revisão. Com base no caráter perfeito de Deus, sabemos que isso não é possível. Por isso, podemos deduzir que essas passagens nos apresentam uma perspectiva relativa de Deus, e não absoluta, cujo propósito é enfatizar a dignidade das escolhas feitas pelos seres humanos e sua interação com ele.

HOMENS DE ISSACAR

Cada ser humano já tomou pelo menos uma decisão infeliz. A maioria de nós possui um catálogo de decisões erradas. Costumamos revisitá-lo de tempos em tempos, imaginando como as coisas seriam se tivéssemos escolhido com sabedoria. Dante Gabriel Rossetti, pintor e poeta inglês do século XIX, tinha como objeto quase exclusivo de seu trabalho a bela esposa Elizabeth. Ele sentiu-se dilacerado pela aflição quando ela se matou, dois anos após o casamento. Rossetti colocou todos os seus poemas no caixão e enterrou-os com ela. Anos depois, quando seu luto havia cessado, ele começou a se perguntar se a melhor parte de sua poesia deveria permanecer debaixo da terra. Com muito esforço, convenceu as autoridades a reabrir o caixão e recuperar os poemas, que foram publicados em 1870 e aclamados como suas obras mais grandiosas.

Diferentemente de Rossetti, é raro termos a oportunidade de desfazer escolhas insensatas. Tomamos decisões todos os dias, e os padrões estabelecidos por decisões pequenas moldam o curso de decisões maiores.

Em 1Crônicas 12.32, encontramos dois requisitos para a tomada de boas decisões: "... da tribo de Issacar, 200 chefes que sabiam como Israel deveria agir em qualquer circunstância". Essa pequena pepita está incrustada numa lista de voluntários que se apresentaram para servir Davi e apoiavam sua unção como rei sobre todo o Israel. A descrição desses homens singulares salienta dois componentes da tomada eficiente de decisões: consciência e resolução. Boas decisões requerem informação adequada e análise cuidadosa de todos os fatos relevantes. Embora haja espaço para a espontaneidade, em geral as decisões importantes não devem ser tomadas às pressas, pois exigem tempo para serem gestadas. Uma vez tomadas, porém, devem ser comunicadas e implementadas resolutamente. À semelhança dos homens de Issacar, precisamos, na condição de líderes, entender os tempos e estar conscientes do clima cultural dentro do qual vivemos e trabalhamos, para que nossa atuação seja transformadora, em vez de ser conformista.

Em 1982, o papa João Paulo II estabeleceu o Pontifício Conselho para a Cultura porque estava convicto de que "o destino do mundo" depende do "diálogo da Igreja com as culturas de nosso tempo". Admitindo que a teologia precisa ser contextualizada, João Paulo insistia em que "a síntese entre a cultura e a fé não é somente uma demanda da cultura, mas também da fé. Uma fé que não se transforma em cultura é uma fé que não foi plenamente recebida, não foi examinada em toda sua abrangência, não foi vivenciada".[7] Não devemos ficar amarrados à cultura: devemos, isto sim, transcendê-la e transformá-la.

O velho ditado é verdadeiro: há sempre dois lados em toda questão, mas também há dois lados no papel mata-moscas. Faz muita diferença para a mosca o lado que ela escolhe. No fim de cada dia, todos tivemos de fazer escolhas e, tendo-as feito, precisaremos conviver com elas. Determinar um curso de ação era a dificuldade de Hamlet, como fica evidente em suas falas no famoso discurso "Ser ou não ser":

E assim o matiz natural da decisão
Se transforma no doentio pálido do pensamento.
E empreitadas de vigor e coragem,
Refletidas demais, saem de seu caminho,
Perdem o nome de ação.

— *Hamlet,* ato 3, cena 1

O jovem príncipe da Dinamarca está dizendo que costuma pender para um lado e para outro. Ele flutua entre duas opções e não consegue se decidir por um curso de ação. E, por não fazer uma escolha, acaba fazendo uma escolha muito ruim. Em qualquer área, é certo que nenhuma decisão nos leva a manter o *status quo,* a nos esquivar à oportunidade de crescimento, a diminuir a nós mesmos ou a apagar a imagem de Deus em nós.

Decidindo com sabedoria

Boas decisões requerem um preciso processamento de informações. A tecnologia tornou relativamente fácil a coleta de informações. Os computadores trituram os dados e os entregam em pedaços digeríveis, mas a mente humana ainda precisa analisá-los e tomar decisões com base neles. Salomão, sabendo que os líderes precisam tomar decisões acertadas, insiste em que persigam a sabedoria e a disciplina mental, a fim de que entendam palavras de discernimento:

Estes são os provérbios de Salomão, filho de Davi, rei de Israel.

Eles ajudarão a experimentar
a sabedoria e a disciplina;
a compreender as palavras
que dão entendimento;
a viver com disciplina e sensatez,

> fazendo o que é justo, direito e correto;
> ajudarão a dar prudência
> aos inexperientes
> e conhecimento e bom senso aos jovens.
> Se o sábio lhes der ouvidos,
> aumentará seu conhecimento,
> e quem tem discernimento
> obterá orientação
> para compreender provérbios e parábolas,
> ditados e enigmas dos sábios (Provérbios 1.1-6).

Numa época em que a tecnologia computadorizada nos ajuda a reunir e analisar quantidades formidáveis de dados, as vigorosas gotículas de sabedoria encontradas no antigo livro de Provérbios revelam-se mais importantes do que nunca. Na condição de pessoas que tomam decisões, precisamos entender de questões complicadas, mas também precisamos da perspectiva divina para determinar um curso de ação. O livro de Provérbios nos ajuda a fazer exatamente isso.

Na qualidade de líderes, precisamos desenvolver um caráter disciplinado e prudente para fazer o que é correto, justo e honesto. O atrito surge quando não sabemos o que é correto, justo e honesto — ou quando as decisões concebíveis nos parecem injustas, erradas e desonestas. Por isso, Salomão adverte: o simplório precisa de prudência. O jovem precisa de conhecimento e de discrição. De fato, todos precisamos fomentar o aprendizado e buscar orientação diariamente.

Provérbios não é um manual para tomada de decisões, mas esse livro recheado de sabedoria é uma dádiva divina que nos ajuda a tomar as melhores decisões possíveis. Os versos introdutórios afirmam que os provérbios que se seguem nos ajudarão a desenvolver a agudeza mental necessária para processar informações complexas. Embora a tecnologia nos ajude a coletar e manipular informações, ainda assim precisamos ter mente penetrante, aplicar lógica sólida e discernimento aguçado às informações e tomar boas decisões. Sobre esse assunto, Bill Hybels escreve:

> O julgamento humano sempre é limitado e, às vezes, equivocado. Por vezes, a melhor noção que temos sobre o que deve ser dito ou feito é imprudente, perigosa ou até mesmo destrutiva. Quando chega a hora de decisões cruciais na vida, quase sempre precisamos de um discernimento mais aprofundado e de uma perspectiva mais abrangente que aquela que a mera sabedoria humana pode nos oferecer.
>
> Precisamos desesperadamente da mente de Deus nas questões mais sérias da vida. É o que ele nos oferece nos ensinamentos da Palavra e na orientação interior do Espírito. Nossa tarefa não é questionar nem pressupor que somos mais espertos [...] e sim confiar que Deus é mais inteligente e sabe fazer a vida funcionar. Uma regra espiritual, genérica e útil pode ser: "Quando estiver em dúvida, sempre, sempre, sempre confie na sabedoria do Senhor".[8]

Os provérbios ajudam-nos a alcançar esse objetivo de forma santa. Eles afiam a mente e revelam o discernimento de Deus, assegurando que nossas decisões estão em sincronia com a perspectiva eterna.

O perigo de excluir Deus

Nenhuma decisão é sábia, se tomada independentemente de Deus. Em Josué 9, o povo de Israel tomou uma decisão desastrosa por não haver incluído o Senhor em seus planos. Como resultado, tiveram de conviver com as conseqüências de uma decisão que Deus não aprovou:

> E souberam disso [das vitórias de Israel] todos os reis que viviam a oeste do Jordão, nas montanhas, na Sefelá e em todo

o litoral do mar Grande, até o Líbano. Eram os reis dos hititas, dos amorreus, dos cananeus, dos ferezeus, dos heveus e dos jebuseus. Eles se ajuntaram para guerrear contra Josué e contra Israel.

Contudo, quando os habitantes de Gibeom souberam o que Josué tinha feito com Jericó e Ai, recorreram a um ardil. Enviaram uma delegação, trazendo jumentos carregados de sacos gastos e vasilhas de couro velhas, rachadas e remendadas. Os homens calçavam sandálias gastas e remendadas e vestiam roupas velhas. Todos os pães do suprimento deles estavam secos e esmigalhados. Foram a Josué, no acampamento de Gilgal, e disseram a ele e aos homens de Israel: "Viemos de uma terra distante. Queremos que façam um acordo conosco".

Os israelitas disseram aos heveus: "Talvez vocês vivam perto de nós. Como poderemos fazer um acordo com vocês?"

"Somos seus servos", disseram a Josué.

Josué, porém, perguntou: "Quem são vocês? De onde vocês vêm?"

Eles responderam: "Seus servos vieram de uma terra muito distante por causa da fama do SENHOR, o seu Deus. Pois ouvimos falar dele, de tudo o que fez no Egito, e de tudo o que fez aos dois reis dos amorreus a leste do Jordão: Seom, rei de Hesbom, e Ogue, rei de Basã, que reinava em Asterote. E os nossos líderes e todos os habitantes da nossa terra nos disseram: 'Juntem provisões para a viagem, vão encontrar-se com eles e digam-lhes: Somos seus servos, façam um acordo conosco'. Este nosso pão estava quente quando o embrulhamos em casa no dia em que saímos de viagem para cá. Mas vejam como agora está seco e esmigalhado. Estas vasilhas de couro que enchemos de vinho eram novas, mas agora estão rachadas. E as nossas roupas e sandálias estão gastas por causa da longa viagem".

Os israelitas examinaram as provisões dos heveus, *mas não consultaram o SENHOR*. Então Josué fez um acordo de paz com eles, garantindo poupar-lhes a vida, e os líderes da comunidade o confirmaram com juramento (Josué 9.1-15).

Os israelitas coletaram os dados (v. 7-14), mas no processo deixaram de lado um passo crucial: "Não consultaram o SENHOR" (v. 14). Muitos anos depois, Tiago, ao discorrer sobre essa questão, escreve: "[Vocês] deveriam dizer: 'Se o Senhor quiser, viveremos e faremos isto ou aquilo' " (Tiago 4.15).

Haddon Robinson faz o seguinte comentário às palavras de Tiago:

> Tiago não é contra fazer planos [...], ele não está fazendo pouco caso de cronogramas nem argumentando contra os compromissos [...], Tiago está nos advertindo para o fato de que nossa liberdade de planejar não é uma licença para se livrar de Deus. Chegar a tal conclusão seria arrogância. [...] A frase "se o Senhor quiser" deve contagiar nosso pensamento. Deve ser um elemento-chave em nosso vocabulário.[9]

Nesse caso, Josué deixou de consultar a Deus e, portanto, tomou uma decisão ruim. Como resultado, ele e o povo foram obrigados a se manter fiéis ao compromisso com os gibeonitas — um compromisso que impediu Israel de conquistar Canaã totalmente. Embora Josué tenha contornado da melhor forma possível uma situação ruim, os resultados finais estavam longe de ser os melhores. Tiago aconselha todos os crentes a consultar o Deus soberano antes de tomar decisões. Robinson mais uma vez nos lembra: "Nunca nos veremos livres de Deus. Precisamos tomar decisões em submissão à sua vontade soberana".[10]

Certa vez, Ronald Reagan declarou:

> A América foi fundada por pessoas que acreditavam em um Deus que é uma rocha bem segura. Ele é nosso. Reconheço que precisamos de cautela ao afirmar que Deus está do nosso lado, mas acho que não há problema se continuarmos perguntando se estamos do lado dele.[11]

Se acharmos que Deus está sempre do nosso lado, mergulharemos de cabeça na insensatez. Devemos fazer regularmente o auto-exame, para nos certificar de que estamos pensando de acordo com a vontade dele. Devemos nos esforçar para desenvolver nosso caráter e nossa convicção para tomar decisões que sejam produto de nosso relacionamento com Deus.

O PROCESSO DE TOMADA DE DECISÕES

Tomar decisões é uma das prerrogativas principais da liderança. Na verdade, a capacidade de tomada de decisões mostra a diferença entre o líder fraco e o bom líder, entre o bom líder e o líder notável. As decisões revelam valores e inteligência. Elas exigem obediência a Deus, dependência dele e sabedoria. Tomar decisões afeta quase tudo o mais que os líderes fazem.

Examinemos um líder que dependeu de Deus e, conseqüentemente, tomou decisões que foram submetidas a teste e aprovadas. De todos os líderes da Bíblia, Neemias é um dos melhores exemplos em termos de decisões sábias tomadas de forma correta:

> No mês de quisleu, no vigésimo ano, enquanto eu estava na cidade de Susã, Hanani, um dos meus irmãos, veio de Judá com alguns outros homens, e eu lhes perguntei acerca dos judeus que restaram, os sobreviventes do cativeiro, e também sobre Jerusalém.
>
> E eles me responderam: "Aqueles que sobreviveram ao cativeiro e estão lá na província passam por grande sofrimento e humilhação. O muro de Jerusalém foi derrubado, e suas portas foram destruídas pelo fogo".
>
> Quando ouvi essas coisas, sentei-me e chorei. Passei dias lamentando-me, jejuando e orando ao Deus dos céus. Então eu disse:

Senhor, Deus dos céus, Deus grande e temível, fiel à aliança e misericordioso com os que te amam e obedecem aos teus mandamentos, que os teus ouvidos estejam atentos e os teus olhos estejam abertos para a oração que o teu servo está fazendo diante de ti, dia e noite, em favor de teus servos, o povo de Israel. Confesso os pecados que nós, os israelitas, temos cometido contra ti. Sim, eu e o meu povo temos pecado. Agimos de forma corrupta e vergonhosa contra ti. Não temos obedecido aos mandamentos, aos decretos e às leis que deste ao teu servo Moisés.

Lembra-te agora do que disseste a Moisés, teu servo: "Se vocês forem infiéis, eu os espalharei entre as nações, mas, se voltarem para mim, obedecerem aos meus mandamentos e os puserem em prática, mesmo que vocês estejam espalhados pelos lugares mais distantes debaixo do céu, de lá eu os reunirei e os trarei para o lugar que escolhi para estabelecer o meu nome".

Estes são os teus servos, o teu povo. Tu os resgataste com o teu grande poder e com o teu braço forte. Senhor, que os teus ouvidos estejam atentos à oração deste teu servo e à oração dos teus servos que têm prazer em temer o teu nome. Faze com que hoje este teu servo seja bem-sucedido, concedendo-lhe a benevolência deste homem.

Nessa época, eu era o copeiro do rei (Neemias 1.1-11).

Neemias enfrentou um tremendo desafio. Os muros de Jerusalém estavam em ruínas, e os exilados que retornaram estavam vulneráveis e desencorajados. Quando recebeu essa notícia no exílio, Neemias deu início a um processo de quatro passos para tratar do problema. Em primeiro lugar, estudou cuidadosamente a situação (v. 2,3). Em segundo lugar, demonstrou empatia com os que estavam sofrendo (v. 4). Em terceiro lugar, humilhou-se diante de Deus (v. 4). Em quarto lugar, orou (v. 5-11). E que oração! Neemias adorou a Deus (v. 5), confessou ao Senhor o pecado de sua nação (v. 6,7) e, por fim, suplicou a ajuda de Deus (v. 8-11).

Em última análise, Neemias sabia o que todo líder notável sabe: toda sabedoria vem de Deus, e ele quer nos ajudar. Assim, aprenderemos a usar sua sabedoria para tomar boas decisões. Por isso, a oração deve ser um elemento permanente no processo decisório, até mesmo nos negócios. Dizer que devemos orar a respeito das decisões nos negócios pode soar estranho, mas isso revela como nos tornamos presa da noção falsa de que há uma distinção entre sagrado e secular. Entretanto, na condição de seguidores de Jesus em constante desenvolvimento, somos chamados a fazer *tudo* em nome do Senhor (Colossenses 3.17) — o que inclui tomar decisões.

10

Solução de problemas

FOCO NA SOLUÇÃO, NÃO NO PROBLEMA

Deus tem a capacidade absoluta de solucionar problemas e concede ao seu povo os recursos necessários para resolver as situações com que deparam. O problema é que normalmente não nos dispomos a fazer valer esses recursos. Preferimos tentar resolver nossos problemas sem apelar à provisão divina, clamando a Deus somente quando a situação fica realmente difícil. Por algum motivo, nos esquecemos de que o Deus da Bíblia sabe tudo a respeito de negócios, investimentos e quadro de funcionários. Apresentamos a ele problemas emocionais e conflitos familiares, mas duvidamos de que ele tenha competência em outras áreas. Às vezes, agimos como se nem estivéssemos convencidos de que ele se preocupa com coisas terrenas, como financiamento imobiliário e planejamento de férias. Parece que não temos consciência da existência de uma sabedoria não utilizada, que é encontrada quando levamos *tudo* a ele.

Temos a tendência, por um lado, de pensar que Deus se preocupa apenas com problemas de certa gravidade, que ele não se interessa por questões triviais. Por outro lado, não raro supomos que determinados problemas são grandes demais para ele. Há um excelente exemplo bíblico em Ester 3.1—5.8 sobre a reação de duas pessoas a um problema aparentemente insolúvel.

O livro de Ester narra com detalhes uma história fascinante, repleta de intrigas e de suspense. Ester era uma órfã judia que fora criada por seu primo mais velho, Mardoqueu (2.7). Quando ela atingiu idade suficiente, o rei persa Xerxes escolheu-a como rainha (2.17). Por causa de suas convicções, Mardoqueu recusava-se a ajoelhar-se em sinal de respeito a Hamã, oficial malévolo da corte (3.2-5). Irado, Hamã arquitetou um plano, que resultou num decreto com ordens de executar todos os judeus do Império Persa (3.6-15).

Parecia que tudo estava perdido. A linhagem messiânica estava em risco de extinção, e o povo de Deus estava impotente e sem defesa. Mardoqueu foi o primeiro a se sentir esmagado pela gravidade da situação, mas logo começou a se concentrar na solução, e não no problema.

Embora o nome de Deus não seja diretamente mencionado no livro, a conclusão evidente de Mardoqueu foi que Deus soberanamente elevara Ester à realeza para que ela, nessa condição, pudesse neutralizar o edito fatal. Ela tomou as rédeas da História nas mãos. Sua ação, porém, poderia custar-lhe a própria vida (4.9-11). Ela era a rainha do império mais poderoso da terra e desfrutava todos os privilégios que tal posição lhe conferia. Por que arriscar a vida para persuadir o rei a mudar um decreto, ainda que este representasse a iminente destruição de seu povo?

A resposta de Mardoqueu aos medos de Ester foi clara e sucinta:

> Não pense que pelo fato de estar no palácio do rei, você será a única entre os judeus que escapará, pois, se você ficar calada nesta hora, socorro e livramento surgirão de outra parte para os judeus, mas você e a família do seu pai morrerão. Quem sabe se

não foi para um momento como este que você chegou à posição de rainha? (Ester 4.13,14).

A solução de Ester foi marcada pela dependência radical de Deus (4.16), bem como pela reflexão cuidadosa e pela criatividade. Percebendo que apelar a um rei de tal magnitude exigiria uma cadência precisa, ela dedicou-se a planejar a abordagem mais apropriada para fazer seu pedido (7.3-6). Mais tarde, quando já havia sido o instrumento para a derrocada de Hamã (7.6-10), Ester solicitou ao rei permissão para que ela e Mardoqueu emitissem um decreto que anulasse o efeito do edito anterior, permitindo aos judeus se defenderem em todas as províncias do império (cap. 8).

Ester e Mardoqueu demonstram quanto de energia deve ser investido na ação para se resolver um problema, em comparação com o planejamento. Eles também nos lembram que a criatividade e a cadência são essenciais na resolução bem-sucedida de problemas.

Resolvendo o maior problema do mundo

O maior exemplo de solução de problemas por meio da ação pode ser encontrado nas próprias páginas da Bíblia. Deus tomou o problema supremo — o caos e a destruição causados pelo pecado do ser humano — e transformou-o na beleza de sua santidade mediante o poder criativo de resolver até mesmo a pior de todas as situações. Nessa que é a melhor das histórias, Deus possibilitou aos que antes eram seus inimigos se tornarem seus filhos amados.

Imediatamente após a introdução à sua carta aos Romanos, Paulo se põe a descrever o maior problema da História — Deus julgando a humanidade como conseqüência da falta de justiça e de retidão do ser humano. A solução humana para o problema da culpa e da alienação em relação a Deus sempre representou uma série de variações sobre o mesmo tema — o esforço humano e as obras. Os sistemas religiosos criados pelo homem sempre reduzem Deus ao nível humano ou pressupõem que nós mesmos podemos preencher essa lacuna. No entanto, uma vez que "tanto judeus quanto gentios estão debaixo do pecado" (Romanos 3.9), o problema assume proporções tão vastas que somente Deus pode resolvê-lo.

O problema verdadeiro é interno, não externo. Jesus afirmou que todos os comportamentos e hábitos pecaminosos estão inextricavelmente ligados ao coração. Podemos mudar os maus hábitos, mas precisamos de ajuda externa para arrancar a maldade que há no coração. Qualquer tentativa de aprimoramento pessoal equivale a tentar suspender a nós mesmos no ar segurando os cadarços do sapato.

A solução de Deus é tão criativa e inovadora que ninguém mais poderia ter pensado nela ou a imaginado. É um ponto em comum nas instituições religiosas que os humanos sacrifiquem algo aos deuses ou a Deus, mas a idéia de o próprio Deus tomar a iniciativa e vir em busca dos perdidos é exclusiva do cristianismo. Não se tem notícia, em qualquer religião, exceto no cristianismo, de que *o próprio Deus se ofereça em sacrifício pela humanidade*. "Porque, aquilo que a Lei fora incapaz de fazer por estar enfraquecida pela carne, Deus o fez, enviando seu próprio Filho, à semelhança do homem pecador, como oferta pelo pecado" (Romanos 8.3). Ao declarar-nos justos pelo favor imerecido, mediante o preço que Jesus pagou por nós, Deus superou a alienação causada pelo pecado, transformando-nos de criminosos condenados em "co-herdeiros com Cristo" (Romanos 8.17).

No filme *O último imperador*, o menino escolhido para ser líder da China tem uma vida luxuosa, com milhares de servos eunucos à sua disposição.

— O que acontece quando você faz algo errado? — pergunta-lhe o irmão.

— Quando faço algo errado, outra pessoa é punida — responde o jovem imperador.

Para demonstrar o fato, ele quebra um vaso, e um dos servos é castigado.

No cristianismo, Deus inverte a situação. No filme, o imperador erra e um servo apanha; no cristianismo, os servos erram e o imperador leva uma surra! A graça de Deus e a oferta graciosa da salvação em Cristo constituem, indubitavelmente, a abordagem mais criativa jamais imaginada para a solução de problemas. Para tal solução, foi necessário um Deus de imaginação sem limites. Jamais conseguiremos compreender o custo desse plano inovador; podemos somente tocar a superfície da graça de Deus e de sua abordagem graciosa no que diz respeito à solução de problemas.

Para os líderes santos, a vida e a liderança são transformadas à luz dessa realidade assombrosa e maravilhosa. Nunca houve um problema maior — nem quem encontrasse solução para um problema maior — na história da humanidade. Se há problemas urgentes que demandam nossa atenção — nos negócios, na família ou na vida pessoal —, devemos saber que Deus está esperando para nos ajudar.

SOLUCIONANDO O PROBLEMA CERTO

Êxodo 32.1-35 fornece ricas informações sobre solução de problemas, o que merece um estudo detalhado. Nessa passagem descobrimos os dois princípios pontuais mais importantes sobre o assunto, vindos de um grande líder que resolveu grandes problemas: o próprio Moisés.

O povo, ao ver que Moisés demorava a descer do monte, juntou-se ao redor de Arão e lhe disse: "Venha, faça para nós deuses que nos conduzam, pois a esse Moisés, o homem que nos tirou do Egito, não sabemos o que lhe aconteceu".

Respondeu-lhes Arão: "Tirem os brincos de ouro de suas mulheres, de seus filhos e de suas filhas e tragam-nos a mim". Todos tiraram os seus brincos de ouro e os levaram a Arão. Ele os recebeu e os fundiu, transformando tudo num ídolo, que modelou com uma ferramenta própria, dando-lhe a forma de um bezerro. Então disseram: "Eis aí os seus deuses, ó Israel, que tiraram vocês do Egito!" (Êxodo 32.1-4).

Arão enfrentou um problema grave, mas fracassou em resolvê-lo. Quando percebeu que sua "solução" estava criando um problema ainda maior, agiu novamente: "Vendo isso, Arão edificou um altar diante do bezerro e anunciou: 'Amanhã haverá uma festa dedicada ao SENHOR'" (v. 5). Mas sua decisão agravou ainda mais o problema, que ficou incontrolável:

> Quando Moisés aproximou-se do acampamento e viu o bezerro e as danças, irou-se [...].
> Moisés viu que o povo estava desenfreado e que Arão o tinha deixado fora de controle, tendo se tornado objeto de riso para os seus inimigos (Êxodo 32.19,25).

Moisés herdou o problema quando este já havia se transformado em crise, mas ele o solucionou (v. 20-35). O contraste percebido neste breve estudo revela alguns princípios importantes sobre como o líder santo aborda os problemas. Arão tentou resolver o problema errado; Moisés lidou com o problema certo. Arão atacou o problema funcional; Moisés confrontou o problema de caráter. Arão se concentrou na atividade; Moisés se concentrou na moralidade que impulsionava essa atividade (v. 21,30).

Esse capítulo de Êxodo oferece ricas informações a respeito da solução de problemas e merece ser estudado cuidadosamente.

Distanciando-nos da situação, vemos dois princípios pontuais. Em primeiro lugar, as soluções duradouras surgem quando tratamos das perguntas "por quê?" — relacionadas com o caráter —, em vez das perguntas "como?". Em segundo lugar, os grandes líderes atingem a grandeza porque resolvem grandes problemas. O líder acanhado limita suas energias e trata de problemas acanhados.

Vários livros já foram escritos a respeito de técnicas para solucionar problemas. A Bíblia não é um desses livros. No entanto, ela demonstra que os problemas mais nocivos não são solucionados quando corrigimos um comportamento. Os problemas que requerem maior urgência na solução só podem ser resolvidos com mudança de caráter, de moralidade, de coração. Os líderes mais sábios ajudarão seus liderados a aplicar a graça e o poder de Deus para resolver o problema fundamental do homem: o pecado. Observe o procedimento de Moisés nos versículos de 30 a 32:

> No dia seguinte Moisés disse ao povo: "Vocês cometeram um grande pecado. Mas agora subirei ao SENHOR, e talvez possa oferecer propiciação pelo pecado de vocês".
>
> Assim, Moisés voltou ao SENHOR e disse: "Ah, que grande pecado cometeu este povo! Fizeram para si deuses de ouro. Mas agora, eu te rogo, perdoa-lhes o pecado; se não, risca-me do teu livro que escreveste".

Veja como um dos maiores líderes da história definiu e resolveu problemas. Em tudo que lermos a respeito do assunto, precisamos começar do mesmo ponto em que Moisés começou.

Pondo a mão na massa

Na condição de líderes, precisamos encarar os problemas e resolvê-los. Daniel apresenta-nos um exemplo formidável de capacidade para resolver problemas no capítulo 5 de seu livro.

O rei Beltessazar estava oferecendo um banquete a milhares de pessoas. Durante as festividades regadas de bebida, o rei profanou as taças de ouro e de prata que seu pai havia tirado do templo hebreu em Jerusalém.

> De repente apareceu a mão de um homem e ela começou a escrever na parede branca do salão do banquete, num lugar iluminado pela luz do candelabro. Ao ver a mão, o rei não sabia o que pensar; ficou pálido de medo e começou a tremer da cabeça aos pés. Depois, gritando, ordenou que chamassem os adivinhos, os sábios e os astrólogos [...]. Todos os sábios entraram no salão, mas nenhum deles pôde ler o que estava escrito na parede, nem explicar ao rei o que aquilo queria dizer. O rei se assustou ainda mais, e o seu rosto ficou mais pálido ainda. E nenhuma das altas autoridades sabia o que fazer.
>
> Então a rainha-mãe, que tinha ouvido os gritos do rei e dos seus convidados de honra, entrou no salão e disse ao rei:
>
> — Que o rei viva para sempre! Não se assuste nem fique pálido assim, pois aqui no seu reino há um homem que tem o espírito dos santos deuses. Quando Nabucodonosor, o seu pai, era rei, esse homem provou que era ajuizado, inteligente e sábio, tão sábio como os deuses. E o rei Nabucodonosor pôs esse homem como chefe dos sábios, adivinhos, feiticeiros e astrólogos. Pois Daniel, esse homem a quem o rei deu o nome de Beltessazar, pensa com muita clareza; ele é sábio e inteligente e pode interpretar sonhos, explicar coisas misteriosas e *resolver assuntos difíceis*. Portanto, chame Daniel, e ele explicará o que está escrito na parede (Daniel 5.5-12, Nova Tradução na Linguagem de Hoje, grifo do autor).

Daniel foi promovido a uma posição de liderança invejável. Ele influenciou reis da Babilônia e da Pérsia, que dominaram sobre impérios grandiosos. Beltessazar promoveu Daniel porque ele conseguia "resolver assuntos difíceis" (v. 12,16). Um dos critérios que determina a grandeza de um líder é o grau de dificuldade dos problemas com os quais está disposto a se envolver e que é capaz de solucionar. Donald Schon observa:

> Na topografia variada da prática profissional, há um terreno alto e firme; problemas administráveis prestam-se a soluções baseadas na aplicação de técnicas e teorias derivadas da pesquisa. Nos terrenos baixos e pantanosos, quadros desconjuntados e confusos desafiam as soluções baseadas na técnica. A ironia dessa situação é que os problemas do terreno alto tendem a ser relativamente desimportantes para os indivíduos e para a sociedade como um todo, independentemente de quão interessante sejam em termos técnicos, enquanto no pântano residem os problemas de maior relevância humana. O profissional precisa escolher. Permanecerá no terreno alto, onde é possível resolver problemas relativamente insignificantes seguindo os padrões predominantes de rigor, ou descerá até o pântano dos problemas importantes e das indagações inexatas?[1]

Nunca tal distinção é mais importante que no papel de liderança desempenhado pelo profissional. A liderança que se destaca está disposta a arregaçar as mangas, colocar a mão na massa e lidar com as questões mais difíceis da vida. Foi o que Daniel fez. E Daniel está entre os mais destacados líderes da História.

Em seu livro sobre liderança, Lynn Anderson discute o nível de envolvimento que os pastores demonstravam no primeiro século:

> Os pastores da Bíblia não eram diaristas, que apareciam para trabalhar de manhã na pastagem de um estranho, ficavam por lá durante oito horas e depois voltavam para casa. Antes, viviam com as ovelhas — dia e noite, ano após ano. Os pastores ajudavam no parto dos filhotes. Conduziam-nas aos pastos durante

o dia e as protegiam durante a noite. As ovelhas conheciam o toque dele, reconheciam sua voz e não seguiam nenhum outro pastor. Havia uma relação genuína entre o pastor e a ovelha. De fato, depois de muito tempo e de toques freqüentes, os pastores passavam a *ter o mesmo cheiro* das ovelhas.[2]

Líderes são pastores, mentores, provedores de ferramentas, e todas essas funções exigem relacionamento. A autoridade do líder não vem do título ou da posição: vem do caráter, da competência e da disposição em investir na vida de outras pessoas. Como Greg Johnson afirma: "Não somos as *pessoas* de Deus, mas o seu *povo* (grifos do autor)".[3] A vida nova que temos em Cristo deve ser vivenciada no contexto da comunidade, sob a autoridade de outras pessoas, e nosso destino deve estar vinculado ao destino delas. Uma coisa é ser capaz de resolver problemas pessoais, mas, como vimos, os líderes da Bíblia usavam sua capacidade de resolver problemas para ajudar o próximo e fazer avançar os propósitos do Reino de Deus.

NEEMIAS: O SOLUCIONADOR DE PROBLEMAS DE DEUS

Na época de Neemias, as condições políticas, sociais e espirituais de Jerusalém estavam reduzidas a farrapos. Por volta de 587 a.C., Jerusalém foi destruída, junto com o templo de Salomão, na terceira campanha da Babilônia contra Judá. Em cada campanha, os exércitos babilônios levavam mais e mais israelitas cativos, fixando-os na Babilônia. Daniel, Sadraque, Mesaque e Abede-Nego estavam entre os que foram levados na primeira invasão.

Cerca de setenta anos após a primeira invasão, Ciro, rei da Pérsia (que já havia conquistado a Babilônia), concedeu aos judeus permissão para retornar a Jerusalém e reconstruir o templo. Sob a liderança de Zorobabel, Israel parecia estar prestes a se tornar novamente uma nação abençoada. Mas o povo teimou em não se afastar dos mesmos pecados pelos quais Deus havia julgado seus antepassados, nos dias de Nabucodonosor. O templo não recebeu manutenção adequada. O povo não oferecia sacrifícios e adotara muitas das práticas religiosas das nações ao redor.

Não é de admirar que Neemias, ao ser informado da situação de sua terra natal, tenha ficado profundamente comovido, a ponto de chorar. A preocupação com as condições de Jerusalém o consumia. Antes de se lançar com algum plano mal elaborado para remediar a situação, porém, Neemias esperou que Deus lhe revelasse o passo seguinte. Ele orou, planejou e se preparou. Quando finalmente Deus disse: "Agora vá e reconstrua a cidade de Jerusalém", Neemias estava pronto para demonstrar a capacidade de liderança que Deus estava cultivando em seu coração.

A capacidade de Neemias para resolver problemas

Uma das formas de alguém provar sua capacidade de liderança é com sua habilidade para resolver problemas. É certo que Neemias demonstrou desta maneira sua capacidade. Quando os muros de Jerusalém começaram a tomar forma, os inimigos de Neemias tentaram desviar o projeto de seu curso por meio de várias estratégias. Em primeiro lugar, tentaram atrair Neemias para fora de Jerusalém convidando-o para uma reunião:

> Quando Sambalate, Tobias, Gesém, o árabe, e o restante de nossos inimigos souberam que eu havia reconstruído o muro e que não havia ficado nenhuma brecha, embora até então eu ainda não tivesse colocado as portas nos seus lugares, Sambalate e Gesém mandaram-me a seguinte mensagem: "Venha, vamos nos encontrar num dos povoados da planície de Ono".
>
> Eles, contudo, estavam tramando fazer-me mal; por isso enviei-lhes mensageiros com esta resposta: "Estou executando um grande projeto e não posso descer. Por que parar a

obra para ir encontrar-me com vocês?" Eles me mandaram quatro vezes a mesma mensagem, e todas as vezes lhes dei a mesma resposta (Neemias 6.1-4).

Os inimigos de Deus sabiam que, se pudessem desviar a atenção do líder, impediriam que todo o projeto avançasse. Não seria ruim para Neemias ter paz com os vizinhos, mas não era essa a melhor coisa a fazer. Não era o "grande projeto" para o qual Deus o convocara. Por isso, Neemias declinou dos vários convites e concentrou sua atenção na tarefa que tinha em mãos.

Em seguida, os inimigos de Neemias acusaram-no de liderar um levante contra o rei Artaxerxes — uma mentira com potenciais devastadores:

> Então, na quinta vez, Sambalate mandou-me um dos seus homens de confiança com a mesma mensagem; ele tinha na mão uma carta aberta em que estava escrito:
>
> "Dizem entre as nações, e Gesém diz que é verdade, que você e os judeus estão tramando uma revolta e que, por isso, estão reconstruindo o muro. Além disso, conforme dizem, você está na iminência de se tornar o rei deles, e até nomeou profetas para fazerem em Jerusalém a seguinte proclamação a seu respeito: 'Há um rei em Judá!' Ora, essa informação será levada ao rei; por isso, vamos conversar" (Neemias 6.5-7).

O costume da época era enrolar uma carta, amarrá-la com uma fita e colocar um selo de argila. Mas essa carta estava aberta. Sambalate intencionalmente deixou de selar a carta para que seu conteúdo fosse conhecido por todos os que a manuseassem. Obviamente, sua intenção era espalhar o boato de que Neemias estava tentando se estabelecer como rei de Judá.

A carta era falsa, mas desde quando as pessoas estão interessadas na verdade, se há um boato de última hora a ser espalhado? Esse boato colocou tudo em risco. Se o povo acreditasse, faria oposição aberta à liderança de Neemias, já que não tinham nenhuma intenção de romper os laços com o governo persa. Se a notícia da suposta rebelião chegasse ao rei, Neemias estaria com problemas ainda maiores — voltaria para Susã com uma corda no pescoço.

Pode-se pensar que Neemias tinha motivos para ficar na defensiva. Os trabalhadores já estavam buscando uma desculpa para abandonar o trabalho, e os reis nunca levam na brincadeira os que nutrem idéias de traição. Neemias, contudo, permaneceu concentrado no trabalho:

> Eu lhe mandei esta resposta: Nada disso que você diz está acontecendo; é pura invenção sua.
>
> Estavam todos tentando intimidar-nos, pensando: "Eles serão enfraquecidos e não concluirão a obra".
>
> Eu, porém, orei pedindo: Fortalece agora as minhas mãos! (Neemias 6.8,9).

Neemias não se permitiu ficar preso ao que poderia acontecer. Em vez de se distrair de seus deveres por causa dos que tentavam derrotá-lo e destruí-lo, enfrentou seus inimigos rapidamente, orou a Deus pedindo forças e continuou trabalhando.

Finalmente, os inimigos de Neemias tentaram intimidá-lo, forçando-o a violar a Lei de Deus, insistindo em que ele se escondesse no templo:

> Um dia fui à casa de Semaías [...] que estava trancado portas adentro. Ele disse: "Vamos encontrar-nos na casa de Deus, no templo, a portas fechadas, pois estão querendo matá-lo; eles virão esta noite" (Neeemias 6.10).

Somente os sacerdotes tinham permissão para entrar no recinto do templo, que abrigava o altar. Neemias não era sacerdote. Violar a Lei dessa forma iria desacreditá-lo diante de todo o povo de Israel. Não seria, portanto, apenas violação da Lei; esse ato também debilitaria sua autoridade como líder. Quando os judeus soubessem que o governador estava se escondendo no templo, perderiam a confiança em sua capacidade de liderança.

Mais uma vez, Neemias recusou-se a ser desviado de seu trabalho. Ele resolveu o problema obedecendo a Deus e buscando fortalecimento:

> Todavia, eu lhe respondi: Acha que um homem como eu deveria fugir? Alguém como eu deveria entrar no templo para salvar a vida? Não, eu não irei! Percebi que Deus não o tinha enviado, e que ele tinha profetizado contra mim porque Tobias e Sambalate o tinham contratado. Ele tinha sido pago para me intimidar, a fim de que eu cometesse um pecado agindo daquela maneira, e então eles poderiam difamar-me e desacreditar-me.
>
> Lembra-te do que fizeram Tobias e Sambalate, meu Deus, lembra-te também da profetisa Noadia e do restante dos profetas que estão tentando me intimidar (Neemias 6.11-14).

Se Neemias tivesse uma postura egoísta, teria todos os motivos para correr e salvar a pele. Mas ele sabia que era melhor servir a Deus que preservar a própria vida. Comparada com o "grande projeto" para o qual havia sido chamado, a ameaça de assassinato era trivial. Neemias não iria abandonar o "grande projeto" nem mesmo para salvar a própria vida. O que estava em jogo era maior que sua segurança.

SÓ ESCAPA QUEM SEGUE ADIANTE

Por sermos líderes, enfrentaremos problemas. Não há como evitá-los. Dave Anderson, fundador e presidente da cadeia de restaurantes Famous Dave, aconselha: "Se você quiser seguir adiante, vá até seu [pessoal] e diga: 'Você tem problemas? Passe alguns deles para mim'. Em vez de fugir dos problemas, como faz a maioria das pessoas, vá atrás deles [...]. É assim que avançamos, quando resolvemos problemas".[4]

A existência de problemas é um fato inegociável neste mundo decaído. O único fator que pode ser controlado diante dos problemas é nossa reação. Se seguirmos o modelo de Neemias, sendo cuidadosos em 1) manter o foco, 2) confrontar quaisquer acusações falsas contra nós imediatamente e com integridade e 3) orar a Deus pedindo força e sabedoria, descobriremos, como Neemias, que Deus está pronto e disposto e é capaz de ajudar.

Devemos pensar sobre quem são os Sambalates, Tobias e Geséns na nossa vida, lembrando que, não importa quão poderosa a oposição pareça ser, Deus é um aliado invencível. Quão mais eficiente é pedir ajuda Àquele que vê e conhece tudo do que tentar formular uma solução própria!

11

Formação de equipes

ORQUESTRANDO O TRABALHO EM EQUIPE

Talvez a melhor palavra para descrever um bom solo de tímpano seja "breve". Até mesmo os melhores músicos do mundo encontrariam dificuldade em extrair variedade desse enorme instrumento, progenitor de todos os instrumentos de percussão. A flauta e o trompete emitem sons bem mais agradáveis e melodiosos. Ainda assim, são poucos os instrumentos que conseguem, num solo, prender nossa atenção por muito tempo. Tendemos a pensar em instrumentos como o violão ou o piano, pois eles permitem tocar mais de uma nota ao mesmo tempo.

A atração mais duradoura de uma boa orquestra não são os solos, mas a sinfonia. A música nos comove mais quando mescla e equilibra os sons de diversos instrumentos. Misture o melodioso violino com a trovejante tuba, acrescente a melancolia do violoncelo e a calorosa trompa, e os minutos se transformam em horas sem nos darmos conta disso. Instrumentos tão diversos individualmente juntam-se para criar um som incomparável, arrastando-nos com eles para um lugar agradável em nossa imaginação.

O princípio que leva ao sucesso na sala de concerto vale também para a cozinha. Um bom *chef* mistura ingredientes como farinha, ovos e manteiga — coisas que em si não são atrativas, mas, se combinadas adequadamente, transformam-se em pratos de dar água na boca.

De modo semelhante, um grande líder precisa saber como juntar elementos diversos e criar um grupo produtivo. Poucas habilidades são mais importantes na liderança que a capacidade de formar uma equipe. A marca do grande líder é o número e o naipe das pessoas que ele consegue convencer a integrar sua equipe. Davi, o maior dos reis de Israel, tinha uma equipe formada de "principais guerreiros":

> Estes são os nomes dos principais guerreiros de Davi:
>
> Jabesão, um tacmonita, chefe dos três guerreiros principais; numa ocasião, com uma lança, enfrentou oitocentos homens numa mesma batalha e os matou.
>
> Depois dele, Eleazar, filho do aoíta Dodô. Ele era um dos três principais guerreiros e esteve com Davi quando os filisteus se reuniram em Pas-Damim para a batalha. Os israelitas recuaram, mas ele manteve a sua posição e feriu os filisteus até a sua mão ficar dormente e grudar na espada. O SENHOR concedeu uma grande vitória a Israel naquele dia, e o exército voltou para onde Eleazar estava, mas somente para saquear os mortos.
>
> Depois dele, Samá, filho de Agé, de Harar. Os filisteus reuniram-se em Leí, onde havia uma plantação de lentilha. O exército de Israel fugiu dos filisteus, mas Samá tomou posição no meio da plantação, defendeu-a e derrotou os filisteus. O SENHOR concedeu-lhe uma grande vitória (2Samuel 23.8-12).

Pelo fato de Davi tentar grandes empreitadas, somente os "principais" poderiam acompanhá-lo. Os que não conseguiam manter o ritmo não podiam fazer parte da equipe.

"Não dá para fazer sozinho"

Don Bennett estava no topo do mundo. Era mais rico que a maioria de nós imaginaria ser. Possuía uma fazenda, um chalé para praticar esqui e uma casa com oito quartos na ilha Mercer de Seattle, com vista para o lago.

Foi então que tudo mudou. Num belo domingo ensolarado de agosto de 1972, Don estava passeando de barco com os filhos quando caiu na água, e a hélice do barco lhe atingiu as pernas. Ele quase morreu de hemorragia, mas de alguma forma sobreviveu. Foram necessários 480 pontos para fechar o ferimento da perna esquerda. A perna direita foi amputada da parte superior do joelho para baixo.

Para piorar a situação, enquanto ele estava se recuperando no hospital seus negócios foram à ruína. Don sentiu que havia perdido tudo — menos sua determinação. Surpreendentemente, ele conseguiu aprender novamente a esquiar. Depois passou a ensinar outros amputados a esquiar usando apenas uma perna. Ele iniciou outro negócio, o Video Training Center, que tinha clientes como a Boeing e Weyerhaeuser. Começou a usar um caiaque e foi nesse momento que se pôs a sonhar em escalar montanhas novamente.

Don havia escalado o monte Rainier em 1970. Ele decidiu escalá-lo outra vez, mas sabia que não conseguiria fazer isso sozinho. Durante os preparativos, andava oito quilômetros por dia com suas muletas. Com o auxílio de uma equipe de quatro pessoas, conseguiu chegar a 120 metros do topo antes de ser forçado a desistir por causa dos ventos cortantes e da falta de visibilidade. Quatro meses depois, ele estava novamente treinando com o capitão da equipe. Eles treinaram durante um ano antes de retornar à montanha. Ele escalou durante cinco dias, 14 horas por dia, às vezes usando a muleta, às vezes rastejando sobre uma perna para subir um plano inclinado e, no dia 15 de julho de 1982, atingiu o cume do monte, a 4.392 metros de altura. Don foi o primeiro amputado a escalar o monte Rainier.

Quando lhe perguntaram sobre a lição mais importante que aprendera durante toda a provação, sua resposta foi simples: "Não dá para fazer sozinho". Ele contou que, durante uma trilha muito difícil em meio a uma superfície de gelo, sua filha ficou ao seu lado e dizia a cada trecho que avançava: "Você consegue, pai! Você é o melhor pai do mundo! Você consegue, pai!". Ele disse aos entrevistadores que não havia nenhuma possibilidade de parar de avançar até chegar ao topo com sua filha berrando palavras de amor e de encorajamento ao seu ouvido.[1]

"Não dá para fazer sozinho": isso faz muito sentido! Há poucas realizações notáveis, se é que existem, que podem ser alcançadas isoladamente. A maioria de nós tem consciência desse fato. Mas o que não é obvio — pelo menos não de forma imediata — é que não é qualquer um que pode ajudar. Don Bennett não recrutou seus ajudantes numa enfermaria. Ele montou uma equipe com pessoas que *queriam* escalar um monte de 4.392 metros e — talvez o mais importante — que *podiam* escalar um monte de 4.392 metros. Os que tentam realizar grandes façanhas precisam ser capazes de recrutar uma equipe vigorosa, de participantes bem-dispostos e hábeis.

TRABALHO EM EQUIPE E A TRINDADE

Equipes fortes, quando operam na sua melhor forma, apresentam semelhanças com o relacionamento que existe na Trindade. As Escrituras registram a obra da Trindade na criação do cosmo (v. Gênesis 1.1,2; João 1.1-3; Colossenses 1.15-17). Assim, quando uma equipe trabalha em conjunto e de forma não egoísta, ela espelha — ainda que vagamente — a criatividade e o respeito mútuo que provêm do próprio Deus. Gilbert Bilezikian escreve:

"Qualquer que seja a comunidade que exista em função da criação realizada por Deus, ela é somente o reflexo de uma realidade eterna intrínseca a Deus, ao seu ser".[2]

As três pessoas da Trindade nunca são independentes: trabalham sempre em conjunto, de forma orquestrada. Não é preciso ler trechos longos da Bíblia para descobrir que isso é verdade. Logo no primeiro versículo (Gênesis 1.1) somos apresentados a Deus como o iniciador e *Designer* de toda a criação. O segundo versículo descreve o Espírito de Deus pairando sobre o mundo criado. Observe que o Espírito não constrói o mundo criado: meramente paira sobre ele, sugerindo que seu papel é proteger e supervisionar. Por fim, no terceiro versículo, encontramos a Palavra de Deus na qualidade de executor da vontade de Deus — o agente da criação.[3]

Essa interação perfeita e harmoniosa, embora óbvia desde o começo na Bíblia, é especialmente evidente na forma em que Deus possibilita às pessoas que estavam alienadas dele serem transformadas em filhos amados (Efésios 1.3-14). Essa passagem, que no original constitui uma única sentença, exalta belamente a obra de cada membro da Trindade no plano redentor de Deus, obra que corresponde ao que vemos nos três primeiros versículos de Gênesis.

Paulo começa escrevendo sobre a obra do Pai, que alcançou para nós a salvação:

> Bendito seja o Deus e Pai de nosso Senhor Jesus Cristo, que nos abençoou com todas as bênçãos espirituais nas regiões celestiais em Cristo. Porque Deus nos escolheu nele antes da criação do mundo, para sermos santos e irrepreensíveis em sua presença. Em amor nos predestinou para sermos adotados como filhos, por meio de Jesus Cristo, conforme o bom

propósito da sua vontade, para o louvor da sua gloriosa graça, a qual nos deu gratuitamente no Amado (Efésios 1.3-6).

O Pai nos escolheu antes da fundação do mundo e enviou seu Filho ao mundo para que por ele pudéssemos ser adotados em sua família. Ele planejou tudo com extremo cuidado e deu início ao plano com precisão, na hora certa. Deus Pai é o Iniciador e o *Designer* de nossa salvação.

Em seguida, o apóstolo se concentra na obra do Filho:

> Nele temos a redenção por meio de seu sangue, o perdão dos pecados, de acordo com as riquezas da graça de Deus, a qual ele derramou sobre nós com toda a sabedoria e entendimento. E nos revelou o mistério da sua vontade, de acordo com o seu bom propósito que ele estabeleceu em Cristo, isto é, de fazer convergir em Cristo todas as coisas, celestiais ou terrenas, na dispensação da plenitude dos tempos. Nele fomos também escolhidos, tendo sido predestinados conforme o plano daquele que faz todas as coisas segundo o propósito da sua vontade, a fim de que nós, os que primeiro esperamos em Cristo, sejamos para o louvor da sua glória (v. 7-12).

O Filho transforma o plano do Pai em realidade. Ao encarnar, ele se torna o Deus-homem, o mediador entre Deus e o homem. O sacrifício de sangue que fez a nosso favor pagou a penalidade dos pecados, para que pudéssemos desfrutar o perdão e nos apegarmos ao propósito de Deus para nossa vida. Deus Filho é o Agente da salvação.

Por fim, Paulo descreve a obra do Espírito Santo, que sela e garante nossa herança espiritual:

> Quando vocês ouviram e creram na palavra da verdade, o evangelho que os salvou, vocês foram selados em Cristo com o

Espírito Santo da promessa, que é a garantia da nossa herança até a redenção daqueles que pertencem a Deus, para o louvor da sua glória (v. 13,14).

O Espírito Santo aplica a justiça de Cristo a todos os que estão em Cristo. Ele nos ungiu, sendo o penhor que nos sustenta até que vejamos Cristo face a face. O Espírito de Deus é quem protege nossa salvação.

Assim, o Pai iniciou a salvação, o Filho realizou-a e o Espírito Santo a torna real em nossa vida. No final de cada um dos três segmentos aparece a frase "para o louvor da sua glória". As três pessoas da Trindade devem ser louvadas pela obra que nos trouxe salvação. Pai, Filho e Espírito Santo desempenham papéis diferentes, mas trabalham em conjunto, em perfeita harmonia e concordância.

Fala-se muito sobre como construir a unidade entre pessoas diferentes. Retomando a analogia da orquestra, podemos nos lembrar de como ela se afina antes da apresentação. O oboísta toca a nota de afinação (o lá acima do dó central [440 Hz]), depois o primeiro violino repete a nota e os outros instrumentos se afinam com ela. O que se segue só pode ser descrito como uma cacofonia bizarra — pelo menos inicialmente —, enquanto ouvimos os músicos emitirem aquele som estranho que só uma orquestra consegue emitir. Depois tudo se acalma, e todos estão afinados entre si por terem se afinado pelo mesmo instrumento.

Jesus Cristo é nosso Instrumento-Guia. Ao encarnar, ele tocou a nota de afinação para todos nós. À medida que nos rendemos ao poder transformador do Espírito Santo, descobrimos que nossos instrumentos estão cada vez mais afinados com Jesus. Como subproduto da harmonia com ele, descobrimos que estamos afinados uns com os outros também.

Os principais guerreiros de Davi

O rei Davi liderava uma das equipes mais aclamadas em todo o Antigo Testamento. Esse grupo era composto inteiramente por estrelas entre guerreiros calejados pela guerra, celebrados por seus esforços destemidos. Eram homens preparados e bem-dispostos, capazes de entrar na batalha e entregar a vida pelo homem que sabiam ser o líder escolhido por Deus.

Várias coisas saltam aos olhos quando analisamos o trabalho de Davi para reunir essa equipe. Em primeiro lugar, Davi passou muito tempo com seus homens nas batalhas. Precisamos ficar firmes com nossa equipe nas horas ruins. Tendemos a estabelecer vínculos intensos quando compartilhamos experiências.

Em segundo lugar, sabendo que estavam dispostos a fazer sacrifícios por ele, Davi fez questão de mostrar-lhes que também estava disposto a fazer isso por eles. Quando três de seus guerreiros principais arriscaram a vida para trazer-lhe água potável durante uma batalha, Davi recusou-se a beber, provando que estava comprometido em compartilhar com eles todos os riscos (2Samuel 23.13-17). Temos de nos comprometer de forma genuína com nossa equipe.

Em terceiro lugar, Davi celebrava a vitória com os membros de sua equipe. De tempos em tempos, o rei e seus principais guerreiros viam-se diante de desigualdades aparentemente insuperáveis, mas viam o livramento de Deus. Temos de reconhecer as vitórias e reservar algum tempo para celebrá-las com os membros de nossa equipe.

Por fim, Davi honrou seus amigos. Aqueles homens eram bem conhecidos em todo o território como os "principais guerreiros de Davi", expressão que servia como uma placa, indicando que eles eram extraordinários (2Samuel 23.8-17; v. tb. 1Crônicas 11.10,11). Eles não eram conhecidos meramente como guerreiros principais: eram os guerreiros principais *de Davi*. Temos que desenvolver o senso de identidade de nossa equipe, para que possamos nos manter firmes diante da pressão crescente.

Sinergia, mentoria e formação de equipe

A Igreja, o Corpo de Cristo na terra, não é uma organização, e sim um organismo que manifesta tanto a unidade quanto a diversidade. Cada um de nós faz parte de algo. Na família de Deus, não deve haver nenhum eremita espiritual. Fazemos nossa jornada ao lado de outras pessoas e fomos chamados a viver com elas um relacionamento de aliança. Quando nos aproximamos de Deus, desamparados e alquebrados, sem nada nas mãos, e recebemos a dádiva do perdão e da salvação, estamos "fazendo negócio com venda casada". E, quando o fazemos, Deus nos diz: "Se você me ama, também precisa amar meu povo".

Vivemos numa cultura individualista, mas fomos chamados para ser pessoas no contexto dos relacionamentos. Como Greg Johnson observa, não fomos chamados para sermos as *pessoas* de Deus, mas o *povo* de Deus.

Uma frase bastante negligenciada em toda essa discussão sobre relacionamentos é a primeira parte do versículo 14 de Marcos 3. Jesus escolheu os discípulos "para que estivessem com ele". Antes de serem enviados ao mundo para ministrar, os discípulos foram chamados para uma experiência pessoal com o Mestre. Sabiamente, Cristo não deseja que o cristianismo seja apresentado como que por um vendedor, e sim por uma testemunha, alguém que realmente experimentou aquilo de que está falando. Existe algo notório na pessoa que está com Jesus.

Demonstramos sabedoria quando enxergamos um meio de investir o que temos em outras pessoas, para que as coisas que aprendemos e que passamos a valorizar, as coisas em torno das quais construímos nossa vida sobrevivam depois que partirmos deste mundo. A mente sábia está sempre pavimentando sua sucessão e sempre agindo como mentora de pessoas que irão assumir posições de liderança no futuro. Um antigo dito popular afirma que o sábio sempre está disposto a plantar árvores que dão sombra, mesmo quando ele sabe que jamais a desfrutará. Ele as planta para seus filhos e para os filhos de seus filhos.

O esporte é um grande exemplo do relacionamento entre sinergia, mentoria e formação de equipe. Boa parte dos grandes técnicos de nossa época já jogou sob a orientação dos grandes técnicos do passado ou atuou como assistente deles. No campeonato mundial de beisebol de 2002, o Anaheim Angels enfrentou o San Francisco Giants na semifinal. Curiosamente, os dois times eram dirigidos por ex-companheiros de equipe, Mike Scioscia e Dusty Baker. Ambos estavam entre os melhores dirigentes do beisebol profissional, e eles contam sobre a experiência maravilhosa que foi jogar sob a orientação do lendário Tommy Lasorda. Byron Scott foi o técnico do New Jersey Nets nas finais da Liga Americana de Basquete. Ele não hesitou em atribuir boa parte de seu sucesso ao fato de ter jogado sob a orientação de Pat Riley. Como técnico do San Franciso Forty-Niners, Bill Walsh revolucionou o futebol americano com o "Ataque da Costa Oeste". Pelo menos sete daqueles que foram seus técnicos assistentes ocupam hoje o lugar de técnico principal na Liga Nacional de Futebol Americano.

A ESCOLHA DOS APÓSTOLOS

Mesmo contando com uma grande multidão de discípulos, Jesus designou somente doze homens para se tornarem seus apóstolos. Essa decisão era tão importante que o Senhor se preparou para ela orando uma noite inteira: "Num daqueles dias, Jesus saiu para o monte a fim de orar, e passou a noite orando a Deus. Ao amanhecer, chamou seus discípulos e escolheu doze deles, a quem também designou apóstolos" (Lucas 6.12,13). Ao relatar esse incidente, Marcos acrescenta que Jesus designou os doze apóstolos "para que estivessem com ele, os enviasse a pregar" (Marcos 3.14).

Jesus sabia que aquela equipe estaria com ele até o fim de seu ministério, e estava preparado para derramar de si, sem reservas, sobre a vida deles. Ele continuou ensinando as multidões, mas daí em diante começaram os encontros reservados, nos quais vertia seus planos e seu caráter diante daqueles doze homens. Mesmo nos tempos de maior popularidade, Jesus percebeu que a melhor maneira de colocar o mundo de cabeça para baixo era investindo pesadamente em uns poucos que eram capazes de continuar a missão depois de o líder partir.

Mais de dois mil anos depois, podemos comprovar que o plano funcionou. Onze dos doze homens tornaram-se o fundamento da Igreja, construída sobre a Pedra Angular — Cristo (Efésios 2.19,20). As ações de Jesus, a inabalável realidade da ressurreição e o poder do Espírito Santo transformaram um grupo multiforme de homens que se caracterizavam pela confusão, por dissensões internas e por interesses pessoais em uma equipe de sinergia genuína, cujos integrantes demonstravam afeição autêntica uns pelos outros — e esse talvez seja o maior milagre de todos os tempos.

Uma equipe de especialistas

As equipes são compostas por especialistas que ocupam determinadas posições e normalmente são selecionados com base na habilidade individual e na contribuição que se espera deles. Mas não representam uma equipe robusta até que as forças individuais se combinem para produzir um resultado que nenhum dos membros possa produzir solitariamente. É difícil formar uma equipe de alto desempenho. Por isso, olhamos para o Mestre, buscando uma orientação sobre como recrutar e moldar uma equipe de altíssimo nível.

Jesus formou a equipe mais importante de que se tem notícia. Essa equipe foi desenvolvida para dar continuidade à sua obra na terra (Atos 1.8,9). Lucas registra a continuação da história dos apóstolos no livro de Atos. A igreja que eles lideravam explodiu, espalhando-se até muito longe de Jerusalém, alcançando todo o mundo em dois mil anos de história. Marcos narra com detalhes um acontecimento aparentemente insignificante — o chamado de Mateus, também conhecido como Levi:

> Passando por ali, [Jesus] viu Levi, filho de Alfeu, sentado na coletoria, e disse-lhe: "Siga-me". Levi levantou-se e o seguiu.
>
> Durante uma refeição na casa de Levi, muitos publicanos e "pecadores" estavam comendo com Jesus e seus discípulos, pois havia muitos que o seguiam. Quando os mestres da lei que eram fariseus o viram comendo com "pecadores" e publicanos, perguntaram aos discípulos de Jesus: "Por que ele come com publicanos e 'pecadores'?"
>
> Ouvindo isso, Jesus lhes disse: "Não são os que têm saúde que precisam de médico, mas sim os doentes. Eu não vim para chamar justos, mas pecadores" (Marcos 2.14-17).

Levi pode parecer uma escolha arbitrária, porém, como já vimos, Jesus passou a noite toda em oração antes de escolher sua equipe. Em outras palavras, ele escolheu Mateus intencionalmente. Ao escolher um cobrador de impostos, Jesus demonstrou dois princípios importantes na formação de equipes.

Em primeiro lugar, ele recrutou pessoas específicas por motivos específicos. Times são compostos por jogadores. E cada jogador atua em determinada posição. Espera-se que contribuam com algo que saibam fazer bem, mas o ideal é que contribuam com algo que façam melhor que qualquer outro integrante do time.

Em segundo lugar, Jesus recrutou um jogador "esquisito". Ele começou com um grupo de galileus — trabalhadores, a maioria pescadores, todos com fortes laços judaicos. Então ele inexplicavelmente acrescentou Mateus à mistura, um coletor de impostos execrado. Até onde se pode dizer sobre os apóstolos, Mateus era o candidato mais improvável. Por ser coletor de impostos, era alvo de violenta oposição do judaísmo ortodoxo. De fato, a palavra hebraica para "coletor de impostos" (*mokhes*) parece ter na raiz o significado de "opressão" e "injustiça". Os judeus simplesmente odiavam o opressivo sistema de tributação romana, bem como a alta porcentagem dos impostos. Odiavam também o número abusivo de impostos: sobre indivíduo, ponte, estrada, porto, renda, cidade, grãos, vinho, peixe, frutas etc. Odiavam ainda o modo em que o dinheiro deles era gasto: em atividade imorais e idólatras. Mas, acima de tudo, odiavam aquilo que a tributação romana representava: o domínio de Roma sobre o povo de Deus.

Conseqüentemente, qualquer judeu que trabalhasse para o "Ministério da Fazenda" romano era considerado um traidor da pior espécie. Mateus, portanto, vivia no ostracismo em relação a todas as formas da vida judaica, especialmente aos cultos na sinagoga. J. W. Shepard observa:

> O dinheiro dele era considerado uma mácula e corrompia qualquer um que o aceitasse. Ele não podia se apresentar como testemunha. Os rabinos nunca tinham uma palavra favorável ao publicano, porque viviam a expectativa de que ele se conformasse externamente à Lei para ser justificado diante de Deus.[4]

É interessante que, na condição de autor do primeiro evangelho, Mateus nos ensina mais a respeito das profecias do Antigo Testamento e das tradições judaicas que qualquer outro autor do Novo Testamento. Ao ler seu livro, temos a impressão de que ele era o judeu dos judeus. O que pensar de tal situação? Talvez Mateus ansiasse por manter as raízes judaicas, mas fosse duramente pressionado a ter um emprego seguro. Provavelmente, estudava as Escrituras na solitude, adquirindo por si mesmo determinadas convicções e passando a ter uma esperança individual no Messias. Devemos aprender com Mateus que as pessoas consideradas de segunda classe, que parecem tão antagônicas, podem muito bem se tornar os membros mais destacados da equipe.

Enquanto passava, Jesus olhou para Levi. A maioria dos judeus tentaria ignorar o homem dos impostos ou se esquivar dele, mas Jesus agiu de modo diferente. Ele aproximou-se de Levi e, olho no olho, convidou-o a ser seu discípulo.

Levi reagiu imediatamente, de forma radical. É provável que estivesse familiarizado com Jesus. O mar da Galiléia, especialmente a praia próxima a Cafarnaum, era o "quartel-general" de Jesus. Não há dúvida de que Levi ouvira algumas das pregações do Mestre. Pode até mesmo ter testemunhado o momento em que Jesus chamou os quatro pescadores. Por certo, já havia coletado impostos deles inúmeras vezes, especialmente depois da pesca miraculosa (Lucas 5.4-7). Embora o texto seja um tanto omisso nesse ponto, Levi provavelmente fechou o estabelecimento e acertou as contas com as autoridades romanas antes de abandonar sua posição e seguir Jesus. Fazer menos do que isso seria portar-se de maneira irresponsável e até mesmo perigosa, colocando em risco o ministério de Jesus.

Uma coisa era os pescadores (Pedro e André, Tiago e João) deixarem os negócios pessoais aos cuidados do próprio pai (Mateus 4.18-22). Eles tinham sempre a opção de retornar. De fato, após a ressurreição, os quatro retornaram à Galiléia e retomaram suas atividades (João 21.1-14). A situação de Levi, no entanto, era diferente. Ele não tinha outra opção. Era um membro modesto de uma enorme estrutura corporativa. Havia publicanos jovens e ávidos para assumir aquele posto lucrativo. Quando o abandonou, sabia que o estava fazendo em caráter definitivo.

Além de Mateus, o coletor de impostos, Jesus também recrutou "Simão, chamado zelote" (Lucas 6.15), que ficava no extremo oposto do espectro político de Mateus. Jesus ensinou aqueles homens a entender, estimar e *amar* uns aos outros. Jesus moldou-os até que se tornassem uma unidade compacta e entrelaçada. Mas ele recrutou cada um deles com base na força individual. Escolheu pessoas que contribuiriam com os outros membros e com os objetivos gerais da equipe.

As equipes, por naturezaa, requerem especialistas. Os especialistas normalmente diferem na personalidade e nas opiniões. Os membros da equipe combinam a força individual para ajudar uns aos outros a crescer e a transformar seu mundo. Uma equipe com tal diversidade pode ser mais difícil de liderar, mas treinar leões é mais interessante que alimentar gatinhos!

Confiando na equipe

Todo líder competente sabe da importância de formar uma equipe. Mas como se faz para formar essa equipe? Uma vez mais, Jesus nos dá o exemplo:

> Chegando Jesus à região de Cesaréia de Filipe, perguntou aos seus discípulos: "Quem os outros dizem que o Filho do homem é?"
>
> Eles responderam: "Alguns dizem que é João Batista; outros, Elias; e, ainda outros, Jeremias ou um dos profetas".
>
> "E vocês?", perguntou ele. "Quem vocês dizem que eu sou?"
>
> Simão Pedro respondeu: "Tu és o Cristo, o Filho do Deus vivo".
>
> Respondeu Jesus: "Feliz é você, Simão, filho de Jonas! Porque isto não lhe foi revelado por carne ou sangue, mas por meu

Pai que está nos céus. E eu lhe digo que você é Pedro, e sobre esta pedra edificarei a minha igreja, e as portas do Hades não poderão vencê-la. Eu lhe darei as chaves do Reino dos céus; o que você ligar na terra terá sido ligado nos céus, e o que você desligar na terra terá sido desligado nos céus". Então advertiu a seus discípulos que não contassem a ninguém que ele era o Cristo (Mateus 16.13-20).

Há um fator que pode ser mais importante para a liderança eficiente que as qualidades de liderança ou o extenso treinamento. Segundo John R. Katzenbach e Douglas K. Smith, os líderes eficientes "simplesmente precisam acreditar em seu intento e em seu pessoal".[5] Katzenbach e Smith argumentam que, quanto mais intensa essa convicção, mais ela habilita o líder a acertar instintivamente o equilíbrio entre a ação e a paciência enquanto trabalha para construir equipes eficientes.

Ninguém ilustra melhor esse princípio que Jesus. Quando ele perguntou a Pedro: "Quem vocês dizem que eu sou?", não estava querendo envolver um pescador num exercício intelectual. Se Pedro ia liderar a Igreja, precisaria ter firme convicção quanto à identidade do Cristo e de seu propósito. Pedro nem piscou para responder. Declarou com ousadia que Jesus era "o Cristo, o Filho do Deus vivo". Ao confessar que Jesus era o "Cristo", demonstra haver compreendido o propósito do Senhor. Jesus era o Ungido, o Messias, o Salvador, que viera ao mundo para salvar todos os que cressem nele.

Jesus respondeu não somente afirmando o discernimento que Pedro recebera de Deus, como também expressando sua confiança no papel futuro desse discípulo na liderança da Igreja. Embora os teólogos possam debater o significado exato das palavras de Jesus, uma coisa é certa: Jesus confiou a Pedro um papel destacado de liderança. E esse passo foi crucial para o desenvolvimento da equipe de homens e mulheres que mais tarde chacoalhariam o Império Romano com o evangelho.

O PODER DA SINERGIA

Uma equipe é capaz de realizar coisas que nenhum indivíduo, a despeito de quantas habilidades possua, pode realizar sozinho. Vamos fazer um pequeno teste: se 2 cavalos conseguem puxar 4 toneladas, quantas toneladas 4 cavalos conseguem puxar?

Aqui vai uma dica: não são 4 toneladas. De fato, não são nem mesmo 8 toneladas. Acredite se quiser, 4 cavalos conseguem puxar mais de 13 toneladas! Se a conta parece errada, é porque não entendemos o conceito de *sinergia*.

Sinergia é a força (ou energia) que se gera mediante o trabalho conjunto de diversas partes ou processos. Pode ser definida como a interação de elementos que, combinados, produzem um efeito maior que a soma das partes individuais. *Sinergia* é uma ação conjunta que aumenta a eficiência de cada membro da equipe. Para funcionar bem, a equipe precisa ter compromisso com uma visão e um propósito comuns e deve estar disposta a trabalhar unida para o aperfeiçoamento do todo, em vez do aperfeiçoamento de um de seus membros.

Parte 3

OS RELACIONAMENTOS DO LÍDER PERFEITO

12

Comunicação

ENTENDER PARA SER ENTENDIDO

Lá pela virada do século XX, um magnata do petróleo do Texas, rico, mas sem modos refinados, fez sua primeira viagem para a Europa a bordo de um navio. No jantar da primeira noite, ele sentou-se à mesa com um estranho, um francês que respeitosamente inclinou a cabeça e disse:

— *Bon appetit.*

Pensando que o homem estava se apresentando, o texano respondeu:

— Barnhouse.

Durante vários dias, o ritual se repetiu. O francês inclinava a cabeça e dizia: "*Bon appetit*", e o texano, sorrindo, respondia: "Barnhouse" um pouco mais alto e com melhor articulação que anteriormente.

Certa tarde, Barnhouse mencionou o fato a outro passageiro, que esclareceu as coisas para o barão do petróleo:

— Você entendeu tudo errado. Ele não estava se apresentando. *Bon appetit* é o jeito francês de desejar-lhe uma boa refeição.

Desnecessário dizer que Barnhouse ficou terrivelmente constrangido e determinado a consertar as coisas. No jantar daquela noite, o texano aproximou-se de seu novo amigo, inclinou a cabeça e disse:

— *Bon appetit.*

O francês levantou-se e respondeu:

— Barnhouse.

Na famosa oração atribuída a São Francisco de Assis, o suplicante pede a Deus ajuda para primeiro tentar compreender e depois ser compreendido. Esse princípio é a chave para a comunicação interpessoal eficiente. Na verdade, o livro de Provérbios já dava um conselho idêntico há muitos séculos: "Quem responde antes de ouvir comete insensatez e passa vergonha" (18.13). Pouco antes, no mesmo capítulo, Salomão apresenta uma avaliação precisa a respeito de quem prefere falar a ouvir: "O tolo não tem prazer no entendimento, mas sim em expor os seus pensamentos" (v. 2).

Aprendendo a ouvir

O líder que não consegue se comunicar não conseguirá liderar bem nem por muito tempo. A maioria dos líderes gasta enorme quantidade de tempo e energia desenvolvendo outras habilidades, como planejamento de longo prazo, administração do tempo e a arte de falar em público. Mas e quanto a desenvolver a habilidade de *ouvir*? Quem quiser ser um bom líder terá de desenvolver essa habilidade de extrema importância. Meu amigo Arthur Robertson, fundador e presidente da Effective Communication and Development, Inc., escreveu um livro com base na premissa de que "ser eficiente em ouvir é o requisito número um entre as habilidades de comunicação necessárias para obter sucesso na vida profissional e pessoal".[1]

O dr. James Lynch, co-diretor da Clínica e Laboratórios de Psicofisiologia da Universidade de Maryland, apresentou dados que mostram uma cura real do sistema cardiovascular, que ocorre quando as pessoas ouvem. A pressão sangüínea se eleva quando as pessoas falam e diminui quando ouvem. De fato, estudos mostram que a pressão sangüínea na verdade é mais baixa quando as pessoas estão ouvindo do que quando estão em silêncio, olhando para uma parede branca.[2] Segundo o dr. Lynch, a capacidade de ouvir não é simplesmente essencial ao exercício da boa liderança: é essencial à boa saúde!

Um homem vai ao médico e diz:

— Doutor, minha mulher não está ouvindo tão bem quanto costumava. O que faço?

O médico responde:

— Faça o seguinte teste para ter certeza. Na próxima vez que ela estiver em pé na cozinha fazendo o jantar, fique 5 metros atrás dela e faça uma pergunta. Se ela não responder, vá se aproximando e repetindo a pergunta até ela ouvir.

O homem vai para casa e encontra a esposa na cozinha. Ele se posiciona 5 metros atrás dela e pergunta:

— Querida, o que tem para o jantar?

Não há resposta, e ele chega mais perto.

— Querida, o que tem para o jantar?

Ainda não há resposta, e ele se aproxima ainda mais.

— Querida, o que tem para o jantar?

Nada. Agora ele está em pé, bem perto dela.

— Querida, o que tem para o jantar?

— Pela quarta vez, eu disse frango!

O DEUS QUE FALA

Depois de escrever *O Deus que intervém*, Francis Schaeffer escreveu vários outros livros, incluindo *O Deus que se revela*, o qual aborda a questão mais fundamental de todas: como sabemos aquilo que sabemos? A resposta de Schaeffer a essa questão é simples: o Deus infinito e pessoal, além de existir, existe também na qualidade de comunicador. O pressuposto fundamental das Escrituras é que, além da existência de Deus, ele se comunicou com seu povo por meio dos profetas e dos apóstolos e, de maneira mais conclusiva, por meio da revelação pessoal de seu Filho encarnado. Como ser pessoal e relacional, Deus é um comunicador. William Barry e William Connolly escrevem:

> A fé que temos nos diz que Deus se comunica conosco, saibamos disso ou não [...]. Ele compartilha de si mesmo conosco, até quando não sabemos que ele está fazendo isso [...]. Estamos continuamente "ouvindo" algo.[3]

O salmo 19 contém uma descrição das duas formas que Deus usa para se comunicar conosco: a revelação *geral* e a revelação *especial*:

> Os céus declaram a glória de Deus;
> o firmamento proclama a obra das suas mãos.
> Um dia fala disso a outro dia;
> uma noite o revela a outra noite.
> Sem discurso nem palavras,
>   não se ouve a sua voz.
> Mas a sua voz ressoa por toda a terra,
> e as suas palavras, até os confins do mundo.
> Nos céus ele armou uma tenda para o sol,
> que é como um noivo que sai de seu aposento
>   e se lança em sua carreira
>   com a alegria de um herói.
> Sai de uma extremidade dos céus
>   e faz o seu trajeto até a outra;
>   nada escapa ao seu calor (Salmos 19.1-6).

Os seis primeiros versículos desse poema sapiencial apresentam a revelação geral que Deus faz de si mesmo, por meio do poder, da beleza e da ordem da natureza. Essa revelação é geral porque está disponível a toda a humanidade. Sem fala nem linguagem, as estrelas apontam com eloqüência para além de si mesmas, para Aquele que as criou e as sustenta. Ninguém, portanto, ignora de fato a existência de Deus:

> Os atributos invisíveis de Deus, seu eterno poder e sua natureza divina, têm sido vistos claramente, sendo compreendidos por meio das coisas criadas, de forma que tais homens são indesculpáveis (Romanos 1.20).

Em Salmos 19.7-11, o salmista passa da revelação geral para a especial, da natureza para a Palavra escrita:

> A lei do SENHOR é perfeita, e revigora a alma.
> Os testemunhos do SENHOR
> são dignos de confiança,
> e tornam sábios os inexperientes.
> Os preceitos do SENHOR são justos,
> e dão alegria ao coração.
> Os mandamentos do SENHOR são límpidos,
> e trazem luz aos olhos.
> O temor do SENHOR é puro,
> e dura para sempre.
> As ordenanças do SENHOR são verdadeiras,
> são todas elas justas.
> São mais desejáveis do que o ouro,
> do que muito ouro puro;
> são mais doces do que o mel,
> do que as gotas do favo.
> Por elas o teu servo é advertido;
> há grande recompensa em obedecer-lhes.

A Palavra de Deus abençoa ricamente e fortalece os que aprendem dela e a seguem. Deus se comunica conosco nas Escrituras não meramente para nos *informar*, mas também para nos *transformar*. Os autores do Novo Testamento concordam inteiramente com esse ponto de vista:

> Toda a Escritura é inspirada por Deus e útil para o ensino, para a repreensão, para a correção e para a instrução na justiça, para que o homem de Deus seja apto e plenamente preparado para toda boa obra (2Timóteo 3.16,17).
>
> Pois a palavra de Deus é viva e eficaz, e mais afiada que qualquer espada de dois gumes; ela penetra até o ponto de dividir alma e espírito, juntas e medulas, e julga os pensamentos e intenções do coração. Nada, em toda a criação, está oculto aos olhos de Deus. Tudo está descoberto e exposto diante dos olhos daquele a quem havemos de prestar contas (Hebreus 4.12,13).

Há benefícios vinculados à exposição consistente da Palavra inspirada por Deus. O Espírito Santo falará a nós por meio das páginas das Escrituras, bastando apenas que nos aproximemos dele com a Bíblia e o coração abertos. A Bíblia é mais que um mero livro, é uma carta de Deus para nós. É pela Bíblia que Deus nos revela quem ele é, o que quer para nós, como devemos corresponder ao desejo que ele expressa e qual a melhor maneira de conduzir a vida de acordo com o projeto que nos é inerente. A Bíblia é um mapa para a vida abundante que Deus oferece a nós, seus filhos.

Converti-me no início do verão de 1967, mas já tivera contato com a Bíblia antes daquela noite. Aprendi vários versículos quando era criança, mas nunca significaram nada para mim. Era como memorizar fragmentos de Shakespeare ou citações de Mark Twain. Serviam para dar "tempero" a uma conversa, mas estavam longe de ser algo que mudasse minha vida. Depois que me tornei cristão, no entanto, começou a ficar evidente para mim que os versículos da Bíblia são qualitativamente diferentes das citações de Shakespeare e de Mark Twain. Os conceitos que encontramos na Bíblia têm o potencial de alterar radicalmente o curso da vida de uma pessoa. Quase instantaneamente, soube que precisava ir a algum lugar e dedicar boa parte de minha vida para aprender a Bíblia. Seis meses depois, deixei de ser um pós-graduando de cabelo comprido em Berkeley, Califórnia, para ser um estudante mais apresentável num seminário de Dallas, no Texas. Estava disposto a cortar meu cabelo e a usar terno e gravata nas aulas — um verdadeiro choque cultural para um ex-*hippie* — para assim poder aprender tudo que fosse possível a respeito do projeto de Deus para minha vida.

No entanto, não importa quão grandiosa a Bíblia possa ser, a forma mais elevada de comunicação utilizada por Deus é sua revelação *pessoal*, por meio de Jesus Cristo:

> Há muito tempo Deus falou muitas vezes e de várias maneiras aos nossos antepassados por meio dos profetas, mas nestes últimos dias falou-nos por meio do Filho, a quem constituiu herdeiro de todas as coisas e por meio de quem fez o universo. O Filho é o resplendor da glória de Deus e a expressão exata do seu ser, sustentando todas as coisas por sua palavra poderosa (Hebreus 1.1-3).

Jesus declarou que veio ao mundo para que pudéssemos conhecer ao Pai: "Todas as coisas me foram entregues por meu Pai. Ninguém conhece o Filho a não ser o Pai, e ninguém conhece o Pai a não ser o Filho e aqueles a quem o Filho o quiser revelar" (Mateus 11.27). Por haver tomado a iniciativa, Deus tornou possível conhecê-lo, convidando-nos a nos comunicar pessoalmente com ele por meio das Escrituras e da oração.

A MAIS DESOBEDECIDA DAS ORDENANÇAS

É importante praticar técnicas de escuta ativa, como olhar diretamente para a pessoa e reeditar mentalmente o que estamos ouvindo para garantir que entendemos tudo corretamente. George Bernard Shaw acredita que o maior problema na comunicação é a ilusão de que ela aconteceu.

Intimamente ligada à capacidade de ouvir está a capacidade de se expressar de forma não agressiva, de maneira positiva. Afinal, "há palavras que ferem como espada, mas a língua dos sábios traz a cura" (Provérbios 12.18). Podemos ensinar nossos filhos a dizer: "Pedras e paus podem me derrubar, mas palavras nunca vão me abalar", mas isso simplesmente não é verdade. As palavras podem ferir. As palavras podem cortar. De fato, a raiz da palavra "sarcasmo" é o conceito de cortar carne. Qualquer pessoa que já tenha sido alvo de frases sarcásticas sabe quanto essa afirmação é precisa.

Pode ser pouco saudável sufocar as emoções, como que aprisioná-las numa garrafa, mas isso não nos autoriza a dar vazão a sentimentos como raiva, irritação, decepção, impaciência, estresse, insegurança, culpa ou qualquer outra emoção negativa que estejamos sentindo em um determinado momento. Dietrich Bonhoeffer fala da necessidade de praticar "o ministério de manter a própria língua sob controle":

> Normalmente combatemos mais eficientemente os pensamentos malignos quando nos recusamos de forma absoluta a expressá-los em palavras [...]. Deve ser uma regra decisiva para cada comunidade cristã que os indivíduos sejam proibidos de dizer muito sobre o que lhes ocorre.[4]

Os líderes sábios pensam antes de falar e, ao fazê-lo, escolhem palavras que edificam, em vez de destruir. Quando tratados com hostilidade falam mansamente, de forma a desviar a raiva, em vez de incitá-la (Provérbios 15.1). Em sua epístola, Tiago escreve: "Meus amados irmãos, tenham isto em mente: Sejam todos prontos para ouvir, tardios para falar e tardios para irar-se, pois a ira do homem não produz a justiça de Deus" (Tiago 1.19,20). As três ordenanças ("prontos para ouvir, tardio para falar e tardio para irar-se") talvez sejam as mais desobedecidas de toda a Bíblia. Contudo, se observados com regularidade, podem mudar radicalmente a vida de uma pessoa, ajudando a gerar a vida de justiça que Deus deseja.

O grau de nossa capacidade de comunicação evocará confiança ou desconfiança naqueles que procuramos liderar. Instilará segurança ou medo. Determinará em grande medida quão ávidos estarão para nos ouvir, acreditar em nós e nos seguir.

A língua traiçoeira

Por sermos criados à imagem de Deus, somos seres pessoais, relacionais e comunicativos. A questão não é *se* vamos nos comunicar, mas até que ponto a comunicação será eficiente e apropriada. Nossa fala pode ser fonte de bênção ou de insulto para as pessoas, como Tiago demonstra em sua epístola. Tiago é o livro de sabedoria do Novo Testamento e, à semelhança do livro de Provérbios, trata longamente a respeito das palavras que proferimos. O capítulo 3 ressalta boa parte daquilo que já sabemos por meio de longas e dolorosas experiências: parece mais difícil manter a língua sob controle que qualquer outra parte de nosso corpo:

> Todos tropeçamos de muitas maneiras. Se alguém não tropeça no falar, tal homem é perfeito, sendo também capaz de dominar todo o seu corpo.
> Quando colocamos freios na boca dos cavalos para que eles nos obedeçam, podemos controlar o animal todo. Tomem

também como exemplo os navios; embora sejam tão grandes e impelidos por fortes ventos, são dirigidos por um leme muito pequeno, conforme a vontade do piloto. Semelhantemente, a língua é um pequeno órgão do corpo, mas se vangloria de grandes coisas. Vejam como um grande bosque é incendiado por uma simples fagulha. Assim também, a língua é um fogo; é um mundo de iniqüidade. Colocada entre os membros do nosso corpo, contamina a pessoa por inteiro, incendeia todo o curso de sua vida, sendo ela mesma incendiada pelo inferno (Tiago 3.2-6).

Nossa fala não é território neutro: ela é influenciada e moldada pelo caráter. A arte de ouvir bem e de falar com propriedade raramente é ensinada nas salas de aula, mas essas habilidades especiais continuam sendo essenciais à liderança eficiente.

Observe a conclusão de Tiago a respeito da incapacidade de controlar a língua:

> Toda espécie de animais, aves, répteis e criaturas do mar doma-se e tem sido domada pela espécie humana; a língua, porém, ninguém consegue domar. É um mal incontrolável, cheio de veneno mortífero (v. 7,8).

Observe, no entanto, que ele não nos abandona à nossa própria língua incontrolável, como vítimas desorientadas e desamparadas:

> Quem é sábio e tem entendimento entre vocês? Que o demonstre por seu bom procedimento, mediante obras praticadas com a humildade que provém da sabedoria. Contudo, se vocês abrigam no coração inveja amarga e ambição egoísta, não se gloriem disso, nem neguem a verdade. Esse tipo de "sabedoria" não vem dos céus, mas é terrena; não é espiritual, mas é demoníaca. Pois onde há inveja e ambição egoísta, aí há confusão e toda espécie de males.

Mas a sabedoria que vem do alto é antes de tudo pura; depois, pacífica, amável, compreensiva, cheia de misericórdia e de bons frutos, imparcial e sincera. O fruto da justiça semeia-se em paz para os pacificadores (v. 13-18).

Duas coisas podem ser a alma de nossa fala: a sabedoria terrena ou a sabedoria celeste. Jesus disse aos seus seguidores:

Nenhuma árvore boa dá fruto ruim, nenhuma árvore ruim dá fruto bom. Toda árvore é reconhecida por seus frutos. Ninguém colhe figos de espinheiros, nem uvas de ervas daninhas. O homem bom tira coisas boas do bom tesouro que está em seu coração, e o homem mau tira coisas más do mal que está em seu coração, porque a sua boca fala do que está cheio o coração (Lucas 6.43-45).

A chave para domar a língua não é a língua em si, mas o coração. O apóstolo Paulo concordava, pois citou Salmos:

Como está escrito:

"Não há nenhum justo,
     nem um sequer;
não há ninguém que entenda,
     ninguém que busque a Deus.
Todos se desviaram,
     tornaram-se juntamente inúteis;
não há ninguém
     que faça o bem,
não há nem um sequer".
"Suas gargantas
     são um túmulo aberto;
com suas línguas enganam".
"Veneno de serpentes

está em seus lábios".
"Suas bocas estão cheias
de maldição e amargura".
"Seus pés são ágeis
para derramar sangue;
ruína e desgraça marcam
os seus caminhos,
e não conhecem
o caminho da paz".
"Aos seus olhos é inútil
temer a Deus" (Romanos 3.10-18).

De acordo com Paulo, entre todas as formas pelas quais permitimos que nossa impiedade venha à tona, a fala é a principal. A língua é a manifestação inicial da depravação e da indignidade interiores. O coração pecaminoso produz a fala pecaminosa.

Uma das maneiras de os pais descobrirem se um filho está doente é pelo cheiro de doença no hálito. Os padrões da fala maldosa também estão na boca. E não basta lavá-la com sabão: precisamos ter o coração purificado com a água da Palavra de Deus. Precisamos de algo mais que um bochecho: temos de cuidar da doença interior que motiva o pecado que sai pela boca.

A Bíblia deixa claro que a comunicação é tanto uma questão de caráter quanto de habilidade. Ninguém consegue domar a língua. Ela falará daquilo de que o coração está cheio. Joseph Stowell observa com propriedade:

> Tiago escreve "a língua [...] ninguém consegue domar" (3.8). Essa afirmação não pretende nos deixar desesperados nem justificar o fracasso contínuo, mas, antes, informar que o esforço, que a iniciativa própria não têm valor [...]. No desejo de transformar a língua de um fogo infernal em instrumento de comunicação construtiva, encontramo-nos em

meio a uma tarefa de proporções sobrenaturais [...]. Transformar a língua, portanto, exige força sobrenatural.[5]

Não está a nosso alcance domar a própria língua, mas é possível rendê-la ao senhorio de Cristo. Na condição de líderes santos, devemos buscar a sabedoria celeste e encher o coração com o amor de Deus para que sua sabedoria e seu amor fluam de nós como uma incessante corrente de água.

Compreensão: para além do falar e do ouvir

A comunicação eficiente envolve mais que simplesmente falar e ouvir. A comunicação verdadeira só acontece quando as duas partes vão além da fala e da escuta e chegam à compreensão. Falar e escutar são meios, não fins. Pessoas que se sentem melhor por terem "desabafado" ou pensam que cumpriram sua obrigação porque "ouviram o desabafo" passam inadvertidamente a mensagem de que não querem se comunicar de verdade!

Suponha que o casal João e Jane tenham discutido recentemente. Se João dá um conselho a Jane ou expressa de forma bem articulada seu amor por ela, e Jane não ouve nem compreende, que motivo ele tem para se sentir melhor? O propósito não era João *dizer* algo: era Jane *compreender* o que foi dito. Essa rotina, no entanto, se repete todos os dias. Se Jane explica corajosamente a João os motivos de estar com raiva a ponto de querer esganá-lo, e João muda de assunto, então ele não ouviu Jane. Não cumpriu sua obrigação para com ela, nem como ser humano nem como marido. Em alguma das duas situações, o casal demonstrou uma compreensão mútua mais intensa? Não.

Quando Isaías foi comissionado, Deus deixou claro que o profeta enfrentaria problemas de comunicação ao longo de seu ministério: "Vá, e diga a este povo: 'Estejam sempre ouvindo, mas nunca entendam; estejam sempre vendo, e jamais percebam' "

(Isaías 6.9). O povo ouviria a mensagem, mas não a entenderia. Até permitiria que as palavras passassem por sua mente, mas não deixaria que assumissem nenhum significado. A mensagem de Deus proclamada por Isaías entraria por um ouvido e sairia pelo outro. Mas, se aquelas pessoas ouvissem e entendessem a mensagem, elas veriam com os olhos, ouviriam com os ouvidos, entenderiam com o coração, converteriam-se e seriam curadas (v. 10).

As parábolas de Jesus funcionavam da mesma maneira. Tinham o propósito de revelar a verdade aos que a receberiam e de encobri-la dos que a rejeitariam. Se o coração dos ouvintes for reto, eles ouvirão a Palavra, corresponderão a ela e serão curados. Caso contrário, ouvirão apenas uma história.

Comunicação de mão dupla

Ninguém discorda que a comunicação é essencial para a liderança eficiente. Mas talvez fiquemos surpreendidos com quanto a comunicação aberta, honesta e de mão dupla pode verdadeiramente beneficiar o líder e sua organização. Salomão adverte seus leitores a que fiquem alerta com a comunicação de mão única: "O tolo não tem prazer no entendimento, mas sim em expor os seus pensamentos" (Provérbios 18.2). John Stott conta uma história interessante a respeito de Joseph Parker, que serviu no City Temple, em Londres, no fim do século XIX. Parker subia ao púlpito num domingo pela manhã, quando uma mulher atirou nele um pedaço de papel. Ele apanhou o papel, e ali estava escrito: "Imbecil!". O dr. Parker voltou-se para o público e disse: "Já recebi diversas cartas anônimas em minha vida. Antes elas continham um texto sem a assinatura. Hoje, pela primeira vez, recebi uma assinatura sem texto!".[6]

A COMUNICAÇÃO REQUER INTERAÇÃO

A comunicação responsável exige interação. Ted Engstrom constatou a existência de comunicação de mão única no único lugar em que não deveria ser encontrada: um seminário a respeito de comunicação. Ele escreve:

> O líder do seminário, muito conhecido por ser o diretor do Departamento de Comunicações da universidade estadual, havia fracassado em sua comunicação. Ele conhecia toda a linguagem e as teorias apropriadas. Ele comunicou fatos, mas não possibilitou o entendimento.
>
> A comunicação fica barrada quando as emoções não coincidem com os sentimentos mútuos ou quando existe uma escuta seletiva por parte do ouvinte. Avaliar esses fatores capacitará o líder a dar passos mais consistentes para garantir a comunicação eficiente em seu grupo.
>
> A questão não pode ser colocada de forma diferente. Você se comunica sem tentar, ou você tenta sem se comunicar?[7]

Provérbios 18.2 demonstra que o comunicador de mão única, no final, faz papel de tolo. Mas leiamos o versículo 13: "Quem responde antes de ouvir comete insensatez e passa vergonha". O líder também precisa ouvir antes de responder — isso é essencial. Mas, para ser de fato convincente, o líder também precisa ouvir e responder com a mente aberta e investigativa, buscando um significado mais pleno. Só assim a comunicação de mão dupla, a única realmente eficaz, pode começar a acontecer.

13

Encorajamento

A IMPORTÂNCIA DA ESPERANÇA

Ninguém consegue viver sem esperança. Na vida de cada ser humano, há um histórico de perdas. Há quem tenha perdido a saúde, a condição financeira, a reputação, a carreira e até mesmo pessoas amadas, mas ainda assim suportam o peso da situação. Os livros contam histórias de pessoas que sofreram com a dor, a rejeição, o isolamento, a perseguição e o abuso. Algumas enfrentaram campos de concentração e mantiveram o espírito intacto e a cabeça erguida. Outras, como Jó, foram arrasadas por provações e ainda assim encontraram forças para continuar sem amaldiçoar a Deus e morrer (v. Jó 1.1—2.10).

Os seres humanos conseguem sobreviver à perda de quase qualquer coisa, mas não sobrevivem sem esperança.

Vivemos de esperança e vivemos na esperança. A esperança é o que nos leva de um dia para o outro. Quando somos jovens, vamos à escola com a esperança de um dia obter o diploma. Depois do diploma, temos a esperança de que um dia iniciaremos uma grande carreira. Quando solteiros, esperávamos um dia encontrar a pessoa certa e nos casar com ela. Depois de casados, começamos a ter esperança de que um dia teremos filhos. E, depois de ter filhos, alimentamos a esperança de que viveremos o suficiente para vê-los andar com as próprias pernas, ser bem-sucedidos, casar-se e gerar netos para nós.

Vivemos de esperança e, quando ela se esvai, a persistência, a alegria e a energia simplesmente evaporam. A própria vida começa a desvanecer. Quando a esperança se vai, começamos a morrer. Um dos provérbios mais profundos da Bíblia é este: "A esperança que se retarda deixa o coração doente, mas o anseio satisfeito é árvore de vida" (Provérbios 13.12).

Pode-se argumentar que o problema não é a falta de esperança — porque a temos —, mas que nossa esperança foi depositada no lugar errado. Desde a juventude, começamos a nos questionar, querendo descobrir o que nos trará retorno: talvez investir nossa esperança nos esportes, na vida acadêmica, na beleza ou na moda; talvez, quando ficarmos mais velhos (contudo nem sempre mais sábios), depositar nossa esperança na riqueza, no *status*, nas realizações e no prestígio.

Quando depositamos a esperança nas coisas erradas, duas coisas podem acontecer: nunca alcançaremos o patamar desejado — nesse caso, tornamo-nos pessoas invejosas e amargas; realizamos nosso desejo, apenas para descobrir que nosso coração não está satisfeito — nesse caso, acabamos vazios e decepcionados.

Com isso em mente, é fácil enxergar que, entre as tarefas que os líderes são chamados a cumprir, poucas são mais importantes que manter viva a esperança. Quando o líder eficiente percebe que o povo está perdido no labirinto escuro do desespero, ele consegue afastar as trevas com projeções positivas para o futuro da organização e para cada uma das pessoas envolvidas. Ele sabe quando se colocar ao lado de alguém que está prestes a perder a esperança e percebe quando um membro da equipe precisa de uma breve censura ou de um ombro para chorar.

O Deus que nos encoraja

Os atributos de Deus são tantos que é impossível ao ser humano contemplar todos ao mesmo tempo. Uma figura freqüente nos escritos dos profetas do Antigo Testamento, entretanto, é Deus no papel de encorajador. Ele procurava amorosamente inspirar seu povo a depositar nele a confiança e a esperança. Em outras palavras, a mensagem era: Deus encoraja seu povo porque o ama. Assim, mesmo quando Deus alertava o povo da iminência de julgamento, havia sempre uma nota consoladora. Ao falar do julgamento que se aproximava, os profetas olhavam para além da angústia, para uma época de bênçãos sem precedentes. Esse consolo vindo de Deus encorajava o povo a suportar a disciplina e a confiar em sua misericórdia e em sua justiça. Isaías, por exemplo, inicia uma de suas mensagens com as seguintes palavras: "Consolem, consolem o meu povo, diz o Deus de vocês" (Isaías 40.1). Depois do cativeiro na Babilônia, Jeremias garantiu ao povo que o plano de Deus era trazer-lhes prosperidade, em vez de lhes causar dano, e dar-lhes esperança e um futuro (Jeremias 29.11).

Zacarias, profeta que surgiu depois do exílio, é um exemplo clássico de mensageiro por meio de quem Deus transmitiu extraordinárias palavras de encorajamento:

> "Atenção! Atenção! Fujam da terra do norte", declara o Senhor, "porque eu os espalhei aos quatro ventos da terra", diz o Senhor.
>
> "Atenção, ó Sião! Escapem, vocês que vivem na cidade da Babilônia! Porque assim diz o Senhor dos Exércitos: 'Ele me enviou para buscar a sua glória entre as nações que saquearam vocês, porque todo o que tocar em vocês, toca na menina dos olhos dele'. Certamente levantarei a minha mão contra as nações de forma que serão um espólio para os seus servos. Então vocês saberão que foi o Senhor dos Exércitos que me enviou.

"Cante e alegre-se, ó cidade de Sião! Porque venho fazer de você a minha habitação", declara o SENHOR. "Muitas nações se unirão ao SENHOR naquele dia e se tornarão meu povo. Então você será a minha habitação e reconhecerá que o SENHOR dos Exércitos me enviou a você. O SENHOR herdará Judá como sua propriedade na terra santa e escolherá de novo Jerusalém. Aquietem-se todos perante o SENHOR, porque ele se levantou de sua santa habitação" (Zacarias 2.6-13).

O povo de Israel vivera recentemente o trauma do cativeiro de setenta anos na Babilônia. Depois de um remanescente haver retornado a Jerusalém para repovoar a terra e reconstruir o templo, muitos deles talvez tenham se perguntado se Deus ainda tinha um propósito para eles. Era um remanescente pequeno, e a terra estava devastada. Jerusalém estava em ruínas, o templo fora destruído, e os palácios e muros da cidade estavam no chão. Talvez tivessem a impressão de que Deus os abandonara para favorecer outro grupo.

Foi nesse contexto que o Senhor enviou seu servo Zacarias, com uma mensagem de consolo e esperança. O profeta encorajou o povo a completar o projeto de reconstrução, pelo estímulo de uma visão do Messias, que um dia iria retornar àquele templo e salvar seu povo. Por meio do profeta Zacarias, Deus renovou-lhes a confiança, confirmando que haviam sido trazidos de volta com um propósito e que as promessas contidas na aliança se tornariam realidade no governo glorioso do Messias sobre as nações da terra (v. 11,12). Deus não havia abandonado seu povo nem esquecido suas promessas! A despeito do histórico de infidelidade dos judeus, o Senhor afirmou que permaneceria fiel às promessas que fizera.

A exemplo dos filhos de Israel, os discípulos devem ter se perguntado se Deus os estava abandonando quando Cristo lhes contou sobre sua morte e conseqüente retorno ao Pai. Afinal, eles haviam investido anos da própria vida e deixado para trás a carreira e a família a fim de seguir o rabi fazedor de milagres, e agora ele lhes estava informando de sua partida iminente. Jesus consolou os amigos na noite em que foi traído com estas palavras: "Não se perturbe o coração de vocês. Creiam em Deus; creiam também em mim" (João 14.1). Mais tarde, naquela mesma noite, ele disse: "Deixo-lhes a paz; a minha paz lhes dou. Não a dou como o mundo a dá. Não se perturbe o seu coração, nem tenham medo" (v. 27).

Deus merece confiança. Quando depositamos nossa esperança nele, não há razão para perder a coragem. Independentemente do que acontece no mundo, as promessas divinas são sólidas. Não há nada que possa impedir o cumprimento de sua Palavra. Adversidade, sofrimento, angústia, reveses: nada pode impedir que suas promessas sejam cumpridas. No fim de tudo, estaremos com ele no lugar de sua habitação eterna. Essa verdade simples nos traz consolo e esperança em meio aos tempos difíceis.

Andy Cook nos diz como devemos nos conduzir em tempos de turbulência, sem perder a confiança:

> Como andar confiadamente em direção ao futuro? Concentre-se nas bênçãos, na paz e na alegria que Cristo oferece. Concentre-se no fato de que Jesus já andou por ali e nos convida a andar com ele. Não é preciso viajar sozinho. Ainda que esteja escuro e sejamos levados para baixo, até o vale do inferno, não estamos sós. Jesus prometeu jamais nos abandonar. Como Paulo afirma naquele minúsculo versículo de Filipenses [4.5], que sua feição alegre seja conhecida de todos os homens, feição que expresse a confiança de quem, pela fé, sabe que "perto está o Senhor".
>
> Que tal atitude seja um manto. Que as sandálias dele orientem seus passos. E, enquanto anda, lembre-se de que o riso vem logo após o sofrimento. Logo depois da cruz, está a ressurreição.

Logo depois da angústia, encontra-se a celebração espontânea. Concentre-se no riso que está por vir.[1]

Deus, o Governante de todo o Universo, tem a preocupação de nos encorajar. Ele toma para si a responsabilidade de proporcionar ao seu povo a sensação de consolo e de paz — ainda que em meio aos temores e à incerteza. Mas ele costuma colocar o encorajamento à disposição *de* seu povo *por meio* de seu povo. Não é de admirar, portanto, que o Inimigo use com tanta freqüência outras pessoas para sabotar e debilitar os propósitos de Deus em nossa vida. Joyce Heatherley escreveu um pequeno e maravilhoso livro no qual discute o sofrimento causado por pessoas que sentem a constante necessidade de avaliar nossas inadequações e a alegria gerada por pessoas que afirmam nosso potencial. Ela escreve:

> Mais do que nunca, estou convencida de que, se nossos cacos internos um dia voltarem a ser uma peça só e se um dia voltarmos a cantar, precisaremos lidar com os que nos avaliam e com os que nos encorajam. Também creio firmemente que a necessidade de afirmação mútua é crucial no processo de nos tornar o verdadeiro povo de Deus, não uma imitação barata ou um grupo hipócrita. A afirmação traz autenticidade e credibilidade à nossa fé, à medida que é vivenciada no dia-a-dia.[2]

ENCORAJANDO A EQUIPE

À medida que fica mais parecido com Jesus, o líder percebe que precisa assumir a tarefa de encorajar as pessoas que o rodeiam. E descobrirá que dessa forma a promessa de conforto e de paz se torna ainda mais real para o grupo.

Precisamos de alguém que ande conosco pelos montes e vales da vida. É espantoso o poder de um grupo que consegue caminhar unido em paz e em verdade — poder aliás necessário para que nos tornemos o líder que Deus pretende que sejamos. Precisamos saber que há pessoas comprometidas em buscar o melhor a favor de nossos interesses e encontrar formas de nos estimular e encorajar na direção do amor e dos atos de bondade.

Quanto a nós, líderes, precisamos encontrar maneiras de encorajar a equipe. Uma ligação, um recado curto ou uma palavra pessoal de agradecimento expressando aquilo que a pessoa significa para nós requer pouco tempo, mas rendem benefícios desproporcionalmente positivos. Não podemos deixar de agradecer aqueles que investiram em nós. Quando o Senhor realiza algo bom por nosso intermédio, é justo avisá-los de que outro dividendo acabou de ser pago em decorrência do investimento que fizeram em nós.

Encorajamento e valor humano

O encorajamento está para a equipe assim como o vento está para o veleiro — é o que impulsiona as pessoas para a frente. A exemplo dos antigos cristãos hebreus, todos precisamos de palavras de apoio. Os destinatários da carta aos hebreus precisavam de encorajamento. O fogo da perseguição estava ardendo com tanta intensidade que os cristãos estavam tentados a abandonar ao Deus vivo. O escritor sagrado, que conhecia a situação, instou com aqueles cristãos hebreus que renovassem a confiança entre si: "Encorajem-se uns aos outros todos os dias, durante o tempo que se chama 'hoje', de modo que nenhum de vocês seja endurecido pelo engano do pecado" (Hebreus 3.13).

Evidentemente, o encorajamento é algo que cada um de nós, na condição de líder, precisa oferecer aos membros da equipe. Do alto de sua experiência como líder do Outreach of Hope, um ministério montado para incutir esperança em pacientes com câncer, amputados e em suas famílias, o grande Dave Dravecky, ex-jogador da primeira divisão do beisebol americano, conclama seus leitores a proporcionar um encorajamento que confirme o valor da pessoa diante de Deus. Ele observa:

> Para nós, é fácil confundir o verdadeiro valor que temos com nosso senso de valor. Embora a Bíblia ensine que nosso valor verdadeiro nunca varia, já que está fundamentado em Deus e não em nós, o senso ou sentimento de valor que temos pode variar tremendamente.[3]

O problema é que os sentimentos nem sempre se alinham com a verdade. O que fazer então para encorajar os que estão presos a uma situação adversa? Em primeiro lugar, precisamos ajudá-los a reconhecer seus sentimentos e alinhá-los com a verdade. Como seres criados à imagem de Deus, nosso valor não está vinculado às coisas materiais que podem ser compradas num *shopping center* nem está arraigado a alguma posição de poder.

Dravecky também convida seus leitores a ajudar os que têm problemas com o valor pessoal a encontrar um trabalho produtivo, que fortaleça seu relacionamento com Deus e com outras pessoas. Encontrar um trabalho produtivo é um meio importante, dado por Deus, para ajudar homens e mulheres a perceber o valor intrínseco que possuem como filhos e filhas de Deus. Depois que descobrimos por que estamos aqui e o que devemos fazer com nossa vida, Deus infunde em nós o senso de esperança e encorajamento. Podemos então transmitir o mesmo encorajamento e a mesma esperança a outras pessoas.

BARNABÉ — LONGE DE SER UM ROSTO COMUM

Nenhuma outra personagem do Novo Testamento ilustra com mais nitidez a capacidade de encorajar que Barnabé, cujo nome significa "filho da consolação" (Atos 4.36, Almeida Revista e

Corrigida). Pense nisto: temos aqui um homem chamado José, um levita vindo de Chipre, um homem rico e generoso que, de alguma forma, fez por merecer um apelido maravilhoso. O que ele fazia, que impressionou tanto os apóstolos, a ponto de dizerem: "José não é um bom nome para você. Seu nome deve ser Barnabé, porque você sempre traz encorajamento"? Lucas nos informa:

> Quando [Saulo] chegou a Jerusalém, tentou reunir-se aos discípulos, mas todos estavam com medo dele, não acreditando que fosse realmente um discípulo. Então Barnabé o levou aos apóstolos e lhes contou como, no caminho, Saulo vira o Senhor, que lhe falara, e como em Damasco ele havia pregado corajosamente em nome de Jesus (Atos 9.26-27).

Compreensivelmente, os discípulos em Jerusalém estavam com medo de Saulo de Tarso. Antes de sua conversão, ele tentara a todo custo destruir a Igreja (Atos 9.1,2). Assim, não é de admirar que eles tenham questionado a validade de sua profissão de fé em Cristo. Como fariseu devoto, Saulo obstinadamente havia caçado e abatido os seguidores de Jesus. Para os precavidos discípulos, portanto, a fé recém-descoberta por Saulo bem podia ser apenas mais um de seus truques.

A suspeita dos cristãos ameaçava pôr a pique o ministério de Saulo antes mesmo de este começar. E isso por certo teria acontecido, não estivesse Barnabé disposto a se colocar "na brecha" (v. Ezequiel 22.30) a favor de Saulo, apresentando-o aos apóstolos e testificando a respeito de sua conversão e subseqüente ministério. Barnabé encorajou os apóstolos a abençoar o ministério de Saulo, e a reação deles foi favorável. Barnabé ofereceu o apoio providencial de que Saulo precisava para lançar-se à obra de Deus.

Talvez essa tenha sido uma das razões pelas quais Saulo (que depois mudou o nome para Paulo) falava com tanta freqüência a respeito do perdão total e da esperança encorajadora decorrente dele. Ele a tinha experimentado de forma palpável por meio do ministério do "filho da consolação". Se Barnabé não tivesse oferecido sua mão fraterna a esse homem penitente, cuja vida fora virada do avesso, Saulo talvez nunca fosse capaz de experimentar plenamente a liberdade que proclamava com tanta veemência. É o que escreve Jim McGuiggan:

> O problema é que, você sabe, eles [os contritos e penitentes] não conseguem desfrutar o perdão que Deus lhes concedeu livremente porque eu e você fazemos com que eles duvidem desse perdão. Eles não possuem a força nem a segurança para viver na alegria e na liberdade da graça que vem de Deus e que flui livre e misericordiosamente.[4]

O líder eficiente, como Barnabé, sustenta a esperança ao declarar seu apoio. Suponha por um instante que Barnabé não tivesse dito nada a favor de Saulo. O que teria acontecido? De que maneira as ações daquele líder demonstram amor e coragem? Pense um momento em como seguir esse exemplo com relação a um membro da família, um colaborador ou um colega de trabalho. Uma gota de encorajamento pode fazer muito para motivar os que nos cercam.

O encorajamento de um amigo

Na selvagem competição pela vida, às vezes recebemos golpes que nos deixam sangrando e quase sem fôlego. Em momentos assim, precisamos da reafirmação vinda de Deus e de nossos semelhantes para que possamos permanecer no "bom combate da fé" (1 Timóteo 6.12), ter "os olhos fitos em Jesus" (Hebreus 12.2) e "terminar a corrida" (Atos 20.24).

Jônatas e Davi firmaram um relacionamento profundo, baseado numa aliança de apoio mútuo, que foi muito útil a ambos e lhes deu equilíbrio e consolo em tempos de instabilidade:

> Surgiu tão grande amizade entre Jônatas e Davi que Jônatas tornou-se o seu melhor amigo. Daquele dia em diante, Saul manteve Davi consigo e não o deixou voltar à casa de seu pai. E Jônatas fez um acordo de amizade com Davi, pois se tornara o seu melhor amigo. Jônatas tirou o manto que estava vestindo e o deu a Davi, com sua túnica, e até sua espada, seu arco e seu cinturão (1Samuel 18.1-4).

Os dois andaram juntos, oraram um pelo outro e se encorajaram mutuamente até Jônatas morrer, quando Davi afirmou a respeito do amigo: "Jônatas, meu irmão! Como eu lhe queria bem! Sua amizade era, para mim, mais preciosa que o amor das mulheres!" (2Samuel 1.26).

Jônatas encorajou Davi, demonstrando lealdade nos tempos de prosperidade, quando Davi era o favorito da corte de Saul. Mais tarde, porém, quando seu pai, Saul, quis matar Davi, o encorajamento de Jônatas foi bem mais importante para o amigo. E muitos dos que encorajavam Davi nos bons tempos o abandonaram quando ele mais precisava de apoio.

Nessa situação tão penosa, Jônatas criou o molde para o caráter do encorajador. Num momento em que Davi não podia dar nada em troca, Jônatas o manteve de pé ao lhe oferecer apoio irrestrito:

> Depois Davi fugiu de Naiote, em Ramá, foi falar com Jônatas e lhe perguntou: "O que foi que eu fiz? Qual é o meu crime? Qual foi o pecado que cometi contra seu pai para que ele queira tirar a minha vida?"

"Nem pense nisso", respondeu Jônatas; "você não será morto! Meu pai não fará coisa alguma sem antes me avisar, seja importante ou não. Por que ele iria esconder isso de mim? Não é nada disso!"

Davi, contudo, fez um juramento e disse: "Seu pai sabe muito bem que eu conto com a sua simpatia, e pensou: 'Jônatas não deve saber disso para não se entristecer'. No entanto, eu juro pelo nome do Senhor e por sua vida que estou a um passo da morte".

Jônatas disse a Davi: "Eu farei o que você achar necessário" (1Samuel 20.1-4).

Imagine como Davi deve ter se sentido ao saber que, a despeito do grande risco pessoal, seu querido amigo Jônatas ainda estava do seu lado, dando o melhor de si para protegê-lo de qualquer dano. Jônatas fez uma promessa incondicional ao seu amigo e provou sua disposição de colocar-se em perigo para proteger Davi:

Jônatas perguntou a seu pai: "Por que ele [Davi] deve morrer? O que ele fez?" Então Saul atirou sua lança contra Jônatas para matá-lo. E assim Jônatas viu que seu pai estava mesmo decidido a matar Davi.

Jônatas levantou-se da mesa muito irado; naquele segundo dia da festa da lua nova ele não comeu, entristecido porque seu pai havia humilhado Davi (v. 32-34).

Por causa do temperamento violento de Saul, Jônatas e Davi foram obrigados a se separar. O drama intenso dessa separação teve como palco um campo aberto. Davi curvou-se três vezes diante de Jônatas, com o rosto na terra. Eles se beijaram, e um chorou no ombro do outro (v. 41).

Jônatas encorajava o amigo em seus encontros freqüentes, e isso foi importante para Davi. Mas nenhuma palavra no mundo pode expressar a sensação de segurança que há em saber que alguém acredita em nós, que se preocupa o suficiente conosco para manter-se do nosso lado, não importando quão difíceis sejam as circunstâncias ou o quanto isso possa custar. O encorajamento nos bons tempos mostra cuidado e consideração. O encorajamento nos tempos difíceis reflete caráter e comprometimento. Não raro os que nos encorajam nos tempos de prosperidade nos abandonam quando mais precisamos de apoio. Jônatas, contudo, demonstrou possuir um caráter santo por se manter o mesmo na hora da provação.

Encorajamento em tempos de dificuldade

A vida de Paulo de modo geral e seu discurso de despedida aos efésios em particular nos permitem enxergar alguns dos mecanismos do encorajamento. Paulo era um grande encorajador, não só porque ele mesmo recebeu de Barnabé um apoio especial, mas também porque trabalhou nisso com diligência. Depois de implantar uma igreja, ele tratava de visitá-la sempre que possível, escrevendo cartas e enviando obreiros para ministrar na sua ausência. Ele sempre se mostrava acessível ao povo, mesmo quando se encontrava fisicamente a muitos quilômetros de distância ou mesmo trancafiado numa prisão. No relato do encontro entre Paulo e os presbíteros de Éfeso, deparamos com algumas orientações ao líder santo que deseja ser instrumento de ânimo para outros cristãos.

Em primeiro lugar, Paulo tinha condições de dar apoio porque os ouvintes respeitavam seu exemplo:

> De Mileto, Paulo mandou chamar os presbíteros da igreja de Éfeso. Quando chegaram, ele lhes disse: "Vocês sabem como vivi todo o tempo em que estive com vocês, desde o primeiro dia em que cheguei à província da Ásia. Servi ao

Senhor com toda a humildade e com lágrimas, sendo severamente provado pelas conspirações dos judeus. Vocês sabem que não deixei de pregar-lhes nada que fosse proveitoso, mas ensinei-lhes tudo publicamente e de casa em casa. Testifiquei, tanto a judeus como a gregos, que eles precisam converter-se a Deus com arrependimento e fé em nosso Senhor Jesus" (Atos 20.17-21).

Se Paulo não tivesse a consciência limpa, a reunião teria terminado diante de tais palavras. Mas ele investira tempo e havia demonstrado com seu exemplo que era um homem íntegro. Seu exemplo era fonte de encorajamento para aqueles homens de Deus.

Em segundo lugar, Paulo não mascarou nem distorceu a realidade:

> "Agora, compelido pelo Espírito, estou indo para Jerusalém, sem saber o que me acontecerá ali. Só sei que, em todas as cidades, o Espírito Santo me avisa que prisões e sofrimentos me esperam. [...]
>
> "Agora sei que nenhum de vocês, entre os quais passei pregando o Reino, verá novamente a minha face. [...] Sei que, depois da minha partida, lobos ferozes penetrarão no meio de vocês e não pouparão o rebanho. E dentre vocês mesmos se levantarão homens que torcerão a verdade, a fim de atrair os discípulos. Por isso, vigiem!" (v. 22,23,25,29-31).

Oferecer apoio quando todas as notícias são boas não qualifica ninguém como encorajador. O mesmo vale para quem minimiza as notícias ruins. Os psicólogos Stephen Arterburn e Jack Felton afirmam que um dos sinais da fé saudável é que ela está fundamentada na realidade:

Os cristãos que estão crescendo esforçam-se para ver o mundo e a vida como de fato são, não através do filtro de um vitral nem através da grade de um mito imposto externamente, tampouco por uma cosmovisão de conto de fadas. Não se sentem impelidos a "justificar" provações ou eventos que os desorientam, mas estão dispostos a viver com algum grau de ambigüidade, a confiar que Deus governa o mundo com justiça — mesmo quando isso significa dificuldades para eles.[5]

Não importa quão terrível seja a aparência da realidade, o líder que confia em Deus precisa mesclar a presença soberana de Deus com a motivação para o esforço fiel (v. 32-35). A disposição de Paulo para enfrentar a realidade foi uma fonte de encorajamento para aqueles presbíteros.

Em terceiro lugar, Paulo orou com os presbíteros antes de sua partida, dando uma demonstração de amor e cuidado genuínos por eles:

> Tendo dito isso, ajoelhou-se com todos eles e orou. Todos choraram muito e, abraçando-o, o beijavam. O que mais os entristeceu foi a declaração de que nunca mais veriam a sua face. Então o acompanharam até o navio (v. 36-38).

Esse episódio da vida de Paulo demonstra que nem sempre o encorajamento está associado a circunstâncias auspiciosas. O apóstolo estava enfrentando provações, achava-se longe dos amigos e a separação era-lhe custosa. Mas suas palavras de ânimo, a despeito das provações que se seguiriam, mostram a nós que a dádiva do encorajamento sempre precisa estar relacionada com o poder soberano de Deus e com a preocupação genuína do líder. A confiança que Paulo tinha na bondade de Deus foi uma fonte de encorajamento para eles, assim como é para nós.

Nos últimos anos de sua vida, C. S. Lewis manteve correspondência com uma mulher anônima nos EUA.[6] Nessas cartas, Lewis insistia em que a mulher lidasse com a vida de maneira emocionalmente honesta, reconhecendo abertamente a angústia, o medo e a raiva. Ele também a advertiu do perigo de permitir que a raiva e o medo a afastassem de Deus. As cartas tratam com freqüência do sofrimento e da dificuldade em lidar com pessoas sem amor. Ele também escreveu com regularidade a respeito da oração e de seu lugar na vida espiritual. Em todas as cartas, três temas aparecem continuamente: o modo honesto de lidar com o próprio estado emocional, a reação misericordiosa às provações e às pessoas importunas e a diligência na vida de oração.

É fascinante ler as cartas. O mais notável, contudo, é o fato de que Lewis se deu ao trabalho de escrevê-las. Ele confessou sentir-se oprimido com o peso dessa tarefa, e, àquela altura da vida, ele mal conseguia escrever por causa do reumatismo no braço. Ainda assim, como observa Clyde S. Kilby, o motivo de ter mantido a correspondência era o seguinte:

> ... Lewis acreditava que empregar tempo para aconselhar e encorajar outro cristão era um modo de oferecer os talentos a Deus e ao mesmo tempo reconhecer a insignificância desses talentos perante o Senhor, além de ser um trabalho do Espírito Santo tão importante quanto o de escrever livros.[7]

Ser fonte de encorajamento para um irmão foi tão importante para Lewis quanto qualquer outra coisa que ele fez. O exemplo que ele dá a todos nós é sobre o enorme valor do encorajamento espiritual, de estarmos uns ao lado dos outros, de darmos com generosidade aos que têm pouco ou nada para dar em troca.

Tudo isso nos lembra de que não fomos chamados para andar sozinhos pela estrada da vida. Deus gentilmente nos concede a graça de sabermos que ele nos aceita e nos encoraja. Depois disso, ele nos concede o encorajamento e a aceitação vindos de outras pessoas. Por fim, ele nos convida a participar com ele da entrega das mesmas dádivas aos que seguem nossa liderança.

14

Exortação

AMIZADE E LIDERANÇA

Aristóteles disse: "Ninguém desejaria viver sem amigos, ainda que possuísse todos os outros bens". A maioria de nós concordaria com essa declaração e alegremente passaria a mencionar as amizades importantes que possui. Mas o surpreendente nesta citação de Aristóteles é sua origem e significado dentro de um contexto.

No livro *Ética a Nicômaco*, Aristóteles (384-322 a.C.) produziu aquele que muitos filósofos ainda consideram a mais completa obra já escrita sobre ética e caráter. A porção mais extensa desse trabalho — cerca de 25% — consiste numa discussão sobre a amizade. Por que o filósofo dedicaria tanto espaço à amizade em seu tratado sobre o comportamento moral dos seres humanos?

A resposta de Aristóteles a essa pergunta não tem nada de obsoleto e, de fato, oferece a nós, que vivemos no século XXI, uma perspectiva renovadora e muito necessária sobre as profundas dimensões éticas da amizade verdadeira. Para Aristóteles, a amizade mais pura é bem mais que o simples companheirismo, o compartilhar de *hobbies* e uma rede de conhecidos. Os amigos, no sentido mais elevado do termo, são os que fazem um esforço consciente para levar a ética e o caráter pessoal a sério, inspirando um ao outro a serem melhores — no pensar, no agir, no viver.[1]

Liderar é uma arte. Como tal, consiste em habilidades que podem ser estudadas, praticadas e dominadas. Líderes eficientes são encontrados tanto na sala da diretoria quanto na sala de máquinas. Podem ser professores, técnicos, banqueiros, advogados, balconistas ou serventes. A exortação está entre as habilidades relacionais que os líderes eficientes cultivam. Os que exortam são pessoas que instigam os outros a fim de levá-los a realizações mais elevadas. Ao fazer isso, estão ajudando os que estão sob sua tutela a serem líderes também. Mas pense no verbo que acabou de ser usado, "instigar". Instigar, provocar à ação, embora às vezes seja necessário, nem sempre é uma atividade agradável.

A exortação de Deus: "Escolham!"

Deus sempre se preocupa com seu povo e deseja o melhor para eles. Foi por isso que ensinou e exortou os filhos de Israel por intermédio dos muitos profetas que enviou para o meio deles. O futuro dos israelitas, para o bem ou para o mal, dependia da reação que tivessem às exortações amorosas de Deus.

No fim da vida, Moisés procurou preparar a geração que havia crescido no deserto para entrar na terra prometida (Deuteronômio 28.1-19). O bem-estar deles dependia bem mais da própria condição espiritual que das habilidade militares, e Moisés exortou-os a crescer no conhecimento do Senhor, a confiar sempre nele e a expressar esse amor e essa confiança na obediência aos mandamentos.

As bênçãos vinculadas à obediência e as maldições vinculadas à desobediência, listadas nessa passagem, não são promessas vazias nem ameaças inocentes. As maldições são apelos urgentes, vindas de um Pai celestial amoroso que procura o bem-estar de seu povo, mas que não os obrigará a escolher o caminho certo. Dessa maneira, Deus é o modelo perfeito para os pais.

Por exemplo, por meio do profeta Jeremias, Deus diz ao povo escolhido: "Conheço os planos que tenho para vocês [...] planos de fazê-los prosperar e não de lhes causar dano, planos de dar-lhes esperança e um futuro" (Jeremias 29.11). Essa é sem dúvida uma das grandes promessas de Deus que faríamos bem em lembrar. Mas Deus acrescenta, como se em um só fôlego: "Vocês me procurarão e me acharão quando me procurarem de todo o coração" (v. 13).

Em outras palavras, Deus tem planos maravilhosos para seu povo. Seus planos são de nos fazer alegres e prósperos, mas ele não nos obrigará a aceitá-los. Podemos obter dele o melhor, ter alegria e prosperidade, mas somente se o buscarmos com toda a diligência.

Os pais ficam frustrados ao ver os filhos escolhendo o que sabem ser um caminho doloroso e prejudicial. Ainda assim, precisamos permitir-lhes certa dose de liberdade, caso contrário jamais se tornarão plenamente humanos. E, à medida que crescem, quando a trela vai ficando mais folgada, correm o risco de tomar decisões cada vez mais imprudentes. Mas eles têm de amadurecer, e precisamos permitir-lhes certo grau de liberdade. Caso contrário, continuaremos a mimá-los e, em algum momento, acabamos tirando deles a dignidade. O amor sempre contém algum risco.

Moisés instou com o povo de Deus para se apegarem à vida, confiando e obedecendo ao Senhor:

> Hoje invoco os céus e a terra como testemunhas contra vocês, de que coloquei diante de vocês a vida e a morte, a bênção e a maldição. Agora escolham a vida, para que vocês e os seus filhos vivam (Deuteronômio 30.19).

Não há nada de obscuro nessa exortação!

Repreendo e disciplino aqueles que eu amo. Por isso, seja diligente e arrependa-se" (Apocalipse 3.19). Por se preocupar pessoalmente conosco e com nosso bem-estar, Deus nos adverte e insta conosco para que nos arrependamos e sigamos seus passos enquanto é tempo. Ele faz isso de três maneiras. Em primeiro lugar, usa o ministério do Espírito Santo de convencer o ser humano do pecado. Essa conscientização, que tem origem no Espírito de Deus, sempre será específica. Satanás tende a nos acusar usando generalidades, mas o Espírito amorosamente colocará o dedo em coisas identificáveis, que precisam ser tratadas.

O segundo meio que Deus usa para nos corrigir é a exortação feita por outros cristãos. Devemos ter consideração pelo ministério da exortação, que Deus concede a alguns cristãos. É freqüente que esse ministério nos alcance por meio das pessoas que mais nos amam. Infelizmente, tendemos a considerar esse meio de correção divina algo natural. Ainda assim, Deus pode usar — e usa — pessoas próximas para nos transmitir palavras de encorajamento e de exortação.

Por fim, ele também chama nossa atenção com a Palavra:

> Toda a Escritura é inspirada por Deus e útil para o ensino, para a repreensão, para a correção e para a instrução na justiça, para que o homem de Deus seja apto e plenamente preparado para toda boa obra (2Timóteo 3.16,17).

À medida que mergulhamos nas Escrituras, freqüentemente deparamos com palavras que falam conosco diretamente. Pode ser uma palavra de consolo, mas também de condenação.

Lembre-se de que a revelação sempre requer uma reação. Deus nunca concede uma revelação apenas para nos *informar*. Seu desejo é nos *transformar*, mas precisamos atender ao convite para experimentar essa transformação.

É lamentável, mas é possível rejeitar as exortações de Deus. Se for repetida ao longo do tempo, essa rejeição pode levar a uma consciência cauterizada e à incapacidade de reconhecer a condenação vinda do Senhor (1Timóteo 4.2) Lembre-se de que ele tende a falar no "murmúrio de uma brisa suave" (1Reis 19.12). É possível perder a sensibilidade a essa voz, e Deus poder ser obrigado a utilizar métodos mais severos para atrair nossa atenção. Ele pode ser incrivelmente criativo nos métodos que usa para nos convencer de pecado. Como C. S. Lewis afirma: "Deus nos sussurra em nossos prazeres, fala em nossa consciência, mas brada em nosso sofrimento: o sofrimento é o megafone de Deus para despertar um mundo surdo".[2]

Em uma ocasião ou outra, todos percebemos a exortação de Deus por meio de uma convicção interna de pecado, um trecho das Escrituras ou de um irmão na fé. A pergunta é: como reagimos? "Meu filho, não despreze a disciplina do Senhor nem se magoe com a sua repreensão, pois o Senhor disciplina a quem ama, assim como o pai faz ao filho de quem deseja o bem" (Provérbios 3.11,12; v. tb. Hebreus 12.4-13). Novamente, não há nada de obscuro nessa exortação.

Confrontação: o dom que ninguém quer

Alguns ficam mais à vontade que outros na confrontação. Às vezes, e por diversos motivos, preferimos evitar o conflito e criar aquilo que M. Scott Peck chama "pseudocomunidade" — um lugar destituído de conflitos. É onde mantemos as coisas seguras, falamos genericamente e só dizemos aquilo com que os outros ao nosso redor concordam. Estamos dispostos a contar pequenas mentiras a fim de preservar o *status quo*. A pseudocomunidade é agradável, educada, calma e estagnada — e, em última análise, letal.[3]

Independentemente de como nos sentimos a respeito da confrontação, há momentos em que confrontar o erro é a maior prova de amor que podemos dar a alguém. Dietrich Bonhoeffer escreve: "Nada pode ser mais cruel que a leniência, que abandona as pessoas ao seu pecado. Nada pode ser mais compassivo que uma repreensão severa que chama de volta o cristão à sua comunidade, tirando-o do caminho do pecado".[4]

De forma semelhante, embora ser repreendido por outra pessoa possa ser desconfortável, estar disposto a aceitar a correção, sem ficar na defensiva nem contra-atacar, é fundamental para o desenvolvimento do caráter.

João Batista certa vez repreendeu Herodes Antipas com estas palavras: "Não te é permitido viver com a mulher do teu irmão" (Marcos 6.18), e Herodes, em resposta, mandou prender João (v. 17). Herodias, a mulher em questão, astutamente manipulou o marido, colocando-o em uma situação social constrangedora, que o forçou a ordenar a decapitação do profeta (v. 19-28). A sensação de culpa de Herodes por esse ato era evidente (v. 14-16).

A maioria dos governantes na Bíblia reagia desfavoravelmente às exortações e censuras proféticas, e essa reação negativa talvez constituísse o maior risco ocupacional do chamado profético. Alguns profetas foram presos, passaram fome, foram torturados e até mesmo assassinados em conseqüência de suas exortações. A reação de arrependimento do rei Davi à repreensão de Natã (2Samuel 12.13) é rara nas Escrituras, e esse senso de culpa não é típico dos indivíduos elevados a importantes posições de liderança. No entanto, é crucial que os líderes exortem e sejam exortados de tempos em tempos.

Jesus ordena: "Se o seu irmão pecar, repreenda-o e, se ele se arrepender, perdoe-lhe" (Lucas 17.3). Paulo aconselha seu assistente Timóteo: "Pregue a palavra, esteja preparado a tempo e fora de tempo, repreenda, corrija, exorte com toda a paciência e doutrina"

(2Timóteo 4.2). De modo semelhante, o apóstolo instrui Tito: "Repreenda-os [os cretenses] severamente, para que sejam sadios na fé" (Tito 1.13). A exortação encontra seu necessário ponto de equilíbrio quando falamos "a verdade com espírito de amor" (Efésios 4.15, Nova Tradução na Linguagem de Hoje). Precisamos conceder às pessoas a dádiva da verdade, porém com sensibilidade e amabilidade. John Ortberg diz que "existe uma diferença teológica muito importante entre ser profeta e ser idiota".[5]

Na capa da Bíblia que usa para pregar, Warren Wiersbe escreveu as seguintes palavras: "Seja gentil, pois cada uma das pessoas que você encontra está em luta, em combate".[6] Nesse local tão estratégico, era fácil para ele lembrar que, mesmo se preparando para apresentar a verdade, ele tinha de apresentá-la com amor, bondade e sensibilidade, ou então a mensagem talvez não tivesse o impacto desejado.

"Quem ouve a repreensão construtiva terá lugar permanente entre os sábios. Quem recusa a disciplina faz pouco caso de si mesmo, mas quem ouve a repreensão obtém entendimento" (Provérbios 15.31,32). Como reagimos quando alguém nos exorta ou nos repreende? "Quem fere por amor mostra lealdade, mas o inimigo multiplica beijos" (Provérbios 27.6). Será que às vezes temos medo de "ferir" os amigos com palavras de exortação? Caso positivo, seria sensato dar atenção ao conselho de Bonhoeffer:

> Aquele que, devido à sensibilidade e à vaidade, rejeita as palavras sérias de outro cristão não pode falar a verdade com humildade a outros. Tal pessoa tem medo de ser rejeitada, de ser magoada pelas palavras de outros cristãos. Pessoas sensíveis e facilmente irritáveis sempre se tornarão bajuladoras e logo passarão a desprezar e a caluniar outros cristãos da comunidade [...]. Quando fica evidente que um cristão caiu em pecado, a admoestação é um imperativo, porque a Palavra de Deus a exige. A prática da disciplina na comunidade da fé começa com

amigos que têm intimidade. É preciso arriscar o uso de palavras de admoestação e de reprovação.[7]

Procedendo com cautela

Quando alguém comete um erro inadvertidamente ou por falta de cuidado, a responsabilidade que o líder tem de exortá-lo já é bastante difícil. Quando alguém peca e precisa ser exortado, a tarefa se torna muito mais complicada. Equilibrar justiça e graça, conseqüências e perdão, restituição e restauração pode tornar o processo confuso. Quando o líder se mostra irritado ou decepcionado com o transgressor, a situação fica ainda mais complexa. Uma vez que qualquer incidente pode trazer complicações, Deus nos orienta, por meio das palavras de Paulo em Gálatas 6.1-5:

> Irmãos, se alguém for surpreendido em algum pecado, vocês, que são espirituais, deverão restaurá-lo com mansidão. Cuide-se, porém, cada um para que também não seja tentado. Levem os fardos pesados uns dos outros e, assim, cumpram a lei de Cristo. Se alguém se considera alguma coisa, não sendo nada, engana-se a si mesmo. Cada um examine os próprios atos, e então poderá orgulhar-se de si mesmo, sem se comparar com ninguém, pois cada um deverá levar a própria carga.

Em primeiro lugar, Paulo define o propósito da exortação: é simplesmente a restauração. Infelizmente, como indica Dallas Willard, costumamos confrontar outras pessoas com seus erros para "colocá-las no prumo". Aplicada dessa maneira, a exortação será nada mais que uma ferramenta de manipulação e de coerção.[8]

Uma vez definido o propósito da exortação, o processo pode começar. Contudo, Paulo usa de cautela, lembrando que o processo precisa ser conduzido com mansidão, com a atitude de quem presta um serviço ao transgressor. O ato precisa ser realizado em obediência a Cristo. O "espiritual" deve agir de forma humilde, buscando conselho e aceitando a responsabilidade de conduzir a exortação dessa maneira.

Pelo fato de a exortação ser importante e quase sempre muito difícil, Paulo mostra a importância fundamental daquele que exorta. A expressão "vocês, que são espirituais" é *a* diretriz nessa passagem. A. W. Tozer escreve:

> Em qualquer grupo de dez pessoas, pelo menos nove certamente acreditam estar qualificadas para aconselhar os outros. E em nenhuma outra área de interesse humano estão mais preparadas para dar conselhos que em assuntos de religião e moral. Mas é precisamente nessa área que a pessoa comum é a menos qualificada para se pronunciar sensatamente e mais capaz de causar danos quando se pronuncia.[9]

Desse modo, é vital que quem exorta esteja entre os "espirituais". Mas o que exatamente Paulo quer dizer com essa qualificação? Devemos comparar a forma pela qual os que andam segundo a carne (Gálatas 5.19-21) e os que andam segundo o Espírito (5.22,23) reagem diante de um irmão surpreendido em pecado. Por quem gostaríamos de ser "exortados"? Não é por acaso que depois de Gálatas 5 existe Gálatas 6. Tozer continua:

> Nenhum homem tem direito de dar conselho se antes não ouviu Deus falar. Nenhum homem tem direito de aconselhar os outros se não estiver pronto para ouvir e seguir o conselho do Senhor. A verdadeira sabedoria moral precisa sempre ser um eco da voz de Deus. A única luz segura para o caminho é aquela refletida de Cristo, a Luz do mundo.[10]

Antes de exortar alguém, o líder precisa fazer um exame de si mesmo. As pessoas erram, e normalmente o líder se vê forçado a intervir e a lidar com as conseqüências. Mas, como Paulo lembra a Timóteo, a restauração feita com mansidão, conduzida por indivíduos espirituais, define a abordagem bíblica para essa difícil prerrogativa da liderança.

A velha e boa repreensão

Às vezes, a exortação se assemelha à plaina, usada para retirar uma extremidade áspera. Embora o processo possa ser doloroso, ele é necessário. De fato, o apóstolo Paulo aconselha Timóteo não somente a "corrigir" e a "exortar", mas também a "repreender" (2Timóteo 4.2). Ocasionalmente, uma repreensão é a assistência mais amorosa que um líder pode oferecer.

No livro *The Management Methods of Jesus*, Bob Briner observa que a palavra "repreensão" é um termo arcaico, que não queremos ouvir em nossos dias. Certamente, há ocasiões em que a antiquada repreensão deve ser a atitude adotada, mas precisamos exercer sabedoria para que nossas palavras edifiquem as pessoas, em vez de dilacerá-las.

Briner observa que nenhum dos discípulos que Jesus repreendeu o abandonou. Até mesmo Pedro, a quem Jesus disse: "Para trás de mim, Satanás!" (Mateus 16.23), permaneceu com ele. De fato, os discípulos que Jesus repreendeu mais asperamente tornaram-se seus adeptos mais entusiasmados. No entanto, Jesus não andava por aí com uma pistola verbal carregada, pronto para disparar repreensões contra qualquer um que demonstrasse arrogância. Pelo contrário, ele preferiu construir com os discípulos um tipo de relacionamento que os preparou para se beneficiarem até da repreensão mais severa.

De modo semelhante, precisamos nos certificar de que investimos o suficiente num relacionamento íntimo, profissional ou pessoal se quisermos nos assegurar de que uma repreensão será proveitosa, ainda que cause alguma dor. De fato, as repreensões mais penetrantes provavelmente estão reservadas para as pessoas que nos são mais queridas. Lembre-se de que cada exortação vêm acondicionada num pacote diferente. Às vezes, como Jesus demonstrou, podem estar embrulhadas na forma de repreensão.

Ninguém afirmaria que deu início a uma ação só para vê-la fracassar. Os casais não se apressam em chegar ao altar por querer chegar à separação judicial. O empresário não pede a segunda dose de martíni no almoço por querer se tornar alcoólatra. Ninguém consome sobremesas gigantescas por querer prejudicar o próprio corpo. Essas coisas, no entanto, acontecem-nos todos os dias porque não temos ninguém que nos exorte, que nos repreenda com amor, visando ao nosso bem.

Na condição de líderes que desejam se tornar cada vez mais parecidos com o Deus que nos lidera e inspira, precisamos de alguém que nos exorte. Da mesma forma, devemos estar dispostos a exortar nossos liderados, para que atinjam o máximo de seu potencial.

Paulo e a arte da exortação

O líder eficiente alcança feitos extraordinários quando "cutuca" os seus liderados de forma correta. Ao praticar a delicada arte da exortação, ele os capacita a agir. O apóstolo Paulo demonstra ter essa capacidade em 2Timóteo 2.15-21:

> Procure apresentar-se a Deus aprovado, como obreiro que não tem do que se envergonhar e que maneja corretamente a palavra da verdade. Evite as conversas inúteis e profanas, pois os que se dão a isso prosseguem cada vez mais para a impiedade. O ensino deles alastra-se como câncer; entre eles estão Himeneu e Fileto. Estes se desviaram da verdade, dizendo que a ressurreição já aconteceu, e assim a alguns pervertem a fé. Entretanto, o

firme fundamento de Deus permanece inabalável e selado com esta inscrição: "O Senhor conhece quem lhe pertence" e "afaste-se da iniqüidade todo aquele que confessa o nome do Senhor".

Numa grande casa há vasos não apenas de ouro e prata, mas também de madeira e barro; alguns para fins honrosos, outros para fins desonrosos. Se alguém se purificar dessas coisas, será vaso para honra, santificado, útil para o Senhor e preparado para toda boa obra.

Paulo começa com uma exortação geral a Timóteo: "Procure apresentar-se a Deus aprovado" (v. 15). Depois acrescenta algumas diretrizes específicas sobre como atingir esse objetivo: por meio do estudo e do ensino da Palavra de Deus e também do desenvolvimento do caráter santo e de bons hábitos pessoais. Por fim, apresenta duas ilustrações: uma negativa e uma positiva — Timóteo não deve ser igual a Himeneu nem a Fileto, que se haviam desviado da verdade. Em vez disso, deve ser como um vaso de ouro ou de prata em uma grande casa. Esse vaso, se for mantido limpo e polido, será usado pelo Mestre para um propósito nobre.

A Timóteo, jovem um pouco tímido e inseguro, faltava o nível de autoconfiança santa de que precisava para realizar a obra que tinha a fazer em Éfeso, pois para isso fora enviado. Paulo, demonstrando as qualidades de um bom mentor, encorajou e "cutucou" Timóteo para que este atingisse níveis mais altos de envolvimento, os quais sem esse estímulo ele jamais alcançaria. Um bom mentor enxerga o potencial do discípulo e fará tudo para que esse potencial se realize.

Há quem se contente com a mediocridade. Todos passamos por épocas em que escolhemos o bom, mas não o melhor; em que fazemos bem as coisas, mas não necessariamente com excelência. Essa tendência natural é complicada pelo fato de que nossa capacidade de auto-engano é verdadeiramente notável. Essa auto-ilusão, escreve Neil Plantinga, é um processo estranho e misterioso, que envolve a disposição que temos de enganar a nós mesmos:

> Negamos, suprimimos ou minimizamos aquilo que sabemos ser verdadeiro. Afirmamos, embelezamos e elevamos aquilo que sabemos ser falso. Enfeitamos as feias realidades e vendemos a nós mesmos as versões enfeitadas. Assim, um mentiroso pode transformar "conto um monte de mentiras para reforçar meu orgulho" em "ocasionalmente, refino a verdade a fim de poupar os sentimentos dos outros".[12]

Todos precisamos de pessoas capazes de nos contar a verdade a respeito de nós mesmos e que estejam dispostas a fazê-lo. Somente quando estivermos dispostos a receber exortação e formos capazes de recebê-la é que estaremos qualificados para fazer o mesmo a favor dos outros.

Líderes eficientes, como Paulo, usam uma variedade de técnicas de comunicação para exortar aqueles que os cercam a lutar por níveis mais elevados de desempenho. Ao agir assim, fazem deles pessoas mais bem preparadas para desempenhar também papéis de liderança. O mesmo vale para nós, na condição de líderes escolhidos para guiar o povo de Deus.

15

Construindo relacionamentos

LIDERANÇA E RELACIONAMENTOS

A capacidade de lidar com pessoas tem tal valor no mercado de trabalho que dificilmente pode ser exagerado. Zig Ziglar, por exemplo, informa:

> Quinze por cento [das pessoas] conseguem um emprego, mantêm o emprego e progridem nesse emprego em razão das habilidades técnicas e do conhecimento que possuem — independentemente da profissão [...]. E quanto aos outros 85%? Cavett [Robert] cita o Instituto Stanford de Pesquisa, a Universidade de Harvard e a Fundação Carnegie, cujas pesquisas mostram que 85% das pessoas conseguem um emprego, mantêm o emprego e progridem nesse emprego por causa da habilidade que têm de lidar com os outros, de se valer do conhecimento que possuem a respeito deles.[1]

É uma informação impressionante, pois enfatiza a importância dos relacionamentos humanos no trabalho. E, se esses relacionamentos desempenham um papel tão destacado nesse ambiente, então são cruciais quando desempenhamos o papel de líder. Afinal, liderança diz respeito a pessoas no contexto dos relacionamentos.

O Deus dos relacionamentos

Toda a Bíblia faz referências a relacionamentos. Os maiores teólogos na história da Igreja concordaram nesse ponto. Obviamente, o melhor exemplo é o de Jesus. Quando lhe pediram para resumir a vida consagrada a Deus, ele disse que era bem simples: ame a Deus, ame as pessoas (Marcos 12.28-31). Mais tarde, Agostinho, o grande teólogo da igreja primitiva, observou que cada palavra escrita na Bíblia pretende nos ensinar como amar a Deus e ao próximo.[2] Mais de mil anos depois, um monge agostiniano convertido, de nome Martinho Lutero, ecoou o mesmo pensamento ao declarar que toda a vida cristã consiste no relacionamento com as pessoas à nossa volta — em especial no serviço ao próximo.[3] Como Michael Wittmer diz: "A única verdade com a qual todos parecem concordar, de Moisés aos reformadores, passando por Jesus e por Agostinho, é sobre a impossibilidade de agradar a Deus sem amar o próximo".[4]

Evidentemente, essa verdade não nos causa surpresa quando consideramos que o Deus trino é um ser pessoal, que existe na qualidade de uma comunidade jubilosa de humildade, serviço e submissão mútua. Dallas Willard descreve a Trindade como "uma comunidade auto-suficiente de seres pessoais indizivelmente magníficos, de amor, conhecimento e poder ilimitados".[5]

Além de existir como uma comunidade perfeita, esse Deus grandioso também pagou um preço alto para possibilitar que tenhamos um relacionamento com ele, mediante os méritos de Jesus Cristo e a habitação do Espírito Santo. Essa história é bem antiga e conhecida, infelizmente perdeu algo de seu poder e de seu impacto em nossos dias; parte do mistério e do maravilhamento perderam o viço. E, no entanto, é a história mais magnífica do mundo. Não há nada que se assemelhe a ela. Deus, em sua misericórdia e sabedoria, entendendo plenamente que não podíamos salvar a nós mesmos, deu início à nossa salvação. Ele oferece perdão livremente a todos os que aceitarem o simples convite que ele faz. Perdão e reconciliação estão ao alcance de um braço estendido.

Por sua vez, Deus deseja que esse relacionamento se torne visível no relacionamento que temos com outras pessoas. Deus sabe que, além de sermos incapazes de nos salvar, somos também incapazes de amar verdadeiramente uns aos outros. Por isso, Deus ultrapassa a mera oferta de salvação: quando aceitamos seu convite, ele infunde milagrosamente em nós a capacidade de amar as pessoas da maneira certa.

O apóstolo João afirma que o amor de Deus por nós precede o amor que temos por ele e pelas pessoas. Deus demonstrou amor pela humanidade de maneiras palpáveis ao longo de toda a história de Israel, mas a demonstração foi mais plena e evidente na obra redentora de Jesus Cristo. Esse amor não se expressa unicamente em palavras, mas também em ações. João diz:

> Foi assim que Deus manifestou o seu amor entre nós: enviou o seu Filho Unigênito ao mundo, para que pudéssemos viver por meio dele. Nisto consiste o amor: não em que nós tenhamos amado a Deus, mas em que ele nos amou e enviou seu Filho como propiciação pelos nossos pecados. Amados, visto que Deus assim nos amou, nós também devemos amar uns aos outros (1João 4.9-11).

Deus nunca diz simplesmente que nos ama: ele demonstra. Um amor genuíno será sempre um amor generoso. O amor de Deus por nós, o amor ágape, é a firme intenção de sua vontade, voltada para o nosso bem. É esse amor ágape que ele nos convida a estender na direção das pessoas, e nos capacita para isso.

Tal propensão é tão intensa na mente do Espírito Santo que João, no mesmo capítulo, declara que os desprovidos de amor pelos membros da família de Deus deveriam seriamente questionar se realmente amam a Deus (v. 20,21). Em outras palavras, qualquer coisa que comece com o amor de Deus inevitavelmente desembocará numa demonstração prática de amor ao próximo.

Há uma relação mútua entre amar a Deus a amar as pessoas.

> Todo aquele que crê que Jesus é o Cristo é nascido de Deus,
> e todo aquele que ama o Pai ama também o que dele foi gerado.
> Assim sabemos que amamos os filhos de Deus: amando a Deus
> e obedecendo aos seus mandamentos (1João 5.1,2).

E quais são seus mandamentos? Lembre-se de como Jesus respondeu a essa pergunta: ame a Deus, ame as pessoas.

Os líderes religiosos na época de Jesus haviam reunido 613 leis, que serviam de comentários à Lei mosaica. Boa parte da Lei codificada de Moisés eram comentários sobre os Dez Mandamentos. Por sua vez, os Dez Mandamentos podem ser facilmente divididos entre os que tratam de nosso relacionamento com Deus e os que tratam de nosso relacionamento com outras pessoas. Assim, Jesus destila todos os comentários, transformando-os em dois princípios abrangentes: amar a Deus, amar as pessoas. Em última análise, quem ama é aquele que cumpre a Lei. Deus é amor, e ele nos convida a também sermos pessoas que amam — não somente em palavras, mas de maneira prática, palpável.

De fato, os relacionamentos apropriados são tão relevantes que nas Escrituras a justiça não é meramente uma condição jurídica: antes, é um conceito relacional, já que se refere a associações de bondade, justiça e amor para com Deus e para com as pessoas.

A justiça corresponde a "relacionamentos justos", no sentido de uma relação de retidão com Deus e com as pessoas.

Há uma fala no musical *Os miseráveis* que soa parecido com o que João está dizendo: "Amar outra pessoa é ver a face de Deus". Pensemos um instante na qualidade de nossos relacionamentos. Estamos buscando sonhos, ambições ou realizações que ameacem a qualidade dos relacionamentos de nossa vida? No fim da vida, as coisas das quais as pessoas se arrependem têm muito mais que ver com relacionamentos rompidos que com tarefas inacabadas. O que precisamos fazer agora para garantir que poderemos olhar para trás, no fim da jornada, sem qualquer arrependimento?

DUAS MANEIRAS DE VIVER

Perdão e reconciliação normalmente andam na contramão do mundo e de nosso coração. Deus nos criou à sua imagem — com a capacidade de nos conectarmos uns aos outros de forma profunda e significativa. Não demorou muito, contudo, e aprendemos como nos desconectar e viver como inimigos. Deus criou seres relacionais, belos e bons. Bem pouco tempo depois, os humanos acrescentaram uma invenção própria: vingança (Gênesis 4.1-8).

Sofrimento, traição e perda são inevitáveis neste mundo decaído. Mas há duas maneiras de viver num mundo assim: pelo caminho da vingança e pelo caminho da reconciliação. Uma estrada conduz à morte; a outra conduz à vida. Sobre esse assunto Anne Lamott comenta:

> Por muito tempo andei por aí dizendo que não sou o tipo de cristão que investe pesado no perdão — que sou do outro tipo. Mas, embora fosse engraçado e, de fato fosse verdade, começou a ser por demais doloroso viver desse modo [...]. Realmente,

não perdoar é como beber veneno de rato e ficar esperando o rato morrer.[6]

Os grandes líderes estão familiarizados com o perdão. Quanto mais percebemos a necessidade que temos de ser perdoados, mais fácil será para nós perdoar os outros.

Dois sempre é melhor que um

O dia 26 de abril de 2003 começou como um sábado normal para Aron Ralston, 27 anos, um ávido praticante de esportes radicais e de montanhismo. Aron planejou passar o dia andando de *mountain bike* e escalando as rochas que ficavam ao lado do Parque Nacional de Canyonlands, no sudeste de Utah. Como era de costume, planejou escalar sozinho.

Depois de pedalar 5 quilômetros até a cabeceira do Bluejohn Canyon, ele prendeu a bicicleta a uma árvore e — vestindo camiseta e *shorts* e carregando uma mochila — começou a escalar a rocha, abrindo o longo caminho em direção ao Horseshoe Canyon. Na mochila, carregava dois *burritos*,[a] menos de um litro de água, um canivete barato, um pequeno estojo de primeiros socorros, uma câmera de vídeo, uma câmera digital e alguns equipamentos para a escalada.

Cerca de 140 metros acima do rapel final, Ralston estava se ajeitando numa fenda, tentando alcançar o topo de uma grande pedra arredondada que estava fincada entre as estreitas paredes do *canyon*. Ele avaliou o peso da pedra e ficou de pé sobre ela. Pareceu-lhe bastante estável, mas, quando começou a escalar na direção oposta, a pedra, de 360 quilos, deslocou-se e prendeu seu

---

[a] *Burrito* é um prato mexicano tradicional, uma espécie de tortilha geralmente recheada com carne [N. do R.].

braço direito. Usando o canivete, ele desbastou a pedra durante dez horas, porém mal conseguiu raspá-la. O braço continuou preso.

O domingo veio e se foi. A segunda-feira se passou. Ele ainda estava aprisionado. Na terça-feira, ele ficou sem comida e sem água. Na quarta, gravou uma mensagem de vídeo para seus pais. Marcou seu nome na parede rochosa, junto com a data de seu nascimento e a que ele tinha certeza de que seria a data de sua morte. Depois entalhou três letras: "RIP".[b]

Em algum momento, na quinta-feira de manhã, Ralston começou a ter alucinações. Teve a visão de um garotinho correndo por um terreno iluminado pelo sol e sendo agarrado e jogado para cima por um homem de um braço só. Algo em sua mente despertou, e ele decidiu amputar o braço direito abaixo do cotovelo, usando o canivete. Em primeiro lugar, quebrou os ossos do braço. Depois fez um torniquete. Com a lâmina do canivete, terminou o procedimento.

Depois de aplicar medicamentos simples, desceu de rapel cerca de 20 metros até a parte baixa do Bluejohn Canyon, andando a pé 8 quilômetros até a parte adjacente ao Horseshoe Canyon, onde literalmente tropeçou numa família holandesa que estava de férias.

Enquanto isso, na cidade de Ralston — Aspen, no Colorado — seus amigos começaram a se preocupar quando ele não compareceu ao serviço. Além de ter ido sozinho, Aron também se negara a avisar quem quer que fosse sobre seu itinerário.

Por fim, Aron foi transportado de helicóptero para o Hospital Allen Memorial em Moab, Utah, onde foi tratado, pois entrara em choque. Seu braço não pôde ser reimplantado. Um evento trágico, certamente, com um final de certo modo feliz — Aron Ralston sobreviveu, mas pagou um preço muito alto.

---

[b] *Rest In Peace*: "Descanse em paz" [N. do T.].

Talvez a parte mais trágica é que tudo isso poderia ter sido evitado se Aron tivesse levado alguém com ele. É difícil imaginar uma ilustração mais comovente da sabedoria bíblica encontrada em Eclesiastes 4.9,10.

> É melhor ter companhia
> do que estar sozinho,
> porque maior
> é a recompensa do trabalho
> de duas pessoas.
> Se um cair,
> o amigo pode ajudá-lo a levantar-se.
> Mas pobre do homem que cai
> e não tem quem o ajude a levantar-se!

Essa passagem mostra o motivo de reunirmos pessoas nas organizações. Além de conseguir realizar um trabalho melhor, podemos nos ajudar mutuamente em tempos de dificuldade.

Para explicar o conceito, o autor de Eclesiastes recorre a uma imagem visual poderosa:

> Um homem sozinho pode ser vencido,
> mas dois conseguem defender-se.
> Um cordão de três dobras
> não se rompe com facilidade (4.12).

Pegue uma linha e verifique quanta força é necessária para rompê-la: ela se parte com facilidade. Mas tome três fios da mesma linha e os entrelace: rompê-los ficou significativamente mais difícil. O que é tão simples fazer com um fio de linha pode ser difícil numa situação que envolva liderança. Os líderes precisam se relacionar com seus liderados de forma a encorajar o entrelaçamento de idéias, comprometimentos e valores.

Três indivíduos isolados são tão vulneráveis quanto alguém sozinho. A palavra "relacionamento" implica a tentativa de trançar os fios. O resultado? Melhor trabalho, menor vulnerabilidade.

Os dois extremos a ser evitados são a co-dependência e a independência. O ponto de equilíbrio é a interdependência. A verdade é que não devemos basear nossa identidade em outra pessoa. Também não devemos achar que somos capazes de passar sozinhos pelas labutas e ciladas da vida. Como John Donne disse, "ninguém é uma ilha". Não devemos andar pela vida sozinhos. Em vez disso, fomos convidados a participar de relacionamentos baseados numa aliança, andando em paz e em verdade ao lado de outras pessoas, apoiando uns aos outros.

OSÉIAS E SUA ESPOSA INFIEL

Às vezes os relacionamentos que nos fortalecem exigem tanto a graça de Deus quanto um reservatório bem fundo de amor. Esse foi seguramente o caso de Oséias, que viveu em Israel numa época de prosperidade financeira, mas de mendicância espiritual. Por meio de Oséias, Deus chamou à responsabilidade os líderes da nação, que haviam fracassado. Eles eram ímpios, enganadores e arrogantes. Por não terem reconhecido Deus, eles — e o povo — estavam condenados. No papel de profeta de Israel, a tarefa nada invejável de Oséias era predizer-lhes o exílio e a posterior restauração.

Deus é inteiramente justo e amorosamente ciumento, mas sua disciplina nunca é inteiramente motivada pela raiva. Sua disciplina é sempre temperada pela misericórdia. Por isso, a fim de ilustrar seu amor pela nação de Israel, ele ordenou que Oséias se casasse com uma prostituta. Foi o que Oséias fez, escolhendo uma mulher chamada Gômer. O resultado pouco surpreendente foi seu sofrimento amoroso quando ela se mostrou infiel e por fim o abandonou (Oséias 1.2). Posteriormente, sob as ordens de Deus, Oséias foi atrás de uma Gômer quebrantada emocionalmente e financeiramente arruinada, perdoou-a e renovou os votos de casamento com ela (3.1,2).

Mediante seus problemas conjugais, Oséias experimentou um vislumbre do pesar de Deus pela infidelidade do povo. O amor de Oséias por Gômer serve como ilustração do amor de Deus por nós — um amor incondicional, mas que também é marcado por sua santidade. Entretanto, para os propósitos específicos que temos nesse ponto, Oséias é um exemplo a ser seguido. Às vezes, Deus apela para que o busquemos e para que perdoemos os que nos causaram males. Fazer isso equivale a nada menos que se tornar parecido com nosso Pai celeste. Deus perdoa. Mas o perdão nunca é barato: exige que desenvolvamos a capacidade de mostrar a graça e o amor de Deus aos que nos feriram e que abramos mão do direito de devolver-lhes o sofrimento que nos causaram.

Os relacionamentos e a riqueza verdadeira

"Posso não ter muito dinheiro, mas sou escandalosamente rico em relacionamentos." Quem faz uma declaração como essa tem as prioridades em ordem, porque entendeu o valor real das coisas na terra. Há uma enorme diferença entre amar as coisas e usar as pessoas e amar as pessoas e usar as coisas.

A passagem de 1Reis 19.19-21 marca uma mudança permanente na vida de dois homens — Elias e Eliseu:

> Então Elias saiu de lá e encontrou Eliseu, filho de Safate. Ele estava arando com doze parelhas de bois, e estava conduzindo a décima segunda parelha. Elias o alcançou e lançou sua capa sobre ele. Eliseu deixou os bois e correu atrás de Elias. "Deixa-me dar um beijo de despedida em meu pai e minha mãe", disse, "e então irei contigo."

"Vá e volte", respondeu Elias; "lembre-se do que lhe fiz."

E Eliseu voltou, apanhou a sua parelha de bois e os matou. Queimou o equipamento de arar para cozinhar a carne e a deu ao povo, e eles comeram. Depois partiu com Elias, tornando-se o seu auxiliar.

Quando o velho profeta Elias aproximou-se do jovem Eliseu e lançou sua capa sobre ele, ambos sabiam que a vida nunca mais seria a mesma para eles. Elias se havia transformado em mentor, e Eliseu, em seu discípulo. David Roper ressalta o peso desse encontro:

> É extremamente significativo que os bois [de Eliseu], a canga e o arado de madeira — todos esses implementos relacionados à sua vida passada — foram consumidos na festa final oferecida à sua família e amigos. Em uma mescla excêntrica de metáforas, ele queimou suas pontes com o passado e as comeu![7]

Como já observamos no exemplo de Oséias, servir como profeta no Israel antigo era tão ruim quanto possível. Um profeta viajava sem parar e servia incansavelmente por pouco ou nenhum pagamento, e o pacote de benefícios não surtiria efeito antes de ele morrer! A despeito desses prejuízos, muitos homens e mulheres responderam ao chamado de proclamar a Palavra do Senhor a um povo que em geral não se mostrava interessado em ouvi-la. Por fim, após muitos anos de ministério profético, Deus disse a Elias que havia chegado a hora de passar a tocha para Eliseu, seu jovem sucessor.

Eliseu, cujo nome significa "meu Deus é salvação", mostrou-se um bom estudante e um amigo fiel, e estava mais do que preparado para a tarefa. Quando Elias tentou convencer o discípulo a não acompanhá-lo em sua jornada final, o jovem recusou-se, dizendo: "Juro pelo nome do Senhor e por tua vida que não te deixarei ir só" (2Reis 2.1-6).

Todavia logo ficou claro: Deus queria que Elias deixasse Eliseu. Por isso, o mentor perguntou ao aprendiz: "O que posso fazer em seu favor antes que eu seja levado para longe de você?". Eliseu deve ter se sentido incapaz, em comparação com o velho profeta, pois pediu "porção dobrada" (Almeida Revista e Atualizada) do espírito profético de Elias, a fim de terminar a obra que seu mentor havia começado (v. 9).

A Lei estipulava que o irmão mais velho, o privilegiado, deveria receber porção dobrada da herança do pai (Deuteronômio 21.17). Eliseu era, ministerialmente, o "filho privilegiado" de Elias. Quando ele pediu porção dobrada do espírito de Elias, seu pedido incomum foi honrado (2Reis 2.9-15).

À semelhança de Elias, Eliseu foi obediente a Deus, ávido por seguir os passos de seu mentor. Deus atendeu-lhe o pedido, e Elias deixou para trás sua capa como símbolo de autoridade para o jovem profeta (2Reis 2.11-13). Eliseu ministrou durante o governo de 5 reis diferentes em Israel, e as Escrituras registram 20 milagres realizados por Eliseu, incluindo o que ele realizou depois de morto e enterrado (2Reis 13.20,21).

Centenas de anos depois, ao largo das margens do mesmo rio, houve outra "passagem de capa", bem mais importante, quando Jesus foi batizado por João Batista, sinalizando o início do ministério público de Cristo (Mateus 3.13-17). Na condição de Filho do próprio Deus, Jesus preenchia inteiramente os requisitos para a tarefa. Ele era e é fiel, nunca se afastando da missão de fazer a vontade do Pai e cumprindo-a com perfeição até o mais ínfimo detalhe (João 17.4).

A associação entre Elias e Eliseu também se assemelhava à mentoria de Jesus com os discípulos. A exemplo de Eliseu, eles tiveram de largar tudo para seguir Jesus aonde quer que fosse, mas logo descobriram que, ao amar Jesus mais que a qualquer pessoa, ganhavam não somente uma capacidade maior de realizar obras poderosas, como também uma capacidade maior de amar as outras pessoas.

Eliseu e os discípulos aprenderam que cumprir a vontade de Deus é infinitamente mais valioso que o dinheiro. Jesus enfatizou essa verdade quando disse aos fariseus, que amavam o dinheiro: "Aquilo que tem muito valor entre os homens é detestável aos olhos de Deus" (Lucas 16.15). O dinheiro e as realizações irão desaparecer, mas os relacionamentos continuarão pela eternidade, por isso o Senhor disse: "Usem a riqueza deste mundo ímpio para ganhar amigos, de forma que, quando ela acabar, estes os recebam nas moradas eternas" (Lucas 16.9).

Os relacionamentos são a moeda corrente no Reino de Deus. Vence na vida não aquele que possui mais brinquedos, e sim aquele que tem os melhores relacionamentos.

"Isso é real?"

Muitos anos atrás — era maio de 1986, embora pareça ter sido ontem —, eu estava fazendo palestras num retiro de homens, e um amigo, Paul, estava passando por momentos difíceis. Seu pai falecera recentemente, e por ser novo convertido Paul precisava de encorajamento. No carro, indo para o aeroporto, ele me fez uma pergunta: "Isso é real?". Em outras palavras: "Tudo isso é realmente de verdade? Há vida além daquela que podemos ver, sentir, provar e tocar? Devo realmente me basear nessas coisas?". Suponho que Paul me fez aquela pergunta difícil porque me respeitava e sabia que eu lhe diria a verdade.

Consigo me lembrar de tudo que esteja relacionado àquele momento — onde ele estava, o que estava vestindo, como ele investigou minhas feições, procurando sinais de firmeza. Olhei-o nos olhos e respondi: "Paul, isso tudo é real".

Alguns anos depois, recebi uma ligação de Paul. Ele estava bem financeira, espiritual e relacionalmente. Debatia-se, porém, a respeito de que caminho tomar, do que Deus o estava chamando a fazer e a ser. Ele disse: "Pois é, acho que quero ouvir você dizer aquilo mais uma vez, que é real".

É uma grande honra ser escolhido por Deus para ajudar pessoas nesses momentos cruciais. Normalmente, a mentoria se refere a coisas assim — encorajar e ser encorajado, saber que há alguém que acredita em nós, que nos ama e que nos irá dizer: "Sim, é real".

Ninguém consegue andar pela vida sozinho, porque, nessa situação, cedo ou tarde todos cairemos. Normalmente, temos força interior bastante para juntar os pedaços. Mas há um tempo em que caímos e descobrimos que não conseguiremos prosseguir. Nesse momento, descobrimos que verdadeiramente precisamos das pessoas, de relacionamentos.

16

Liderança de servo

Sacrifício pessoal a favor do sucesso do time

Um dos mais lendários técnicos do esporte profissional, Pat Riley motivou, ensinou e inspirou, abrindo caminho até as posições administrativas da NBA. Ele é um exemplo do que significa ser líder. Atletas e empresários poderiam aprender algo dessa mente comprometida com o basquete. Força propulsora do memorável período "é hora do *show*" no Los Angeles Lakers, Riley levou Magic Johnson, Kareem Abdul-Jabbar e o resto daquele time voador a quatro títulos da liga em nove anos. É o segundo técnico com mais vitórias na história da NBA e o dirigente que mais rapidamente atingiu a marca de mil vitórias em qualquer dos quatro principais esportes profissionais praticados nos EUA. Esse aclamado técnico escreveu a respeito do "perigo do eu":

> A coisa mais difícil para quem faz parte de um time é sacrificar-se. É muito fácil tornar-se egoísta no ambiente de equipe, jogar para si. É difícil alguém baixar a guarda e dizer: "Reconheço minha função e vou jogar para você". Mas isso é exatamente o que se tem de fazer. A disposição para o sacrifício é o grande paradoxo. Você precisa abrir mão de algo no presente imedia-

to — conforto, bem-estar, reconhecimento, recompensa rápida — a fim de conquistar algo melhor no futuro.[1]

O que Riley afirma a respeito da quadra de basquete também acontece na vida. Servir os outros pode ser difícil; gastar energias e recursos no interesse do próximo pode ser exaustivo. Os líderes mais eficientes, porém, são servos.

O LÍDER-SERVO

Embora muito se fale em nossos dias sobre liderança de servo, esse está longe de ser um conceito novo. De fato, é possível mostrar que a idéia está profundamente arraigada à Bíblia. De Gênesis a Apocalipse, vemos um desfile de líderes que usaram sua posição e poder para favorecer ao máximo aqueles que os cercavam. Evidentemente, ninguém demonstrou esse princípio melhor que Jesus de Nazaré, e em nenhum momento ele estabeleceu o modelo da virtude, que é liderança de servo, mais claramente que na noite anterior à crucificação.

Ao entrar no cenáculo, os discípulos começaram uma pequena discussão a respeito da posição que ocupariam. O rebuliço provavelmente foi iniciado por discordâncias sobre quem sentaria mais perto de Jesus. Não há dúvidas de que eles negligenciaram um conselho que o Mestre deu aos fariseus, seis meses antes, para que se sentassem nas posições mais humildes, em vez de abrir caminho às cotoveladas até a mesa (Lucas 14.7-11).

Jesus havia acabado de dar uma resposta verbal ao debate entre os discípulos sobre quem era o maior entre eles (Lucas 22.24-30). Em seguida, veio a resposta visual. O Mestre declarou que viera para servir, e não para assentar-se à mesa (v. 27). Depois os discípulos atônitos aprenderam a veracidade dessas palavras. Sozinho com os discípulos num salão em Jerusalém, Jesus fez o impensável. Enquanto o grupo se ajeitava nas respectivas almofadas e a refeição da Páscoa era servida, Jesus levantou-se despretensiosamente da mesa e colocou uma toalha em volta da cintura.

> Estava sendo servido o jantar. [...] Jesus sabia que o Pai havia colocado todas as coisas debaixo do seu poder, e que viera de Deus e estava voltando para Deus; assim, levantou-se da mesa, tirou sua capa e colocou uma toalha em volta da cintura. Depois disso, derramou água numa bacia e começou a lavar os pés dos discípulos, enxugando-os com a toalha que estava em sua cintura (João 13.2-5)

Não havendo servo para realizar a costumeira tarefa de lavar os pés, Jesus assumiu a responsabilidade. O Mestre tornou-se servo. O mais grandioso e o mais sublime tornou-se o menor e o mais humilde. Num ato atordoante, Jesus demonstrou que, no Reino de Deus, serviço não é o caminho para a grandeza; serviço *é* grandeza. Nesse ponto, a perspectiva divina espalha seu brilho, dando à nossa mente desorientada a impressão de estar de cabeça para baixo.

M. Scott Peck sentiu tamanho impacto com essa cena que a classificou como um dos acontecimentos mais importantes da vida de Jesus:

> Até aquele momento o sentido de todas as coisas era alcançar o topo e, tendo-o alcançado, ficar por lá ou então buscar subir ainda mais. Mas aqui temos um homem já no topo — que era rabino, professor e mestre — que repentinamente se abaixou e começou a lavar os pés de seus seguidores. Nesse ato, Jesus simbolicamente subverteu toda a ordem social. Pouco compreendendo o que se passava, até seus discípulos ficaram quase horrorizados com esse comportamento.[2]

Jesus foi capaz de assumir o papel de servo porque estava seguro de si mesmo. Ele sabia quem era, de onde tinha vindo e para onde estava indo. Mas Jesus também serviu seus discípulos porque os amava: "Tendo amado os seus que estavam no mundo, amou-os até o fim" (João 13.1). Embora essas duas razões fossem suficientemente satisfatórias, o Senhor tinha outra razão para suas ações:

> Quando terminou de lavar-lhes os pés, Jesus tornou a vestir sua capa e voltou ao seu lugar. Então lhes perguntou: "Vocês entendem o que lhes fiz? Vocês me chamam 'Mestre' e 'Senhor', e com razão, pois eu o sou. Pois bem, se eu, sendo Senhor e Mestre de vocês, lavei-lhes os pés, vocês também devem lavar os pés uns dos outros. Eu lhes dei o exemplo, para que vocês façam como lhes fiz. Digo-lhes verdadeiramente que nenhum escravo é maior do que o seu senhor, como também nenhum mensageiro é maior do que aquele que o enviou. Agora que vocês sabem estas coisas, felizes serão se as praticarem" (João 13.12-17).

O Senhor não lhes ordenou que fizessem "o que" ele havia feito, mas que fizessem "como" ele tinha feito. Não deveriam se tornar lavadores de pés em tempo integral, mas, antes, servos em tempo integral de homens e mulheres. Eles deveriam ser líderes-servos. João Calvino estava certo ao afirmar: "Cristo não nos impõe nesse trecho uma cerimônia anual, mas ordena que estejamos prontos, ao longo de toda a vida, para lavar os pés de nossos irmãos".[3] Longe de significar que devemos literalmente lavar pés, Cristo pretende que vivamos uma vida de amor, de serviço humilde e sacrificial.

O ato de lavar os pés certamente não nos impõe o mesmo peso cultural que representava para os que viviam no século I. Por isso, embora lavar os pés seja um gesto de humildade e um belo ato religioso, hoje em dia perdemos facilmente de vista a importância pragmática que tinha para os apóstolos. Jesus nos chama para mais do que um ato singelo, que pode se manifestar de diversas formas. Nos dias de hoje, pode significar colocar o lixo para fora, lavar banheiros ou trocar fraldas. "Lavar os pés" traduz-se em realizar tarefas humildes que todo mundo evita fazer por questão de orgulho.

Observe que Jesus jamais nos convida a fazer algo que ele mesmo não tenha feito por nós. Assim como não nos chama a amar o próximo sem nos ter amado, nem a perdoar sem nos ter perdoado, ele também não nos convida a servir os outros sem antes nos ter servido. Tendo amado, perdoado e nos servido, ele agora nos convida a participar no ministério da toalha, a seu lado.

Jim McGuiggan delineia o segredo do poder de Jesus e de sua capacidade de entrega:

> As Escrituras dizem que [Jesus] tinha diversas coisas em mente. Revelando para nós, vez após vez, aquilo que "Jesus sabia", João quer que o leitor entenda que Cristo faz o que faz à luz de seu conhecimento e amor.
>
> Jesus sabia que a hora para a qual tinha vindo ao mundo finalmente havia chegado — a hora da traição, a hora da inacreditável perturbação interior, a hora da rejeição nacional e de suportar o peso do pecado.
>
> Jesus sabia que o propósito imutável do Pai era dar-lhe toda a autoridade e controle — autoridade que ultrapassa os sonhos mais desenfreados do maior dos megalômanos.
>
> Jesus sabia que viera do Pai — tinha plena consciência de sua origem divina. Já compreendera isso quando ainda era um menino de 12 anos de idade; uma vida curta, porém plena, não havia abalado essa convicção — antes, a convicção se fortalecera.
>
> Jesus sabia que estava voltando para o Pai — esse era seu destino divino. Ele sabia que enfrentaria a traição, a humilhação, o abandono e a cruz, mas também sabia que voltaria para a glória ao lado do Pai.[4]

Deus foi bem longe, apenas para que tivéssemos uma base que nos permitisse entender nossa segurança, identidade e destino. Lemos na Bíblia que nada pode nos separar — nós que estamos em Cristo — do amor de Deus (Romanos 8.38,39). Lemos também que os que se entregaram ao grande amor de Deus são agora seus filhos (1João 3.1). Por fim, a Bíblia nos assegura que, como filhos de Deus, um dia seremos levados para estar com Jesus, para sempre, na casa do Pai (João 14.2,3).

O líder sofredor

As habilidades de liderança são usadas com maior freqüência a serviço do ganho pessoal e do progresso na carreira que a serviço do povo. Deus, no entanto, demonstrou, por meio da vida e do ministério de seu Filho, que a liderança tem como intenção concentrar-se no *outro*.

Nas religiões antigas era lugar-comum oferecer sacrifícios aos deuses, mas a idéia de que um deus se sacrificaria pela humanidade era quase impossível de imaginar. Nem mesmo o povo judeu tinha esse conceito, a despeito de suas Escrituras o afirmarem. É por isso que Jesus, depois de ressuscitar, repreendeu dois de seus discípulos na estrada para Emaús: "Como vocês custam a entender e como demoram a crer em tudo o que os profetas falaram! Não devia o Cristo sofrer estas coisas, para entrar na sua glória?" (Lucas 24.25,26). Já que os judeus esperavam por um Messias poderoso, que os livraria da dominação de Roma, eles negligenciaram as profecias a respeito do Servo sofredor, que os livraria da dominação ainda maior do pecado e da culpa:

> Vejam, o meu servo agirá
> com sabedoria;
> será engrandecido, elevado
> e muitíssimo exaltado.

Assim como houve muitos
    que ficaram pasmados diante dele;
sua aparência estava tão desfigurada,
    que ele se tornou irreconhecível como homem;
não parecia um ser humano;
de igual modo ele aspergirá
    muitas nações,
e reis calarão a boca por causa dele.
Pois aquilo que não lhes foi dito verão,
e o que não ouviram compreenderão (Isaías 52.13-15).

Escrita setecentos anos antes de Jesus nascer, essa passagem — na verdade a primeira estrofe de um poema — revela o caminho improvável até a glória que Jesus, o Servo sofredor, tomaria. Nesse trecho inicial, encontramos uma descrição do *programa* do Servo de Deus. O poema então prossegue, descrevendo a *pessoa* do Servo:

Quem creu em nossa mensagem?
E a quem foi revelado o braço do Senhor?
Ele cresceu diante dele
    como um broto tenro,
e como uma raiz saída de uma terra seca.
Ele não tinha qualquer beleza
    ou majestade que nos atraísse,
nada havia em sua aparência
    para que o desejássemos.
Foi desprezado e rejeitado pelos homens,
um homem de dores
    e experimentado no sofrimento.
Como alguém de quem
    os homens escondem o rosto,
      foi desprezado,
e nós não o tínhamos em estima (53.1-3).

Nesse ponto, vemos com clareza a imagem da rejeição. Jesus era a Raiz, plantada por Deus, que cresceu no solo ressecado da rejeição de Israel, do isolamento e do legalismo religioso. Longe de ser enviado a uma audiência receptiva, Jesus veio para os seus unicamente para ser por eles rejeitado (João 1.11). Naturalmente, essa rejeição conduz à estrofe seguinte do poema — dessa vez tratando da *paixão* do Servo:

> Certamente ele tomou sobre si
>   as nossas enfermidades
> e sobre si levou as nossas doenças;
> contudo nós o consideramos
>   castigado por Deus,
> por Deus atingido e afligido.
> Mas ele foi transpassado
>   por causa das nossas transgressões,
> foi esmagado por causa
>   de nossas iniqüidades;
> o castigo que nos trouxe paz
>   estava sobre ele, e pelas suas feridas
>   fomos curados.
> Todos nós, tal qual ovelhas,
>   nos desviamos,
> cada um de nós se voltou
>   para o seu próprio caminho;
> e o SENHOR fez cair sobre ele
>   a iniqüidade de todos nós (v. 4-6).

O Único, que sofreu tão injustamente nas mãos de homens ímpios e perversos, poderia simplesmente ter feito valer seus direitos. Quase ficamos na expectativa de que ele o faça. Mas as profundezas do amor de nosso Salvador só se ajustam com o que lemos em seguida — a *paciência* do Servo:

Ele foi oprimido e afligido;
e, contudo, não abriu a sua boca;
como um cordeiro
foi levado para o matadouro,
e como uma ovelha que diante de seus
tosquiadores fica calada,
ele não abriu a sua boca.
Com julgamento opressivo ele foi levado.
E quem pode falar dos seus descendentes?
Pois ele foi eliminado
da terra dos viventes;
por causa da transgressão
do meu povo ele foi golpeado.
Foi-lhe dado um túmulo com os ímpios,
e com os ricos em sua morte,
embora não tivesse cometido
nenhuma violência
nem houvesse nenhuma mentira
em sua boca (v. 7-9).

Por isso reverbera a pergunta, nos ouvidos, no pensamento e no sentimento de cada pessoa: Por quê? A seção termina com a descrição da *provisão* do Servo sofredor de Deus:

Contudo, foi da vontade do SENHOR
esmagá-lo e fazê-lo sofrer,
e, embora o SENHOR tenha feito da vida dele
uma oferta pela culpa,
ele verá sua prole e prolongará seus dias,
e a vontade do SENHOR
prosperará em sua mão.
Depois do sofrimento de sua alma,
ele verá a luz e ficará satisfeito;
pelo seu conhecimento

> meu servo justo
> justificará a muitos,
> e levará a iniqüidade deles.
> Por isso eu lhe darei uma porção
> entre os grandes,
> e ele dividirá os despojos com os fortes,
> porquanto ele derramou sua vida
> até a morte,
> e foi contado entre os transgressores.
> Pois ele levou o pecado de muitos,
> e pelos transgressores intercedeu (v. 10-12).

O coração da profecia está na terceira seção, que descreve a "paixão" ou o sofrimento do Servo. Isaías nos diz — usando o tempo verbal no passado — que o Servo Sofredor "tomou sobre si as nossas enfermidades e sobre si levou as nossas doenças" (v. 4). A palavra hebraica para "levou" conota levantar alguma coisa e carregá-la para longe. Jesus *levou em seu corpo* nosso pecado, junto com a punição necessária, afastando-os de nós (1Pedro 2.24). Reconhecemos o significado da morte de nosso Salvador quando entendemos que Deus emitiu um justo julgamento e depois assumiu *ele mesmo* as conseqüências da condenação, tudo a nosso favor (Romanos 5.6-11). Isaías referiu-se a um Messias "castigado" por Deus em virtude de nosso pecado (Isaías 53.4).

Em outra nítida imagem, Isaías declara que o Filho de Deus foi "transpassado por causa das nossas transgressões" (Isaías 53.5). A palavra hebraica aqui significa "furar de um extremo a outro", conotando tortura violenta e excruciante. Também é possível reconhecer uma referência à cruz — as mãos e os pés de Jesus foram literalmente transpassados pelos cravos, enquanto pendia da cruz (João 20.25; Atos 2.23; v. tb. João 19.34).

Isaías também usa um termo da agricultura, dizendo que Jesus foi "esmagado" por causa de nossas iniqüidades (Isaías 53.5), como as uvas que eram pisadas num tonel até se romperem e liberarem o suco. No "lagar da ira de Deus" (Apocalipse 14.19), Jesus foi esmagado até que seu espírito estivesse quebrantado (Salmos 34.18) e seu sangue fosse derramado como propiciação por nosso pecado (Romanos 3.25).

Jesus assumiu a punição de Deus por causa de nosso pecado para que pudéssemos ter paz com o Pai (Romanos 5.1; Efésios 2.14-18; Colossenses 1.19,20). Punição e paz nos parece uma combinação esquisita. Mas Jesus foi punido por causa de nosso pecado porque esse era o único meio de termos a comunhão restaurada com o Deus santo e de recebermos o *shalom* — a palavra hebraica para a paz que o povo de Deus esperou durante séculos.

Por fim, vemos no versículo 5 que fomos *curados* porque Jesus foi *ferido*. O belo texto de Isaías 53 faz menção ao desespero em que se encontrava a humanidade, o que exigiu de Jesus passar por tanto sofrimento: somos como ovelhas perdidas e em rebelião contra Deus. O versículo 6 começa e termina com uma referência ao coletivo: "todos nós" estávamos perdidos — mas Deus colocou sobre os ombros de Jesus o peso do pecado de "todos nós". Mas o sofrimento de Jesus não seria o fim da história. Isaías aponta, dessa vez no tempo verbal futuro, para além da agonia da cruz: "Depois do sofrimento de sua alma, ele [Jesus] verá a luz e ficará satisfeito; pelo seu conhecimento meu servo justo justificará a muitos, e levará a iniqüidade deles" (v. 11).

Jesus cumpriu perfeitamente a profecia do Antigo Testamento. Assim, como o Servo sofredor de Isaías, Jesus comunicou com clareza o propósito de ter vindo à terra: "Nem mesmo o Filho do homem veio para ser servido, mas para servir e dar a sua vida em resgate por muitos" (Marcos 10.45). Em seu sacrifício na cruz, Jesus nos apresenta a ilustração definitiva da liderança de servo. Jesus não sofreu por nós *a despeito de* sua identidade, mas *precisamente por causa de* sua identidade. Serviço e sacrifício faziam parte da natureza dele. Assim, quando nos chama para nos tornarmos como ele, chama-nos também para nos unirmos a ele em um estilo de vida de serviço e sacrifício. O serviço e o sacrifício não devem ser feitos *a despeito da* posição de liderança, mas precisamente *por causa da* posição de liderança.

Seu exemplo de servência transcende qualquer exemplo que algum dia se viu, antes ou depois dele:

> De fato, no devido tempo, quando ainda éramos fracos, Cristo morreu pelos ímpios. Dificilmente haverá alguém que morra por um justo, embora pelo homem bom talvez alguém tenha coragem de morrer. Mas Deus demonstra seu amor por nós: Cristo morreu em nosso favor quando ainda éramos pecadores (Romanos 5.6-8).

O LÍDER SEGURO

Assim como Jesus, podemos ter segurança em relação a nossa identidade e destino. De fato, somente à medida que entendermos esses conceitos, seremos capazes de servir como Cristo serviu. Entretanto, quanto mais inseguros estivermos a respeito de nossa verdadeira identidade e destino eterno, mais provável será que manipularemos as pessoas, na tentativa desesperada de satisfazer nossas necessidades.

A liderança centrada no outro, cujo modelo percebemos claramente na vida de Jesus, agora é nosso chamado mais importante. Somos chamados não para sermos servidos neste mundo, mas para servir e colocar nossa vida à disposição do próximo. Assim, ao perder nossa vida, descobriremos nela seu sentido mais verdadeiro.

Assumir o papel de servo rapidamente esvaziará o espírito competitivo. A mentalidade de servo impulsiona-nos ao envolvimento com as tarefas comuns e enfadonhas do cotidiano. Em geral, gostamos de visualizar grandes e impressionantes projetos, aos quais desejamos nos dedicar. Mas viver como Jesus viveu também significa servir as pessoas nas áreas aparentemente insignificantes. Pode ser parar no acostamento para ajudar alguém a trocar o pneu, permitir que uma mãe atarefada com os braços cheios de pacotes passe à frente na fila e incontáveis outros "atos aleatórios de bondade". Jesus lembra a seus discípulos que atender as necessidades das pessoas de forma aparentemente tão trivial demonstra respeito a Deus, algo que será recompensado (Marcos 9.41). As graciosas recompensas de nosso Senhor são concedidas aos que o servem, àqueles que ajudam as pessoas de maneiras simples, porém profundas.

O LÍDER CONTRACULTURAL

Em algum momento futuro, todos os joelhos se dobrarão ao nome de Jesus (Filipenses 2.9-11). Assim, a pergunta não é: "*Vamos* reconhecer que Jesus é Senhor?", e sim: "*Quando* reconheceremos Jesus como Senhor?". Jesus, no entanto, veio à terra na forma de servo e espera que expressemos aqui o serviço que lhe é devido por meio da ministração às pessoas. Segundo o modelo apresentado pelo Salvador, devemos nos dispor a abrir mão de direitos e posições nesta vida e viver de forma a permitir que outras pessoas experimentem o amor de Deus.

A visão bíblica para a liderança de servo evidencia o fato de que o serviço que prestamos a outras pessoas é realmente a medida do serviço que prestamos a Deus. O próprio Cristo é modelo para essa mentalidade de servo, e ele ordena que sigamos seu exemplo de serviço. Assim, se nos colocarmos na posição do servo, isso nos fará avançar para o objetivo de nos tornarmos mais parecidos com Cristo. Sem dúvida, Jesus tinha todo o direito de ser servido por toda a criação, mas escolheu viver como servo durante toda a vida terrena e, em última instância, morrer por causa de nosso pecado. E ele pede que cada um de nós siga seu exemplo: "Quem quiser tornar-se importante entre vocês deverá ser servo; e quem quiser ser o primeiro deverá ser escravo de todos" (Marcos 10.43,44).

Em mais de uma ocasião, os discípulos de Jesus discutiram "acerca de qual deles era considerado o maior" (Lucas 22.24; v. tb. Mateus 20.20-28). Enquanto eles se debatiam para obter a posição mais elevada, Jesus procurava convencê-los a modificar esse pensamento. Ele informou-os de que o modo de ser dos filhos de Deus precisa ser radicalmente diferente do estilo de vida deste mundo. Poucas declarações de Jesus podem ser consideradas tão contraculturais quanto essa. Os governantes da terra buscam poder e controle, mas para os seguidores de Cristo "se alguém quiser ser o primeiro, será o último, e servo de todos" (Marcos 9.35).

O líder influente

Como já vimos, embora o conceito de liderança de servo tenha se popularizado recentemente, de forma alguma é um conceito novo. Para Jesus, era uma exigência fundamental de caráter para qualquer um que pretendesse segui-lo. Frank Davey escreve:

> Jesus inverteu as prioridades sociais de seus dias ao demonstrar e ensinar uma preocupação especial pelos pobres, deficientes, despossuídos e economicamente desprivilegiados. Tais pessoas não tinham nenhuma pretensão de receber atenção até Jesus tornar-se o defensor delas [...]. Não se consegue imaginar Hipócrates demonstrando muito interesse por uma prostituta em dificuldades, um mendigo cego, um escravo do soldado das forças de ocupação, um estrangeiro psicótico que claramente não tinha nenhum dinheiro ou uma anciã com problemas crônicos na coluna vertebral. Jesus não apenas agiu assim: ele esperava que seus seguidores fizessem o mesmo.[5]

No entanto, Jesus não se limitou a falar em servir as pessoas: ele foi — e é — o modelo definitivo do servo. Ainda hoje, tal como era quando andava sobre a terra, Jesus serve aqueles a quem lidera.

Jesus merece nossa adoração completa e irrestrita, pois é Deus Filho. Em Apocalipse 5.11,12, o apóstolo João ouviu, durante a visão que teve, os incríveis sons de milhares de vozes angelicais, todas elevadas em um cântico. A melodia alcançou um crescendo de dar calafrios na espinha, reverberando por todo o céu: "Digno é o Cordeiro que foi morto de receber poder, riqueza, sabedoria, força, honra, glória e louvor!" (v. 12). A esse exército de anjos logo se juntaram todas as outras criaturas vivas, nos céus e na terra, exclamado: "Àquele que está assentado no trono e ao Cordeiro sejam o louvor, a honra, a glória e o poder, para todo o sempre!" (v. 13).

O que exatamente Jesus fez para merecer tal louvor?

A cena se abre com João em profunda angústia, porque parecia que ninguém seria capaz de resolver a questão da ira de Deus contra o pecado da humanidade, de romper os selos, tirar o véu que estava sobre o mistério da consumação da História e abrir o rolo do julgamento de Deus: "Eu chorava muito, porque não se encontrou ninguém que fosse digno de abrir o livro e de olhar para ele" (v. 4), escreve João. Um dos anciãos presentes, contudo, foi quem imediatamente veio renovar a esperança do abalado apóstolo: "Não chore! Eis que o Leão da tribo de Judá, a Raiz de Davi, venceu para abrir o livro e os seus sete selos" (v. 5).

Nesse momento, João olha para cima e vê o Cordeiro de Deus (v. 6; v. tb. Jo 1.29): Jesus Cristo, de pé bem no centro do trono, cercado por habitantes celestiais. Jesus se aproxima e aceita o rolo das mãos do Pai. Nesse instante, os 4 seres viventes e os 24 anciãos que estão com ele irrompem numa nova canção: "Tu és digno de receber o livro e de abrir os seus selos, pois foste morto, e com teu sangue compraste para Deus gente de toda tribo, língua, povo e nação" (v. 9).

Jesus é a Raiz de Davi, o Messias que Deus havia prometido enviar ao mundo. Cristo dispôs-se a renunciar aos privilégios celestes durante certo tempo para descer à terra (Filipenses 2.6-8) e oferecer a si mesmo como sacrifício para expiar nosso pecado (1João 2.2). O livro de Apocalipse nos dá um vislumbre singular do futuro, quando Jesus Cristo reinará para sempre como Rei justo e eterno sobre uma criação renovada. De fato, Jesus é merecedor de adoração e devoção sem reservas. Ele é o Único a quem podemos também cantar "um cântico novo" (Apocalipse 5.9) todos os dias de nossa vida — e nunca ficaremos sem motivos para louvá-lo.

As páginas da história humana estão manchadas com as calamidades causadas por pessoas que fizeram mau uso do privilégio do poder, da riqueza, da inteligência, da força ou do prestígio. De Sansão a Salomão, nossa raça decaída foi incapaz de usar esses dons para honrar a Deus e beneficiar as pessoas. Mas Jesus é diferente: não somente é digno de todos esses dons maravilhosos, como também os usa para expressar amor ao Pai (1Coríntios 15.24) e a seus filhos amados (2Tessalonicenses 2.14).

A descrição do Jesus exaltado, em Apocalipse 15, inspira reverência no leitor atento. Que descrição magnífica da posição suprema em que se encontra o Cristo ressurreto! Referir-se a ele como mero "líder" pode soar degradante. Mas chamá-lo "servo"? Esse rótulo pode até parecer blasfemo — não fosse o fato de que ele percorreu distâncias indizíveis para alcançar esse título.

Isaías profetizou que Jesus, o próprio Filho de Deus, seria o Servo sofredor (Isaías 53). E a vida de Jesus foi uma declaração definitiva a respeito do serviço como caminho para a grandeza (Mateus 20.26-28). E mais: Paulo identifica Jesus como o exemplo definitivo de liderança de servo. Ele diz à igreja de Filipos que "Cristo Jesus [...], embora sendo Deus, [...] esvaziou-se a si mesmo, vindo a ser servo" (Filipenses 2.5-7).

É absolutamente correto afirmar que nenhum outro, em nenhuma outra época, influenciou — influencia e influenciará — o mundo mais que Jesus. O bispo Stephen Neill faz uma pergunta profunda, que nos leva à reflexão:

> Que tipo de pedra, uma vez atirada no lago da existência humana, poderia gerar um movimento de ondas que continuasse a se espalhar até as mais longínquas bordas serem alcançadas?[6]

John Stott responde com propriedade a essa pergunta:

> Somente o incomparável Cristo. E se estivermos preparados para assumir o risco de nos familiarizarmos com sua história e nos expormos à sua personalidade, exemplo e ensinamentos, não escaparemos ilesos. Antes, também sentiremos o poder de sua influência e diremos junto com Paulo que o amor de Cristo nos aperta com mais força, até ficarmos sem qualquer alternativa que não seja viver — e morrer — por ele.[7]

Os primeiros seguidores de Jesus deram testemunho dessa afirmação. João exalta-o como Senhor dos senhores e Rei dos reis (Apocalipse 17.14). Paulo testifica que "Deus o exaltou à mais alta posição e lhe deu o nome que está acima de todo nome" (Filipenses 2.9).

Jesus liderava de maneira tal que ninguém que entrasse em contato com ele permanecia o mesmo. Ele, por sua vez, insistia em que seus seguidores liderassem da mesma forma: servindo. Ninguém poderia — nem pode — argumentar contra essa ordem, porque ele foi o modelo do tipo de serviço que ensinava e certamente foi modelo de grandeza. Jesus Cristo é o Líder-Servo por excelência.

O LÍDER SOLIDÁRIO

Em sua posição celestial elevada, assim como em seu papel humilde nesta terra, Jesus lidera servindo. Ele está assentado à direita do Pai, exaltado acima de todos os outros seres. Mas sua preocupação e sua paixão estão voltadas para o bem de seus seguidores. Ele pode se solidarizar com nossa fraqueza porque se dispôs a ser provado assim como somos provados. Ele pagou um preço terrível, por isso pode afirmar: "Aproximem-se ousadamente de meu trono de graça! Eu compreendo. Já passei por isso". O escritor da carta aos hebreus discorre sobre a tenacidade com que Jesus procura o nosso bem. Esta passagem deve ser leitura obrigatória para todos os líderes:

> Ao levar muitos filhos à glória, convinha que Deus, por causa de quem e por meio de quem tudo existe, tornasse perfeito, mediante o sofrimento, o autor da salvação deles. Ora, tanto o que santifica quanto os que são santificados provêm de um só. Por isso Jesus não se envergonha de chamá-los irmãos. [...]
>
> Portanto, visto que os filhos são pessoas de carne e sangue, ele também participou dessa condição humana, para que, por sua morte, derrotasse aquele que tem o poder da morte, isto é, o Diabo, e libertasse aqueles que durante toda a vida estiveram escravizados pelo medo da morte. Pois é claro que não é a anjos que ele ajuda, mas aos descendentes de Abraão. Por essa razão era necessário que ele se tornasse semelhante a seus irmãos em todos os aspectos, para se tornar sumo sacerdote misericordioso e fiel com relação a Deus, e fazer propiciação pelos pecados do povo. Porque, tendo em vista o que ele mesmo sofreu quando tentado, ele é capaz de socorrer aqueles que também estão sendo tentados. [...]
>
> Portanto, visto que temos um grande sumo sacerdote que adentrou os céus, Jesus, o Filho de Deus, apeguemo-nos com toda a firmeza à fé que professamos, pois não temos um sumo sacerdote que não possa compadecer-se das nossas fraquezas, mas sim alguém que, como nós, passou por todo tipo de tentação, porém, sem pecado. Assim, aproximemo-nos do trono da graça com toda a confiança, a fim de recebermos misericórdia e

encontrarmos graça que nos ajude no momento da necessidade (Hebreus 2.10,11,14-18; 4.14-16).

Devemos permitir que essa passagem impregne a raiz de nossa existência: é uma verdade essencial.

Todos os que desejam ser grandes líderes precisam ter disposição para servir as pessoas com o melhor de suas habilidades. Meditar de forma demorada e concentrada nessa passagem será um excelente marco inicial para moldar os valores necessários ao serviço genuíno. Todos nós precisamos abrir espaço para o maior de todos os líderes servis que o mundo já conheceu, para que ele nos sirva ao ensinar como se lidera mediante o serviço.

Guia do leitor

para reflexão pessoal ou discussão em grupos

Obedecer ao chamado de Deus para liderar o povo é uma incumbência maravilhosa, mas que causa temor. Todo líder de vez em quando vibra ao ver seus liderados atingirem um nível mais profundo de maturidade ou ao constatar que as tarefas realizadas chegaram a bom termo. Todo líder, no entanto, sente também a dor do fracasso e da frustração, quando as coisas não acontecem conforme o planejado.

Não se deve assumir a tarefa da liderança de forma superficial. As Escrituras afirmam: "A quem muito foi dado, muito será exigido" (Lucas 12.48). O líder não recebe apenas talento e oportunidade, uma causa e um chamado (e tais coisas são maravilhosas em si mesmas): recebe também vidas para moldar e direcionar. É uma responsabilidade tremenda. Mas, pela graça de Deus, não é uma incumbência a ser assumida com as próprias forças.

No livro *Prince Caspian*, de C. S. Lewis, uma criança chamada Luci encontra-se com Aslan, figura que representa Cristo em *As crônicas de Nárnia*, depois de muito tempo sem vê-lo.

— Aslan, você está maior! — diz ela.

— É porque você está mais velha, pequenina — responde ele.

— Não é porque você cresceu?

— Não estou maior. Mas a cada ano que você cresce, verá que fico maior.[1]

Quanto maior nossa maturidade na fé, maior Deus será para nós. À medida que a visão de Deus se torna mais límpida e enxergamos sua grandiosidade, aprendemos a descansar nele. Crescemos na capacidade de depender inteiramente dele, sabendo que, tendo um Deus tão competente quando o que encontramos nas páginas das Escrituras, o universo no qual nos encontramos é verdadeiramente um lugar seguro para nós.

Para desenvolver sua capacidade como líder santo, encontre um parceiro ou reúna um grupo pequeno de pessoas para estudar este livro (só não briguem a respeito de quem irá liderar o grupo). Use as perguntas a seguir como trampolim para as discussões.

CAPÍTULO 1

Você considera a integridade uma das características mais importantes que se exigem de um líder? Justifique. Como isso foi aplicado (ou negligenciado) por alguém que foi seu líder? Como a integridade do líder (ou a falta dela) afetou você?

Malaquias 3.6 diz: "Eu, o SENHOR, não mudo". Você consegue citar outras passagens das Escrituras ou pensar em histórias bíblicas que sirvam de respaldo a essa afirmação? Você acredita que a consistência de Deus faz dele o exemplo real de integridade? Justifique.

Você descobriu por experiência própria que Deus é um líder confiável? Por quais experiências você passou para atingir esse nível de confiança no relacionamento com ele?

Você concorda com a definição do autor para integridade: a integração das convicções com a prática? Sim ou não? Justifique. Quais os sucessos e fracassos que você experimentou nessa área? Que passos você pode dar para se tornar mais íntegro?

Quando apontou os erros dos líderes de sua época (os fariseus), Jesus não foi nem um pouco gentil. O que Jesus diria a você se estivesse andando pela terra hoje? Como você reagiria?

Você consegue apreciar a beleza da integridade de Samuel? Nem uma única pessoa se levantou para questioná-lo, nem mesmo quando ele se ofereceu publicamente para reparar quaisquer injustiças que porventura houvesse cometido. O que você pode aprender com ele, à medida que se esforça para se tornar o líder que Deus pretende que você seja?

Capítulo 2

Se é verdade que as pessoas se deleitam em seguir líderes de caráter santo e que o caráter santo é formado na busca pela sabedoria, por que tantos líderes mudam de idéia conforme a opinião pública? Cite alguns grandes líderes cuja sabedoria levou o povo a mudar de idéia, em vez de acontecer o contrário.

Deus não nos deixa tentando adivinhar que tipo de caráter ele possui, pois ele mesmo o descreve com clareza: "Senhor, Senhor, Deus compassivo e misericordioso, paciente, cheio de amor e de fidelidade, que mantém o seu amor a milhares e perdoa a maldade, a rebelião e o pecado. Contudo, não deixa de punir o culpado; castiga os filhos e os netos pelo pecado de seus pais, até a terceira e a quarta gerações" (Êxodo 34.6,7). O Deus da Bíblia é uma pessoa cujo caráter você respeita?

Respeitar os líderes é uma coisa; amá-los é o verdadeiro teste. O caráter de Deus — tal como revelado na Palavra, no mundo e em seu relacionamento com ele — fez seu amor por ele aumentar? Justifique.

Normalmente, os líderes estão conscientes de que, com freqüência, servem de modelo para o povo. Como você consegue manter o equilíbrio entre a autenticidade com respeito às suas falhas e a responsabilidade de ser modelo de comportamento cristão?

Você considera fácil deixar-se levar pelo hábito de tentar ser perfeito pelas próprias forças? Você se sente confortável ou incomodado ao saber que jamais conseguirá fazer tudo corretamente? Por quê? Você acredita que o caráter que exibe flui da obra do Espírito dentro de você? Como isso o ajuda ou o impede de ser uma pessoa de caráter?

Você se sente confortável ao saber que Pedro, que cometeu erros terríveis no começo de sua jornada com Cristo, tornou-se um dos líderes principais da igreja? O que você pode aprender com os erros dele?

Capítulo 3

Mesmo antes dos dias em que escrever a declaração de visão tornou-se um exercício popular, os valores centrais eram aquilo que impulsionavam os grandes líderes. Se você pensar num líder que respeita, será capaz de citar um ou dois valores centrais que ele defendia? Em outras palavras, o que impulsionava essa pessoa à ação, mesmo quando não se dava conta disso?

Os Dez Mandamentos revelam os valores de Deus. Leia Êxodo 20.1-17 e tente enumerar alguns dos valores centrais de Deus. Como Deus revelou ser o Líder definitivo?

Você concorda com o autor quando ele diz que "as noções que temos de bem e mal chegaram a nós porque somos portadores da imagem do Único que, no começo de tudo, determinou o que em filosofia chamamos 'categorias' "? Você conhece pessoas (ou é uma delas) que vivenciam os valores centrais que Deus designou para seu povo antes mesmo que viessem a conhecer a Deus? O que isso lhe ensina a respeito de Deus?

Você já fez uma lista de seus valores centrais? Caso afirmativo, certifique-se de revisá-los regularmente, para que possa desafiar-se a vivenciá-los. Caso negativo, passe algum tempo orando e refletindo antes de iniciar o processo.

Você escolheu seus valores baseado na expectativa de que os outros irão aprová-los ou com base no chamado de Deus para você? Como discernir a própria motivação e que fazer para mudar o que resultou de motivações inadequadas?

O apóstolo Paulo sabia estabelecer prioridades. Ele estava disposto a abrir mão de qualquer coisa que fosse contra seus valores. O que podemos aprender com ele sobre diferenciar o que importa do que não importa?

Capítulo 4

Com freqüência, os líderes são pressionados a mostrar grande determinação, e muitos hesitam em mudar de direção, mesmo quando sabem que cometeram um erro. Você consegue pensar em pessoas que foram modelos na sua vida e que mudaram de direção para melhor? Como a disposição em ser humilde afeta os outros?

Repetidas vezes, as Escrituras deixam claro que não podemos compreender os caminhos de Deus e que, no entanto, Deus tem uma paixão e um propósito para seu povo. Você acha que Deus, em algum momento, se aborrece com a escolha que fez de nos amar? Busque respaldo bíblico para sua resposta. O que essa fidelidade duradoura a seu propósito e à sua paixão (intimidade conosco!) lhe diz a respeito de Deus? E a respeito da liderança?

Você mantém um relacionamento de amor com Cristo? Caso afirmativo, o que acha que seu amor faz por Deus? Caso negativo, como você acha que ele se sente com sua rejeição? Por que você acha que Deus continua a buscar intensamente mesmo os que o rejeitam?

Se paixão é se importar intensamente com alguma coisa, então ela pode induzir a pessoa a determinados comportamentos. Você sabe qual é sua paixão? Como as coisas pelas quais você se apaixonou determinam seu propósito de vida e seu estilo de liderança?

É importante saber qual a paixão do líder, ou basta que ele demonstre entusiasmo? Da mesma forma, o líder precisa de alguma estratégia para implementar o propósito, ou é suficiente comunicar a visão? Você possui entusiasmo e estratégia no tocante a seu propósito?

Depois que Paulo teve um encontro com Jesus, ficou tomado de paixão e movido pelo desejo de que todos conhecessem a Deus. Você admira sua paixão, ou esse tipo de energia o intimida? O que lhe custaria adotar em sua liderança esse tipo de postura?

Capítulo 5

Você conhece algum grande líder (figura pública ou cidadão desconhecido) que não perceba o efeito maravilhoso que exercem sobre as pessoas? Por que você acha que eles não se dão conta da própria grandeza?

As Escrituras afirmam que Jesus "humilhou-se a si mesmo e foi obediente até a morte, e morte de cruz!" (Filipenses 2.8). Por que você acha que Deus, o mais poderoso de todos os líderes, desceria até o nível do servo? O que isso lhe ensina a respeito de Deus? E a respeito da liderança?

Já ocorreu de você obedecer a Deus mesmo quando não entendia ou não concordava com o plano dele? Caso afirmativo, o que aconteceu? Se você desobedeceu, o que aconteceu? Por que obedecer a Deus é difícil, mesmo quando sabemos que o plano dele sempre é melhor que o nosso?

Todos queremos poder afirmar: "Sou humilde", mas você fica genuinamente contente quando as pessoas o tratam como servo? Justifique. Como é possível treinar a si mesmo para manter o foco nas pessoas?

O que a humildade verdadeira significa para você? Você acredita ser possível possuir senso de valor pessoal e dignidade quando se é humilde? É possível buscar o sucesso, mesmo sendo humilde? Justifique.

Na sua opinião, por que Deus disse que Moisés era o homem mais manso/humilde da face da terra? Como você se sente em saber que um grande líder pode ser corajoso e tímido ao mesmo tempo? Você já hesitou em ser o líder que Deus quer que você seja? O que aconteceu?

Capítulo 6

Muitos anseiam por ser líderes sem perceber que a descrição do cargo envolve bem mais trabalho nas questões primordiais e invisíveis que nos trabalhos glamorosos e visíveis. Você consegue pensar em alguém que se tornou líder por causa de seu compromisso, em vez de seu carisma? Por que as pessoas o seguiram?

Enumere as diversas maneiras pelas quais Deus se compromete conosco ao longo das Escrituras. Como a disposição de Deus em não desistir de seu povo muda sua forma de compreender a liderança?

Você já experimentou pessoalmente esse compromisso? Caso afirmativo, como você reagiu? Caso negativo, o que você pode fazer para transferir essa bela verdade da cabeça para o coração?

Com o que você está mais comprometido? Se for com Deus, como isso se dá em sua vida? Se sua resposta for qualquer coisa que não Deus, você gostaria de honestamente poder colocá-lo em primeiro lugar em sua vida? Justifique.

Você acredita que se buscar primeiro o Reino de Deus as coisas que você quer e das quais precisa entrarão nos eixos? Justifique.

Você se considera perseverante o suficiente para colocar Deus em primeiro lugar durante *toda* a sua vida, como fez Josué? Justifique. Como você criaria uma mudança de paradigma dentro de si mesmo a fim de *desejar* fazer a vontade de Deus, de forma que seja uma reação natural, em vez de um exercício constante de autodisciplina?

CAPÍTULO 7

A capacidade de comunicar a visão talvez seja a que mais freqüentemente as pessoas associem à liderança firme. Por que você acha que isso acontece? Na sua opinião, é possível ser um líder eficiente sem essa habilidade? Justifique.

Quando se lê a história da sarça ardente para ver como Deus comunica uma visão, o que você aprende a respeito de liderança?

Você acha que entendeu a visão que Deus projetou para sua vida? Alguma vez já teve consciência de Deus tê-lo chamado para uma tarefa específica? Caso afirmativo, como você reagiu? Caso negativo, ainda assim leva a sério o chamado de obedecer a um plano geral (ou seja, amar a Deus e amar as pessoas)?

Para comunicar uma visão, o líder precisa saber qual visão comunicar. Qual é sua fonte de inspiração? Que passos você segue na avaliação pessoal para se assegurar de que está comunicando a mensagem de *Deus* aos seus liderados?

Quando se esforça para projetar uma visão, o líder precisa reconhecer que nem todos irão entendê-la. Como você prepara seu coração para esse contratempo? Como você reage quando as pessoas se recusam a seguir você?

Davi queria comunicar ao povo a visão de construir um templo para o Senhor, mas, quando buscou a Deus, descobriu que os planos dele eram diferentes. Por isso, Davi passou o bastão para outra pessoa. Com que facilidade você confia a outras pessoas sua visão? Qual a dose certa de delegação para um bom líder?

Capítulo 8

Você vê os líderes gastando mais tempo para manter as tradições ou fazendo mudança para se adaptar às novas circunstâncias? O que lhe parece mais eficaz?

Apocalipse 21.5 diz que Deus está fazendo novas todas as coisas. Como você harmoniza duas verdades aparentemente opostas a respeito de Deus: sua imutabilidade e sua paixão por fazer coisas novas?

Não lhe parece, às vezes, que, independentemente de quanto você trabalhe, nada muda? Já experimentou a sensação de ver as coisas melhorarem? Já vivenciou a obra do Espírito Santo em sua organização, em sua vida ou na vida de alguém próximo a você, entendendo que tal mudança não poderia ter acontecido sem a atuação dele? Explique.

Como você diferencia as coisas às quais deve se apegar com firmeza daquelas passíveis de mudança? Conte uma história de sucesso ou de fracasso que você tenha nessa área.

É relativamente fácil aceitar a necessidade de mudança; permitir de fato que a mudança aconteça é bem mais difícil. Qual tem sido sua influência para "fazer novas todas as coisas"?

É relativamente fácil fazer mudanças; adotar alterações radicais de vida é bem mais difícil. Você já teve alguma experiência semelhante à de Abrão, em que precisou fazer uma mudança radical na vida, em obediência a Deus? Caso afirmativo, o que aconteceu? Caso negativo, como você acha que seria sua reação?

Capítulo 9

Os líderes em geral têm consciência de que precisam tomar boas decisões. Você testemunhou seus líderes tomarem decisões baseados em que métodos (usando a emoção, ouvindo conselheiros, orando, fazendo listas de prós e contras, por exemplo)? Descreva como o processo decisório afeta a capacidade de liderança desses líderes.

Você se surpreende ao descobrir que, nos tempos bíblicos, Deus mudou de idéia porque ouviu seu povo? O que isso lhe diz sobre liderança?

Quando ora, você acha que Deus o ouve? Caso afirmativo, qual o sentimento que você tem? Quando seus liderados lhe pedem que mude de opinião, você considera com seriedade tal pedido?

As Escrituras deixam claro que não devemos fazer nada independentemente de Deus. Como você chega ao discernimento sobre o que Deus está lhe dizendo?

Quando toma uma decisão, como você a comunica e a implementa? Como as pessoas reagem? Como essa reação o afeta?

Neemias demonstrou uma perseverança notável. Como o processo decisório de Neemias afetou sua capacidade de se concentrar na tarefa, a despeito dos obstáculos? O que isso o ensina sobre liderança?

Capítulo 10

Resolver problemas quase sempre significa enfrentar uma situação difícil, e a maioria das pessoas não fica à vontade com a confrontação. Você pode citar alguns líderes que administraram especialmente bem esse tipo de situação? Como eles agiram?

As Escrituras informam-nos da terrível situação que os seres humanos enfrentaram quando o pecado entrou no mundo e também da espantosa resposta de Deus. Você costuma parar apenas para apreciar as habilidades de liderança de Deus? Justifique.

Alguma vez você orou a Deus, pedindo-lhe que o ajudasse a resolver seus problemas? Caso afirmativo, o que aconteceu? Caso negativo, o que o impede de fazê-lo? Você tende a voltar-se para ele quando tem problemas grandes ou problemas pequenos? Por quê?

Por que você acha que alguns líderes desperdiçam tempo e energia resolvendo problemas que poderiam ser deixados de lado ou resolvidos por outras pessoas? Como você identifica os problemas que precisam ser atacados?

Na condição de líder, você já se imaginou estar "acima" de determinadas situações? Como é possível aumentar sua compaixão pelas pessoas, de forma que o problema delas passe a ser seu?

Neemias sabia diferenciar os projetos grandiosos das preocupações menores. Você já viveu alguma situação na qual teve de abrir mão de algo menor a favor de um objetivo maior? Qual é sua tendência ao sofrer esse tipo de pressão?

Capítulo 11

Você conhece líderes que sejam bem-sucedidos por causa das pessoas que incluíram em sua equipe? Por que você acha que isso lhes trouxe êxito?

As Escrituras dizem: "em [Cristo] também vós estais" (Efésios 1.13, Almeida Revista e Corrigida), que dá a idéia de inclusão. O que Deus vê nos seres humanos para querer incluí-los em seu plano eterno? O que a paciência divina para com pessoas imperfeitas lhe ensina sobre liderança?

Quando você experimenta a sensação de estar incluído no plano de Deus, isso o motiva a fazer o quê? Por que as pessoas sobressaem quando outras pessoas acreditam nelas?

Na qualidade de líder, você trabalha intencionalmente para assegurar à sua equipe que você é um deles? Justifique. Como você poderia se aperfeiçoar nessa área?

Em que a liderança nos negócios difere da liderança no ministério? Em que aspectos é parecida?

Jesus escolheu cuidadosamente sua equipe, e ainda assim um de seus seguidores o traiu. Como Jesus lidou com a traição? O que podemos aprender com ele?

Capítulo 12

Cite o nome de alguns líderes em sua vida que foram reconhecidos pela habilidade na comunicação. Reflita em como eles se comunicavam, para determinar se era realmente a capacidade de falar ou a de ouvir que fazia a diferença.

Deus se comunica conosco principalmente por meio das Escrituras. Cite outras maneiras pelas quais Deus fala conosco. O que o estilo divino de comunicação nos ensina a respeito dele? E da liderança?

Você pensa na Bíblia como uma carta de Deus para nós? Só recebemos cartas de gente conhecida. Até que ponto você está familiarizado com Deus? Você acha que a Palavra se tornaria mais pessoal se você gastasse mais tempo conhecendo a Deus?

Você costuma prestar atenção ao que fala? O que você acha que aconteceria se gravasse todas as suas palavras durante uma semana: veria as pessoas progredindo ou regredindo?

As palavras que dizemos refletem a atitude do coração. O que as suas palavras dizem de você? Por que é fundamental que o líder esteja sempre sondando as atitudes do coração?

Jesus se comunicava por meio das parábolas. Quais eram os riscos de usar essa forma de comunicação? Quais os benefícios?

Capítulo 13

Você já viu uma pessoa estimulando outra a alcançar coisas elevadas, mesmo em meio ao desespero? O que aconteceu? O que isso lhe ensina sobre liderança?

Por que Deus não desistia de seu povo no Antigo Testamento? Se você em algum momento considerou que edificar as pessoas é um obstáculo à edificação de si mesmo, contemplar a atitude de Deus poderá mudar sua opinião? Justifique.

Você se lembra de alguém que tenha dedicado tempo para encorajá-lo numa situação difícil? Como essas pessoa demonstrou os atributos de Deus? E as qualidades de liderança?

Você acredita que quanto mais encorajar as pessoas, mais satisfeito ficará com a própria vida? Justifique. Você conhece algum fato que justifique sua convicção?

Você já esteve na situação de ser o principal ponto de apoio para alguém que necessitava de encorajamento? Como lidou com a situação? Qual foi o resultado? O que você aprendeu a respeito do valor do encorajamento, tanto para a pessoa em questão quanto para você?

Se alguém podia afirmar que enfrentou provações, esse alguém era o apóstolo Paulo. E, no entanto, ele continuou a despender bastante energia para encorajar as pessoas. Isso motiva você a ir adiante em tempos difíceis e a encorajar os outros, mesmo quando você está com problemas? Justifique. O que você pode fazer para se desenvolver nessa área?

Capítulo 14

As pessoas que exortam costumam "cutucar" os outros para que estes alcancem níveis mais altos de realização. Você acha que o líder pode exortar sem confrontar? Justifique.

As pessoas costumam imaginar Deus como um Pai amoroso (o que está correto), mas se esquecem de sua santidade perfeita. Que passagens das Escrituras ajudam você a aceitar — e até mesmo a dar boas-vindas — à disciplina de Deus?

Você já foi exortado por Deus? Como você lidou com isso na época? E agora, como reage? O que o estilo de exortação usado por Deus lhe ensina sobre liderança?

Você tem a tendência de procurar os lugares nos quais o conflito inexista? Caso afirmativo, isso funciona? Justifique. Como manter a paz, mesmo em meio ao conflito? Como transmitir essa paz para os outros?

Quando sua posição exige que você exorte, o que você faz? Como você equilibra a compaixão com a disciplina?

Paulo é um herói do Novo Testamento bem conhecido dos leitores da Bíblia. Como a personalidade dele permitia que ele exortasse com autoridade? O que isso lhe ensina a respeito de sua atuação como líder?

Capítulo 15

Quando você escolhe um líder por meio de votação, contratação ou delegação, você se descobre secretamente (ou nem tanto) incluindo o fato de gostar ou não da pessoa na lista de requisitos? Você acha válida essa atitude? Justifique.

Você concorda com a afirmativa de que a Bíblia inteira faz referência a relacionamentos? Justifique. Quando você pensa em Deus, o que lhe vem à mente: regras ou relacionamentos? Que experiências formaram essa opinião?

Que analogias você usaria para descrever seu relacionamento com Deus (Pai/filho, Amigo/amigo, Mestre/servo etc.)? Considerando que Deus é o líder perfeito, o que os diversos níveis de relacionamento que você experimenta com ele lhe ensinam sobre liderança?

Você se mostra tímido na hora de construir relacionamentos com seus liderados? Justifique. Como acha que pode construir relacionamentos de forma saudável?

Você tende a ser introvertido ou extrovertido? Como isso afeta sua habilidade de construir relacionamentos? Como você poderá aprender a depender de outros sem se tornar co-dependente?

Oséias foi chamado para estabelecer e manter um relacionamento extremamente difícil. O que você aprende com a liderança dele e com o fato de ele ter aceito essa liderança?

Capítulo 16

"Liderança de servo" é um clichê em nossos dias, mas como seria, na sua opinião, um verdadeiro líder-servo? Você conhece algum líder-servo que esteja em evidência? Por que acha que isso acontece?

As Escrituras descrevem vividamente a agonia sofrida por Jesus para completar seu chamado, e Cristo aceitou o sofrimento sem questioná-lo. Você consideraria essa atitude um exemplo cabal de liderança de servo? Justifique.

Jesus pôde ser servo porque sabia quem era e para onde estava indo. Como essa disposição de servir tão profundamente afeta o desejo que você tem de segui-lo? Como isso afeta sua disposição de servir as pessoas?

Você concorda com a afirmação de que "serviço não é o caminho para a grandeza: serviço *é* grandeza"? Caso afirmativo, suas ações estão alinhadas com suas convicções? Caso negativo, que conotações a atitude de servo têm para você? Por quê?

Aceitar ser servo sem dúvida pode levar ao sofrimento. Você acha normal a perseguição se intrometer no caminho do chamado de um líder? Você crê que os líderes têm um chamado mais intenso para servir que as outras pessoas? Explique.

Jesus exercia uma liderança tal que ninguém com quem ele tivesse contato permanecia o mesmo. Isso é algo que você gostaria que as pessoas dissessem de você? Justifique. De que maneira você acha que poderá ser um líder capaz de mudar vidas?

Notas

Capítulo 1

[1]James M. Kouzes & Barry Z. Posner. *Credibility: How Leaders Gain and Lose It, Why People Demand It.* San Francisco: Jossey-Bass, 1993, p. 14 [*Credibilidade: como conquistá-la.* Rio de Janeiro: Campus/Elsevier, 2001].

[2]John Ortberg. *A vida que você sempre quis.* São Paulo: Vida, 2003, p. 60.

[3]Adaptado da *Bíblia do executivo*, São Paulo: Vida, 2004, p. 1150.

[4]John Ortberg, op. cit., p. 212-3.

[5]R. C. Sproul. *One Holy Passion.* Nashville: Thomas Nelson Publishers, 1987.

Capítulo 2

[1]Marjorie J. Thompson. *Soul Feast: An Invitation to the Christian Spiritual Life.* Louisville: Westminster John Knox, 1995, p. 11.

[2]Douglas J. Rumford. *Shaping: Taking Care of Your Spiritua! Life.* Wheaton: Tyndale, 1996, p. 354.

[3]Henry T. Blackaby & Claude V. King. *Experiencing God.* Nashville: Broadman & Holman, 1994, p. 147, 151, 153 [*Experiências com Deus*, São Paulo: Bompastor, 1994].

[4]Michael E. WITMER. *Heaven Is a Place on Earth*. Grand Rapids: Zondervan, 2004, p. 40.

[5]Douglas J. RUMFORD. *Shaping: Taking Care of Your Spiritua! Life*. Wheaton: Tyndale, 1996, p. 354.

[6]Apud Gordon S. WAKEFIELD, *The Westminster Dictionary of Christian Spirituality*. Philadelphia: Westminster Press, 1983, p. 209.

[7]C. S. LEWIS. *Mere Christianity*. New York: Macmillan, 1943, p. 86-7 [*Mero cristianismo*. **São Paulo: Quadrante, 1997**].

CAPÍTULO 3

[1]Por exemplo: Kurt SENSKE. *Executive Values: A Christian Approach to Organizational Leadership*, Augsburg Fortress Publishers; Shivganesh BHARGAVA. *Transformational Leadership: Value Based Management for Indian Organizations*, Sage Publications; James E. DESPAIN et alii. *And Dignity for All: Unlocking Greatness with Values-Based Leadership*, Financial Times Prentice Hall [*Dignidade para todos*: **alto desempenho com liderança baseada em valores. Prentice Hall, 2003**]; Helen M. GUNTER et alii. *Living Headship: Voices, Values and Vision*, Paul Chapman Publications.

[2]James C. COLLINS & JERRY I. Porras. *Built to Last*. New York: HarperBusiness, 1997, p. 73 [*Feitas para durar*: **práticas bem-sucedidas de empresas visionárias. Rio de Janeiro: Rocco, 1995**].

[3]Idem, ibidem, p. 94.

[4]C. S. LEWIS. De futilitate, in: *Christian Reflections*. Grand Rapids: Eerdmans, 1967, p. 69.

[5]Larry E. HALL. *No Longer I*. Abilene: ACU Press, 1998, p. 126.

[6]Idem, ibidem, p. 127.

[7]Adaptado de James Emery WHITE, *Rethinking the Church*, Grand Rapids: Baker, 1997, p. 33.

[8]Michael MACKMAN & Craig JOHNSON. *Leadership: a communication perspective*, 2. ed., Prospect Heights: Waveland Press, 1996. Apud *Bíblia do executivo*. **São Paulo: Vida, 2004, p. 1125**.

[9]Idem, ibidem.

[10]Rich MULLINS. *Land of My Sojourn*, in: *A Liturgy, a Legacy, and a Ragamuffin Band*. Reunion Records, 1993.

CAPÍTULO 4

[1]Thomas S. JONES JR. Sometimes, in: *The Little Book of Modern Verse*, Jessie B. RITTENHOUSE (Org.). Whitefish: Kessinger Publishing, 2005.

[2]John MARTINEAU. *A Little Book of Coincidence*. New York: Walker & Company, 2002.

[3]Michael CARD. Could It Be, *Present Reality.* Sparrow Records, 1981.

[4]Mark ALTROGGE. I Stand in Awe, *Worship Favorites from PDI Music*. PDI Praise, 1987.

[5]Brennan MANNING. *Lion and Lamb*. Grand Rapids: Revell, 1986, p. 43.

[6]Idem, ibidem.

[7]Adaptado de *Uma igreja com propósitos*, São Paulo: Vida, 1997, p. 127-37.

[8]Benjamin Kline HUNNICUTT. *Work Without End: Abandoning Shorter Hours for the Right to Work*. Philadelphia: Temple University Press, 1988.

CAPÍTULO 5

[1]John RUSKIN. The Quotations Page. Disponível em http://www.quotationspage.com/quote/8560.html.

[2]Thomas Alexander FYFE. *Who's Who in Dickens*. Ann Arbor: Gryphon, 1971, p. 267.

[3]Richard FOSTER. *Celebração da disciplina*. São Paulo: Vida, 1983, p. 158.

CAPÍTULO 6

[1]G. K. CHESTERTON. *The Collected Works of G. K. Chesterton*, George MARLIN (Org.), San Francisco: Ignatius, 1987, v. 4, p. 61.

[2]Mark Oppenheimer. Salvation Without Sacrifice. *Charlotte Observer*, 30 out. 2000, seç. 11A.

[3]Dorothy Sayers. *The Other Six Deadly Sins: An Address Given to the Public Morality Council at Claxton Hall, Westminster, on October 23rd, 1941*. London: Methuen, 1943.

[4]Theodore Roosevelt. Speech before the Hamilton Club, in: *The Strenuous Life*. 5. ed., Bedford: Applewood Books, 1991.

[5]Douglas J. Rumford. *Soul Shaping*. Wheaton: Tyndale, 1996, p. 91.

[6]*The Medusa and the Snail*, apud *Bartlett's Familiar Quotations*, 15. ed., Emily Morison Beck (Ed.), Boston: Little, Brown, 1980, p. 884.

[7]Apud Gordon S. Wakefield, *The Westminster Dictionary of Christian Spirituality*. Philadelphia: Westminster Press, 1983, p. 209.

[8]Adaptado de Og Mandino. *University of Success*, New York: Bantam Books, 1982, p. 44-5 [*A universidade do sucesso*. **Rio de Janeiro: Record, 2000**].

[9]Søren Kierkagaard. *Purity of Heart Is to Will One Thing*. New York: Harper Bros., 1938.

[10]François Fénelon. *Christian Perfection*, apud Richard Foster & J. B. Smith (Eds.), *Devotional Classics*. San Francisco: HarperCollins, 1993, p. 48.

Capítulo 7

[1]Clifton Fadiman (Ed.), *The Little, Brown Book of Anecdotes*. Boston: Little, Brown, and Company, 1985, p. 548.

[2]Leonard Sweet. *Aqua Church*. Loveland: Group Publishing, 1999, p. 167.

[3]James Emery White. *Life-Defining Moments*. Colorado Springs: WaterBrook Press, 2001, p. 69.

[4]Hans Finzel. *The Top Ten Mistakes Leaders Make*. Colorado Springs: Victor Books, 2000, p. 115 [*Dez erros que um líder não pode cometer*. **São Paulo: Vida Nova, 1997**].

[5]Andy Stanley. *Visioneering*. Sisters: Multnomah, 1999, p. 114.

⁶Larry CRABB. *Connecting*. Nashville: Word, 1997, p. 65. [*Conexão*. **São Paulo: Mundo Cristão, 1999, p. 101**].

⁷Adaptado de John SCULLEY, *Odyssey*, New York: Harper & Row, 1987, p. 56-91 [*Odisséia*: **da Pepsi à Apple. Rio de Janeiro: Best Seller, 1988**].

CAPÍTULO 8

¹Robert MANKOFF. *The New Yorker*, 9 set. 2002.

²A. W. TOZER. *The Knowledge of the Holy*. New York: Harper & Row, 1961, p. 52.

³James S. STEWARD. *The Gates of New Life*. Edinburgh: T&T Clark, 1937, p. 245-6.

⁴Larry E. HALL. *No Longer I*. Abilene: ACU Press, 1998, p. 127.

⁵Luder G. WITHLOCK JR. *The Spiritual Quest*. Grand Rapids: Baker Books, 2000, p. 148-9.

⁶Jim McGuIGGAN. *The God of the Towel*. West Monroe: Howard Publishing Company, 1997, p. 178.

⁷*Hamlet*, ato 3, cena 1, linha 59, tradução de Millôr Fernandes.

⁸James C. COLLINS & Jerry Y. PORRAS. *Built to Last*. New York: Harper Business, 1997, p. 8-9 [*Feitas para durar*. **Rio de Janeiro: Rocco, 1995**].

⁹Leonard SWEET. *Aqua Church*. Loveland: Group Publishing, 1999, p. 28-30.

¹⁰St. Gregory of NYSSA. *Commentary on the Song of Songs*. Brookline: Hellenic College Press, 1987, p. 201.

CAPÍTULO 9

¹Disponível em www.alfredo-braga.pro.br/biblioteca/alice.html, tradução de Clélia Ramos [*Alice no país das maravilhas*. **São Paulo: Ática, 2000**].

²Phillip YANCEY. *A Bíblia que Jesus lia*. São Paulo: Vida, 2006, p. 31.

[3]Abraham J. HESCHEL. The Divine Pathos, in: *Judaism,* v. 11, n. 1, jan. 1963, p. 61.

[4]V. João CALVINO. *As Institutas da religião cristã.* Presbiteriana, 1985, livro 3, XX:2,3.

[5]Jack W. HAYFORD. *Prayer Is Invading the Impossible.* New York: Ballantine Books, 1983, p. 57.

[6]Walter WINK. Prayers and the Powers, in: *Sojourners,* out. 1990, p. 10, onde essa frase apareceu pela primeira vez.

[7]Carta ao cardeal Casaroli, secretário de Estado, 20 mai. 1982. Apud J. M. WALIGGO et al., *Inculturation: Its Meaning and Urgency* (Kampala: St. Paul Publications, 1986), p. 7.

[8]Bill HYBELS. *Making Life Work.* Downers Grove: InterVarsity Press, 1998, p. 203 [*Fazendo sua vida ser melhor.* **Campinas: United Press, 2002**].

[9]Haddon ROBINSON. *Decision Making by the Book.* Grand Rapids: Chariot Victor Publishing, 1991, p. 64-6.

[10]Idem, ibidem.

[11]Citação extraída do discurso de 1984 perante o Congresso, a respeito do Estado da União. Claramente, Reagan faz alusão à famosa resposta de Lincoln à pergunta: "Deus está do lado de quem?".

CAPÍTULO 10

[1]Donald SCHON. *Educating the Reflective Practitioner.* San Francisco: Jossey-Bass, 1987, p. 3 [*Educando o profissional reflexivo.* **Porto Alegre: Artmed, 2000**].

[2]Lynn ANDERSON. *They Smell Like Sheep.* West Monroe: Howard Publishing Company, 1997, p. 126.

[3]Greg JOHNSON. *O mundo de acordo com Deus.* **São Paulo: Vida, 2006, p. 227.**

[4]Apud John C. MAXWELL. *Failing Forward.* Nashville: Thomas Nelson Publishers, 2000, p. 202-3 [*Dando a volta por cima.* **São Paulo: Mundo Cristão, 2001**].

Capítulo 11

[1]Adaptado de James M. Kouzes & Barry Z. Posner, *The Leadership Challenge: How to Keep Getting Extraordinary Things Done in Organizations*. San Francisco: Jossey-Bass, 1995 [*O desafio da liderança*. **Rio de Janeiro: Campus, 1996**].

[2]Gilbert Bilezikian. *Community 101: Reclaiming the Local Church as Community of Oneness*. Grand Rapids: Zondervan, 1997, p. 16.

[3]Adaptado de Gilbert Bilezikian, *Community 101*. Grand Rapids: Zondervan, 1997, p. 16-7.

[4]J. W. Shepard. *The Christ of the Gospels*. Grand Rapids: Eerdmans, 1939, p. 143.

[5]John R. Katzenbach & Douglas K. Smith. *The Wisdom of Teams: Creating the High-Performance Organization*. Boston: Harvard Business School Press, 1993, p. 138-9.

Capitulo 12

[1]Arthur Robertson. *Language of Effective Listening*, Robert B. Nelson (Org.). New York: Scott Foresman Professional Books, 1991, p. xv.

[2]Adaptado de James J. Lynch. *Language of the Heart*. New York: Basic Books, 1985, p. 122-4.

[3]William Barry & William Connolly. *The Practice of Spiritual Direction*. San Francisco: HarperCollins, 1993, p. 33 [*A prática da direção espiritual*. **São Paulo: Loyola, 1985**].

[4]Dietrich Bonhoeffer. *Life Together*. New York: Harper & Row, 1956, p. 91-2 [*Vida em comunhão*. **São Leopoldo: Sinodal, 2001**].

[5]Joseph M. Stowell. *The Weight of Your Words*. Chicago: Moody Press, 1998, p. 16.

[6]John R. W. Stott. *The Contemporary Christian*. Downers Grove: InterVarsity Press, 1992, p. 112.

[7]Ted W. Engstrom. *The Making of a Christian Leader*. Grand Rapids: Zondervan, 1976, p. 153.

Capítulo 13

[1] Andy Cook. *A Different Kind of Laughter: Finding Joy and Peace in the Deep End of Life*. Grand Rapids: Kregel Publications, 2002, p. 77.

[2] Joyce Landorf HEATHERLEY. *Balcony People*. Austin: Balcony Publishing, 1984, p. 25.

[3] Dave DRAVECKY com Connie NEAL. *Worth of a Man*. Grand Rapids: Zondervan, 1996.

[4] Jim McGUIGGAN. *The God of the Towel*. West Monroe: Howard Publishing Company, 1997, p. 100.

[5] Stephen ARTERBURN & Jack FELTON. *More Jesus, Less Religion: Moving from Rules to Relationships*. Colorado Springs: WaterBrook Press, 2000, p. 4 [*Mais Jesus, menos religião*. São Paulo: Mundo Cristão, 2002].

[6] C. S. LEWIS. *Cartas a uma senhora americana*. São Paulo: Vida, 2006.

[7] Idem, ibidem, p. 8.

Capítulo 14

[1] ARISTÓTELES. *Ética a Nicômaco, 8.1*. São Paulo: Martin Claret, 2005.

[2] C. S. LEWIS. *O problema do sofrimento*. São Paulo: Vida, 2006, p. 105-6.

[3] M. Scott PECK. *The Different Drum*. New York: Simon & Schuster, 1987, p. 87ss.

[4] Dietrich BONHOEFFER. *Life Together*, trad. por Daniel Bloesch & James Burtness. Minneapolis: Fortress Press, 1996, p. 105 [*Vida em comunhão*. São Leopoldo: Sinodal, 2001].

[5] John ORTBERG. *Somos todos (a)normais?* São Paulo: Vida, 2005, p. 222.

[6] Warren WIERSBE. *Caring People*. Grand Rapids: Baker Books, 2002, p. 103.

[7] BONHOEFFER, op. cit., p. 105 [*Vida em comunhão*. São Leopoldo: Sinodal, 2001].

[8]Dallas WILLARD. *The Divine Conspiracy*. San Francisco: Harper-Collins, 1998, p. 218-21 [*A conspiração divina*. São Paulo: Mundo Cristão, 2001].

[9]A. W. TOZER. *The Root of the Righteous*. Camp Hill: Christian Publications, 1955, p. 17.

[10]Idem, ibidem, p. 18.

[11]**Bob BRINER. *Os métodos de administração de Jesus*. São Paulo: Nexo, 1997.**

[12]Cornelius PLANTINGA JR. *Not the Way It's Supposed to Be: A Breviary of Sin* (Grand Rapids: Eerdmans, 1995, p. 105.

CAPÍTULO 15

[1]Zig ZIGLAR. *Top Performance*. New York: Berkeley Books, 1986, p. 11 [*Além do topo*. Rio de Janeiro: Record, 1996].

[2]AUGUSTINE. Sermon 350: On Charity, in: *The Works of Saint Augustine: A Translationfor the 21st Century III*, v. 3, n. 10, John E. ROTELLE (Ed)., trad. por Edmund Hill. New York: New City Press, 1995, p. 108.

[3]Martin LUTHER. The Freedom of a Christian, in: *Luther's Works*, n. 31, Harold J. GRIMM & Helmut T. LEHMANN (Eds.), Philadelphia: Muhlenberg Press, 1957, p. 365.

[4]Michael WITTMER. *Heaven Is a Place on Earth*. Grand Rapids: Zondervan, 2004, p. 102.

[5]Dallas WILLARD. *The Divine Conspiracy*. San Francisco: Harper SanFrancisco, 1998, p. 318 [*Conspiração divina*. São Paulo: Mundo Cristão, 2001].

[6]Anne LAMOTT. *Traveling Mercies*. New York: Doubleday/Anchor, 2000, p. 128, 134.

[7]David ROPER. *Seeing Through*. Sisters: Multnomah, 1995, p. 200.

CAPITULO 16

[1]Pat RILEY. *The Winner Within*. New York: Putnam Publishing Group, 1993. Apud *Bíblia do executivo*, São Paulo: Vida, 2004, p. 1016.

[2]M. Scott PECK. *The Different Drum.* New York: Simon & Schuster, 1987, p. 293.

[3]John CALVIN. *The Gospel According to St. John*, 11-21. Edinburgh: Oliver & Boyd, 1961, p. 60, comentário sobre João 13.14.

[4]Jim McGUIGGAN. *The God of the Towel,* West Monroe: Howard Publishing Company, 1997, p. 135-6.

[5]S. G. BROWNE et al. (Eds.). *Heralds of Health: The Sage of Christian Medical Initiatives*, London: Christian Medical Fellowship, 1985, p. 7.

[6]S. C. NEILL & N. T. WRIGHT. *The Interpretation of the New Testament 1861-1986.* New York: Oxford University Press, 1988, p. 19.

[7]John STOTT. *The Incomparable Christ* (Downers Grove: InterVarsity Press, 2001, p. 166 [*O incomparável Cristo.* **São Paulo: ABU, 1999**].

GUIA DO LEITOR

[1]C. S. LEWIS. *Prince Caspian.* New York: Collier/Macmillan, 1985, p. 136 [*As crônicas de Nárnia — Príncipe Caspian.* **2. ed. São Paulo: Martins Fontes, 2003, v. 4**].

Bíblia do Executivo

A Bíblia Sagrada, o livro mais vendido de todo o mundo, apresenta princípios essenciais para aqueles que buscam destacar-se em sua área de atuação. Na *Bíblia do Executivo*, ao contrário da profusão de páginas repletas de métodos e teorias, esses princípios bíblicos foram testados e vivenciados por personagens cuja trajetória é permanente fonte de inspiração. Especialmente preparada para líderes de quaisquer áreas, a *Bíblia do Executivo* despertará ainda mais em você o prazer de inspirar e conduzir pessoas segundo o estilo de liderança baseado na Palavra dinâmica e eterna de Deus.

Relevante e atual, a *Bíblia do Executivo* também inclui:

. Introdução aos livros

. Sistema de estudo bíblico

. Janelas de estudo

. Perfis de caráter

. Índice de assuntos

. Concordância *NVI*.

Visite o *site* www.editoravida.com.br

Esta obra foi composta em *AGaramond*
e impressa por Gráfica Santuário sobre papel
Offset 63 g/m² para Editora Vida.